书山有路勤为径,优质资源伴你行
注册世纪波学院会员,享精品图书增值服务

U0521751

李晓曼 著

税收大数据
分析方法与应用案例

电子工业出版社
Publishing House of Electronics Industry
北京·BEIJING

未经许可，不得以任何方式复制或抄袭本书之部分或全部内容。
版权所有，侵权必究。

图书在版编目（CIP）数据

税收大数据分析方法与应用案例 / 李晓曼著. —北京：电子工业出版社，2022.3
ISBN 978-7-121-42669-8

Ⅰ. ①税… Ⅱ. ①李… Ⅲ. ①数据处理－应用－税收管理－研究－中国 Ⅳ. ①F812.423

中国版本图书馆 CIP 数据核字（2022）第 015148 号

责任编辑：刘淑丽
印　　刷：涿州市般润文化传播有限公司
装　　订：涿州市般润文化传播有限公司
出版发行：电子工业出版社
　　　　　北京市海淀区万寿路 173 信箱　邮编：100036
开　　本：720×1 000　1/16　印张：16.25　字数：390 千字
版　　次：2022 年 3 月第 1 版
印　　次：2025 年 7 月第 7 次印刷
定　　价：88.00 元

凡所购买电子工业出版社图书有缺损问题，请向购买书店调换。若书店售缺，请与本社发行部联系，联系及邮购电话：（010）88254888，88258888。
质量投诉请发邮件至 zlts@phei.com.cn，盗版侵权举报请发邮件至 dbqq@phei.com.cn。
本书咨询联系方式：（010）88254199，sjb@phei.com.cn。

前　言

当今时代，大数据与5G、互联网、区块链、人工智能等信息技术应用浪潮正在席卷全球，推动新一轮科技革命和数字化经济向纵深发展。大数据战略正在成为数字经济时代提升国家竞争力的重要战略，成为推进国家治理体系和治理能力现代化的重要动能。2017年12月8日，习近平总书记主持中共中央政治局第二次集体学习，主题是实施国家大数据战略。习近平总书记强调了五个方面的"要"：一是要推动大数据技术产业创新发展；二是要构建以数据为关键要素的数字经济；三是要运用大数据提升国家治理现代化水平；四是要运用大数据促进保障和改善民生；五是要切实保障国家数据安全。习近平总书记同时还指出，善于获取数据、分析数据、运用数据，是领导干部做好工作的基本功。

2021年3月24日，中共中央办公厅、国务院办公厅印发了《关于进一步深化税收征管改革的意见》（以下简称《意见》），提出"以习近平新时代中国特色社会主义思想为指导，深化税收征管制度改革，着力建设以服务纳税人缴费人为中心、以发票电子化改革为突破口、以税收大数据为驱动力的具有高集成功能、高安全性能、高应用效能的智慧税务，深入推进精确执法、精细服务、精准监管、精诚共治，大幅提高税法遵从度和社会满意度，明显降低征纳成本。"本书积极落实中办、国办《意见》提出的战略要求，探索推进税收大数据分析在税收征管改革中的应用，对发挥税收大数据的驱动力，进一步深化税收征管改革具有重要的现实意义。

笔者自2005年以来一直从事税收风险评估、税收风险管理、税收大数据分析应用的教学科研工作，参与了第七届中国税务学会重点课题"大数据与税收应用"的实践调研和报告编写工作。作者深入税务一线与广大干部撸起袖子一起干，参与和指导了部分地区金税风险分析监控系统模型的构建、大数据测算、分析应用及论证工作，对防控税收遵从风险，降低征纳成本，提高税收大数据治理能力起到了积极的推动作用。在教学科研及税收实践基础上，作者结合大量真实案例的实证分析，进行系统的归纳提炼，将多年的深入探究与思考凝于笔端，完成本书，呈现给广大读者。本书的特色主要有以下几个方面：

一是创新构建税收大数据分析应用的理论和方法体系，突出理论和方法的系统性和科学性。基于全新的税收大数据视角及应用原理，广泛借鉴国际、国内税收大数据分析应用的先进理念和科学方法，紧密结合我国现行税制及税收现代化发展要求，运用系统思维和实证分析的研究方法，归纳提炼，系统构建税收大数据分析应用的理论和方法体系，包括税收大数据获取及应用、税收分析指标体系构建与分析方法、税收经济分析与预测方法及应用案例、税收数据挖掘分析技术在税收风险分析中的应用、人工神经网络模型在税收风险预警评估中的应用及区块链技术在税收治理现代化中的应用。本书提出一系列创新的理论观点和分析技术方法，通过相关模型和数据信息技术系统的实证分析应用及实践验证，进一步深化了相关理论和方法的科学性和有效性。

二是案例分析贯穿全书，提升了税收大数据分析应用的实效性。本书系统甄选了税收大数据分析应用的实证分析案例及模型设计方案，包括大数据税收风险分析应用案例和最新的减税降费实证分析案例。其中，部分案例分析方法、模型参数及设计方案由作者创新提出，亲自参与研发推广并嵌入部分地区金税风险分析监控系统，已在《税务研究》等刊物上发表，在税务系统得到广泛应用，并取得了一定的实效。在此基础上，作者结合金税系统升级及智慧税务大数据平台建设的需要，进一步优化和完善了系统，希望帮助广大读者多渠道获取税收大数据，多维度分析、应用税收大数据，以工匠精神挖掘税收大数据价值，不断提升税收大数据的分析应用能力，更好地应用和驾驭金税系统，适应税收现代化的发展需要。

三是紧密结合最前沿的区块链技术、人工智能技术，提高税收大数据分析应用的前瞻性。结合区块链技术在税务系统最新的应用成果及发展前景，作者创新提出将区块链、大数据及人工智能等技术与税收治理框架有机结合，以房地产领域应用为例，系统阐述了与区块链和人工智能技术有机融合的税收治理框架及风险分析模型方案设计，有效解决房地产领域税收治理的难点和堵点，由点到线，由线到面，探索推动税收治理与区块链技术、人工智能技术进行全方位、立体化的融合发展，加快推进智慧税务大数据平台的开发建设，促进更便捷、更公平、更低风险纳税。

值此书出版之际，诚挚感谢国家税务总局税务干部学院曾光辉院长、陈绍国副院长，以及中国税务学会理事焦瑞进先生给予的全力支持和倾心指导，感谢中国人民大学贾俊平副教授、中央财经大学蔡昌教授的指导和大力支持，感谢国家税务总局河北省税务局、大连市税务局在风险分析监控模型测算、验证等方面给予的大力支持。诚望本书的出版能对我国税收大数据分析应用起到积极的推动作用，为全面推进税收现代化建设贡献智慧和力量。

衷心期待和欢迎各界人士对本书提出宝贵意见。

李晓曼

2021 年 10 月

目 录

第一章 税收大数据的基本理念及战略意义 1
    第一节 税收大数据与税收大数据治理 1
    第二节 税收大数据分析和税收大数据分析技术 13

第二章 税收大数据获取及应用 19
    第一节 税收大数据获取概述 19
    第二节 税收大数据获取技术与方法 22
    第三节 互联网、第三方涉税信息获取与应用 35

第三章 税收分析指标体系构建与分析方法 45
    第一节 税收分析指标体系概述 45
    第二节 税收分析指标体系构建方法 47
    第三节 税收分析指标体系与分析方法 50

第四章 税收经济分析与预测方法及应用案例 86
    第一节 税收经济分析概述 86
    第二节 税源数量特征分析方法 88
    第三节 税收数量特征分析方法 97
    第四节 税收经济关系分析方法 104
    第五节 税收经济分析报告解析 121

第五章 税收数据挖掘在税收遵从风险分析中的应用 131
    第一节 税收数据挖掘方法 131
    第二节 决策树挖掘分析在税收遵从风险分析中的应用 136
    第三节 基于回归分析的纳税能力估算法在税收遵从风险分析中的应用 140

第四节　基于关联分析的风险画像在税收风险分析中的应用 ················ 152

第六章　人工神经网络模型在税收风险预警评估中的应用 ················ 164
　　第一节　人工神经网络模型及应用 ·· 164
　　第二节　人工神经网络模型在税收遵从风险预警评估中的应用 ············ 168
　　第三节　基于 BP 人工神经网络模型建立税收遵从风险预警评估的模型 ··· 171
　　第四节　行业税收遵从风险预警与等级排序模型及其应用案例 ············ 188

第七章　区块链技术在税收治理现代化中的应用 ························· 210
　　第一节　区块链技术与税收治理现代化 ·· 210
　　第二节　区块链技术在税收治理现代化中的场景应用 ······················ 217
　　第三节　区块链技术在房地产领域税收治理中应用的创新方案设计 ······ 222
　　第四节　区块链与人工智能技术融合发展在房地产领域税收遵从风险
　　　　　　管理中的应用 ··· 231

参考文献 ··· 252

第一章

税收大数据的基本理念及战略意义

本章从国际和国内全新视角，概述税收大数据全新理念、基本内涵与特征，倡导建立税收大数据思维，广泛借鉴我国税收大数据治理的成功经验，积极推进"以数治税"，以税收大数据为驱动力，探究建立税收大数据分析应用的理论和方法体系，提升税收大数据分析应用能力，做到更精细税务服务、更精准税务监管、更精确税务执法。

第一节 税收大数据与税收大数据治理

一、税收大数据的基本理念

（一）税收大数据的内涵

大数据在税收领域的应用催生了税收大数据这一先进理念。税收大数据是指运用互联网信息新技术，对结构混杂、类型众多的海量、巨量涉税信息数据进行获取、存储、挖掘、分析和利用的系统集合及相关的大数据技术。税收大数据是基于互联网新技术及云计算的新处理模式才具有高增长率、多样化的涉税海量信息数据资产，是针对总局、省局、市局等不同税收管理层面、不同税收总体的涉税海量信息数据资产，而非通过随机抽样获得的部分的小规模的涉税信息数据。

例如，某省税务机关为了优化营商环境开展优化纳税服务工作，则该省范围内所有纳税人缴费人的涉税信息数据就形成了税收大数据；又如，为了加强房地产行业的税收风险防控，全国房地产行业所有纳税人缴费人的涉税信息数据就是房地产行业的税收大数据。当然，一个纳税人缴费人也可以作为一个税收统计总体形成税收大数据，如中国海洋石油总公司的纳税申报数据、财报信息数据、发票数据、上市公司公告信息、企业门户网站涉税信息，以及与中华人民共和国发展和改革委员会（简称发改委）、中国证券监督管理委员会（简称证监会）、银行、中华人民共和国国家统计局（简称统计局）等部门共享的中国海洋石油总公司相关的涉税信息数据就形成了该公司的税收大数据。

(二) 税收大数据的特征

税收大数据与传统意义上的税收数据不同的基本特征是"大",不仅仅在于税收大的数据体量规模、算力"大",也在于税收大数据的获取、共享、储存、分析、挖掘等方面的功能之"大",还在于税收大数据在税收征管全过程各个方面、各个环节的应用范围之"大",更在于税收大数据增值利用后的税务公共服务价值空间之"大"。

早在2001年,高德纳(Gartner)公司的分析员道格·莱尼提出过,大数据具有量大、增长速度快和类型多样化的特点;IBM在此基础上提出了大数据"5V"的特征,即Volume,Variety,Velocity,Veracity,Value,结合笔者的理解,税收大数据可以概括为以下相应具体特征:

(1) Volume:意为税收大数据的体量规模巨大、混杂,堪称海量或巨量数据,同时也指对税收大数据的获取、存储和处理计算的算量、算力非常巨大。大数据的起始计量单位至少是 P(1 000个 T)到 E(100万个 T)或 Z(10亿个 T)。

(2) Variety:意为税收大数据的来源和类型的多样化。一是来源多样化,包括税纳税人端、税务端、线上、线下等不同渠道,互联网、云计算、移动互联网、车联网、手机App、平板电脑、PC以及遍布各个角落的各种各样的传感器和智能设备,无一不是税收大数据来源的渠道和方式。二是类型多样性,包括各类原始的、非结构化、半结构化和结构化数据,表现为税务登记、各类纳税缴费申报数据、涉税交易数据、发票系统数据、政府门户网站涉税信息、报刊、社交媒体论坛、电子邮件、音频、视频、图片、地理位置、GPS定位信息等各种涉税信息数据。税收大数据的来源和类型的多样性对分析处理技术提出了更高的要求。

(3) Velocity:意为税收大数据增长和处理的速度快,这是税收大数据的显著特征之一。一是数据增长快,随着时间推移、新一代信息技术进步,数据的体量规模呈爆发式几何级数快速增长。二是数据处理的速度快,大数据的批处理和流处理技术应运而生。例如,国家税务总局依托阿里云打造的智慧税务大数据平台,采用分布式海量计算技术,使计算速度提高了2 000倍,可实现30多个省级机关核心税收大数据的当日汇总和计算;增值税发票快速预警风险管理系统,是税务机关通过先进的税收大数据技术手段,运用现有数据资源实现自动比对、挖掘、识别的系统,该系统由8大功能模块、"24+"个预警子模块、"425+"个预警指标及预警参数组成,对核票、开票及受票数据异常情况,按天进行预警监控,对申报异常按月进行自动预警监控,能快速发现发票虚开行为,快速响应开展风险应对控制,实现了对虚开发票顽疾的有效打击和震慑。

(4) Veracity:意为税收大数据的真实性、精准性。精准性是数据的质量保证和生命。税收大数据本身是混杂的、非精准的,但通过税收大数据技术的有效运用,对混杂的、非精准的各种类型数据逐步过滤、清洗、处理、筛查、提纯、挖掘、分析、利用,可以实现税收数据从非精准逐步过渡到较为精准直至相对精准的过程。特别是"区块链+税务"技术的开发运用，使税收大数据具有更高的真实性、精准性和可靠性，进而实现税收大数据的安全性和征纳信息的有效对称。例如，目前税务系统和腾讯、方欣科技联合开发的区块链电子发票平台，已广泛应用于金融、房地产、零售、餐饮、交通、医疗、互联网服务等 100 多个行业。区块链电子发票是"交易即开票，开票即报销"，全程根据真实涉税交易订单或支付行为开具电子发票。区块链电子发票能连接每一个发票关系人，与发票使用逻辑吻合，使发票信息全场景流通成为现实，具有发票信息不可篡改等特征；发票申领、开具、交付全流程完整可追溯，可以追溯发票交易的来源、真伪和报销等涉税大数据，能够有效解决发票流转过程中一票多报、虚报虚抵、真假难验等难题，从而有效规避假发票和虚开发票的行为，使涉税信息数据的精准性和安全性有效提升。

（5）Value：税收大数据的价值特征可以从两方面理解。一方面，数据价值密度低，价值密度的高低通常与数据体量的大小成反比。随着互联网、物联网新一代信息技术的广泛应用，信息感知无处不在，数据体量越大其价值密度相对越低；浪里淘沙却又弥足珍贵，经过提纯后的税收大数据的体量不是越大越好，而是越精越好。所以，如何结合税收业务逻辑关系，通过强大的机器学习算法充分挖掘税收大数据价值，更快速地完成数据价值"提纯"，是目前税收大数据应用亟待解决的难题。另一方面，税收大数据的最终意义是数据增值后的价值大。通过税收大数据集成、共享、机器学习、数据挖掘分析等人工智能技术的应用，最终形成的税收大数据资产、税务知识管理能力及智力、智慧资源。将税收大数据分析挖掘出有价值的信息数据资产，再将有价值的信息数据资产转化为税务知识管理能力，以税务知识管理能力提升更高的洞察力和决策力，从而获取更大的征纳共赢的税收价值，实现税收管理的提质增效，有效提升税收治理能力和治理效能。

（三）税收大数据技术

税收大数据技术是指对海量、巨量的涉税信息数据快速获取、存储、处理、分析、挖掘的现代信息技术。目前所说的"税收大数据"不仅指数据本身的规模体量，同时包含税收大数据获取、存储、挖掘、分析及可视化应用的现代信息技术手段。税收大数据应用的目的是有效推进大数据技术应用到税收征管领域，通过涉税海量数据的获取、处理、分析挖掘和利用促进其突破性发展，更有力地推动税收征管数字化转型及智慧税务建设。因此，税收大数据给广大税务人员带来的挑战不仅体现在如何获取、处理、分析应用涉税海量数据，从中获取有价值的税收信息资源，也体现在如何有效推进税收大数据技术的研发及推广应用。税收大数据技术主要包括以下几种。

1. 数据获取技术

数据获取技术包括 ETL 工具、网络爬虫技术等。ETL 是 Extract-Transform-Load 的缩写，是将数据从来源端口，经过抽取（extract）、转换（transform）、加载（load）至目的端的工具，负责将分布的、异构数据源中的数据，如关系数据、平面数据文件

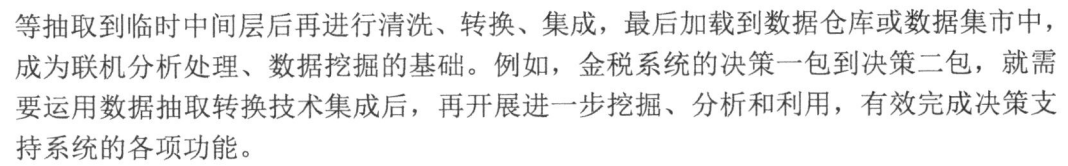

等抽取到临时中间层后再进行清洗、转换、集成，最后加载到数据仓库或数据集市中，成为联机分析处理、数据挖掘的基础。例如，金税系统的决策一包到决策二包，就需要运用数据抽取转换技术集成后，再开展进一步挖掘、分析和利用，有效完成决策支持系统的各项功能。

2. 数据存储技术

数据存储技术包括结构化数据存储技术、半结构化数据存储技术和非结构化数据存储技术。目前，税务系统积极拓展开发应用区块链技术基础架构、云存储、分布式文件存储等技术，为有效推进智慧税务建设奠定坚实的数据基础。

3. 数据处理技术

数据处理技术是在进行数据分析前，对获取的原始数据进行的诸如清洗、填补、平滑、合并、规格化、一致性检验等一系列操作技术，目的是提高税收大数据质量，为后期的数据挖掘分析奠定良好基础。数据处理主要包括四个部分，分别是数据清理、数据集成、数据转换、数据规约。

4. 数据统计分析技术

数据统计分析技术主要包括假设检验、显著性检验、差异分析、相关分析、T检验、均值与方差分析、离散度分析、回归分析、简单回归分析、多元回归分析、回归预测与残差分析、logistic 回归分析、曲线估计、因子分析、聚类分析、主成分分析、因子分析、聚类分析、判别分析、对应分析、bootstrap 技术、实时分析、图片识别、语音识别等统计分析技术。

5. 数据分析挖掘技术

数据分析挖掘技术主要包括分类（classification）、聚类（clustering）、估算（estimation）、预测（prediction）、相关性分析、回归分析或关联规则（Affinity grouping or association rules）、描述分析和数据可视化（Description and visualization）、复杂数据类型挖掘（Web 挖掘、图形图像、视频、音频处理）、人工神经网络模型与智能化、预测分析模型技术、估算分析模型技术、机器学习、仿真建模技术等。

6. 数据可视化展现技术

数据可视化展现技术是对税收大数据挖掘分析结果通过图像、图表、动画等方式的呈现技术，是了解复杂数据、开展数据深入分析不可或缺的技术手段和方法。数据可视化技术能够迅速、有效地简化与提炼税收数据流，更直观地呈现税收大数据的特点、趋势和规律，通过交互式视觉表现方式帮助税务人员探索和理解复杂的涉税数据，有助于更快、更好地从复杂数据中得到分析结论及更新的洞见，就如同看图说话一样简单明了，更容易被税收管理人员所接受。

数据可视化主要有图表展示、文字展示图像动画展示等不同方式。其中图表展示方式应用更加广泛，包括散点图、折线图、柱状图、地图、饼图、雷达图、K线图、箱线图、热力图、关系图、矩形树图、平行坐标图、桑基图、漏斗图、仪表盘等。例如，2020 年以来受新冠肺炎疫情的冲击影响，某省的出口销售额有所下降，但是在国际国内双循环相互促进的新发展战略的助力下，出口产品内销的市场份额和销售额实现了持续平稳增长，如图1-1所示。

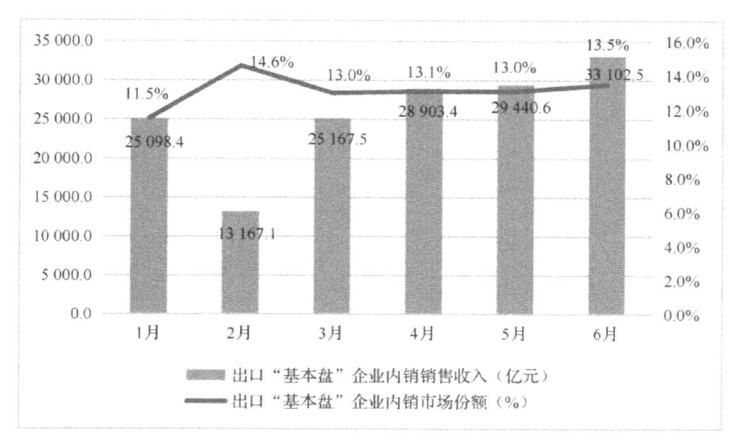

图1-1　某省2020年1月—6月出口产品内销情况

二、税收大数据思维

大数据时代的发展将带来深刻的思维方式转变，不仅将改变每个人的日常生活和工作方式，改变商业组织和社会组织的运行方式，而且将从根本上改变和奠定国家和社会治理的基础，改变长期以来国家与社会诸多领域存在的"不可治理"状况，使得国家和社会治理更加透明、更加公平、更加有效和智慧。因此，大数据时代，税收管理人员应该转变传统的思维，建立先进的税收大数据思维。

（一）由传统的经验管理思维向税收大数据思维转变

传统的税收管理更多的是基于管理人员的税收管理经验判断和决策。大数据时代的税收管理人员应该首先转变这一思维，适应互联网大数据时代的发展向税收大数据思维转变。因此，要抓住征管数字化转型及税收大数据发展的机遇，努力培养和建立税收大数据思维，实现税收征管理念与方式方法的根本性转变；一切税收现象和业务皆可数据化，要充分认识税收大数据的重要性，学会用税收数据说话，用税收数据的分析和应用指导税收实践，学习和掌握税收大数据的相关技术和应用方法，拓宽税收大数据获取渠道，充分获取税收大数据资源，建立科学的税收大数据分析指标体系，深入开展税收数据挖掘分析，提升税收大数据的量化分析能力和数据驾驭能力，通过税收大数据思维的运用推进税收决策的科学化、专业化和精准化，为税制改革、完善政策、优化纳税服务、加强税收风险管理提出科学有效的建议和措施，促使我国的税收制度、征管体制及征管程序更加科学完善，全面实现税收治理体系和治理能力的现代化。

（二）从税收样本思维向税收总体思维转变

由于数据处理技术受限，传统的税收数据分析主要依靠统计学的抽样技术方法，分析税收现象的特征和规律。大数据时代，数据处理技术发生了革命性的变革，为税收大数据的获取、处理、分析、应用提供了信息技术保障，因此，大数据时代开启了总体全数据模式，即"样本=总体"。因此，税收大数据思维需要做出相应的调整，要树立总体税收大数据思维。税收总体数据不是指数据的数量而是指数据的范围，即税收大数据的总体不限于目标总体数据，还包括目标总体以外的所有与之相关联的涉税数据。因此，应尽力拓宽税收大数据获取、共享的渠道范围，获得更多的甚至是所有相关的涉税数据，更清晰地发现样本无法揭示的信息，从而获得对税收现象更全面、系统的认识。

但是，具体问题应具体分析，并不是在所有情况下都需要总体的全部数据，在某种特殊情况下，对于某项税收业务的分析判断是不需要获取总体全部涉税数据的。所以，大数据分析不能完全排除随机抽样、重点调查等方式方法，只是随机抽样、重点调查的方式、方法和范围要加以拓展和延伸，具有代表性的一部分纳税人缴费人的样本数据也可以延伸关联形成税收大数据，运用数理统计方法进行综合推断分析，从而形成对总体税收现象有力的补充和充分验证。

税收大数据相对于样本小数据，其分析应用的优势在于两点。一是可以提高税收数据的精准性。总体的税收数据量大，经过清洗过滤、系统集成、有效挖掘分析，可以得出规律性的有价值的相对精准的数据，进而有效提升税收大数据的精准性。二是可以提高税收数据的实效性。通过对总体税收大数据进行比对、挖掘分析，可以在第一时间获取异常的数据信息，及时发现纳税服务和税收征管中存在的问题，进而有针对性地改进完善纳税服务和税收征管工作。例如，某省为了加强房地产行业的征收管理，尽力获取某省房地产行业所有的税收大数据，包括来自税务机关内部纳税缴费登记、申报、财务信息、涉税备案、增值税发票等涉税数据，还包括来自互联网、自然资源国土、住建、银行等部门的涉税数据。通过对某省房地产行业所有税收大数据的有效获取、系统集成和综合分析利用，加强对房地产行业的专业化纳税服务和税收风险管控。

（三）从数据容错思维向数据精确思维转变

税收大数据本身就是混杂的、多样化的、非精准的。大数据思维下，数据本身是混杂的、非精准的，更多的分析应用首先是基于宏观视野的宏观分析和哲学思维，是通过大数据分析获得规律性洞见和知识用以支持管理决策，而不是分析即决策；大数据分析的思路和方法没有绝对精准，只有相对精准，没有标准答案，只有参考答案。所以，对于税收大数据，我们通常是用概率或阈值区间说话，当数据规模不断扩大的时候，也要同时接受大数据的混杂性和非精准性。

税收大数据不仅包括来自税务端、纳税人端的税费登记、纳税缴费申报、发票数据、财务信息等结构化数据，还包含来自互联网网页、门户网站、搜索引擎索引、社交媒体论坛、电子邮件微信信息、文本文档等原始的、半结构化和非结构化数据。税收大数据的混杂性和非精准性表现在两点：一是数据来源的渠道广泛，且没有经过数据审核，所以无法保证每条数据的精确性；二是半结构化、非结构化数据的出现，无法预先设定记录结构，不要求数据的分类和整齐排列。在税收大数据思维下，越是混杂的数据越具有挖掘、分析利用的潜力和价值。因此，需要通过云计算及新技术处理模式对结构混杂、类型众多的海量、巨量涉税数据进行获取、存储、挖掘和分析利用，才能逐步清洗、过滤、筛查、提炼出有价值的、较为精准的税收数据，实现从非精准逐步过渡到较为精准直至相对精准的过程，特别是"区块链+税务"技术的有效开发运用，将促使税收大数据具有更高的精准性、真实性和可靠性。

（四）从税收数据的因果思维向税收数据的关联性思维转变

维克托·舍恩伯格最具洞见之处在于，大数据时代最大的转变就是放弃对因果关系的渴求，而更加关注事物之间的关联性，即相关关系。在大数据时代，在很多情形下，我们不必知道现象背后的原因，只需让数据自己发声。只需要依据事物之间的相互关联性知道"是什么"，而不需要知道"为什么"。也就是说"传播即数据，数据即关联，关联即本质"。例如，2009年，美国谷歌公司的技术人员通过分析每天来自世界各地超过30亿条搜索指令，准确预测并具体标定了美国大流感疫情及发展趋势，而分析人员并不需要了解流感的成因；2012年，美国Farecast公司记录了近十万亿条美国国内航班票价数据，用以预测机票价格走势，其预测准确度高达75%，而系统并不需要分析航空公司的定价依据。

借助对税收现象相互关联的相关关系的分析，税收大数据分析系统能够快速探测出正在发生什么，揭示单凭税收管理经验假设和案头分析难以发现的税收业务之间的关联关系规则。通过税收大数据的关联性分析，可以将两种看似毫无关系的涉税现象有机关联起来，虽然其原因可能无法解释，但是其结果往往却可以准确指向。例如，从住建部门获知某房地产企业已经取得了房屋预售许可证三个月，但企业没有任何税款预缴的申报记录，则可以推断分析企业可能存在将预收款挂往来账，没有及时确认收入预缴相应税款的税收风险点。

大数据时代思维方式的变革，颠覆了千百年来人类的思维惯例，对人类的认知及与世界交流的方式提出了全新的挑战。小数据时代人们只关心因果关系分析，对相关关系认识不足。大数据时代关联性的相关分析举足轻重，如何强调都不过分，但不应该完全排斥因果关系。大数据从何而来？为何而用？如果我们完全忽略因果关系，不知道大数据产生的前因后果，也就失去了大数据分析的完美性，更失去了其人文价值。

三、税收大数据治理

(一) 税收大数据治理的内涵

税收大数据治理又称"以数治税",是现代税收治理体系中重要的组成部分,是在互联网、大数据、云计算及人工智能等现代信息技术应用的背景下,建立和完善税收大数据应用的相关法律制度与政策,对税收大数据的获取、存储、处理分析等智能化应用制订科学统一的规划、方案,促进税收征管与税收大数据技术的深度融合应用,即税收征管数字化、数字化税收征管,通过综合一体化的税收大数据智能化应用平台,全方位系统集成各类内外部税收大数据,实现对税收大数据的增值利用,不断提升税收管理流程的优化能力及知识管理能力,有效降低征纳成本,提高税法遵从度,实现精准税务监管,进而提升税收治理能力和治理效能。

(二) 税收大数据治理的意义

金税四期工程是税收大数据治理的积极探索和实践,正在以前所未有的方式推动税收征管数字化转型与智慧税务建设。税收大数据治理的意义主要有以下几个方面。

1. 有效提升纳税服务的专业化、精细化水平

第一,税收大数据治理可以不断改变和优化税收治理模式,促进纳税服务的主动型、优化式发展。通过对海量的涉税数据获取、分析、应用,可以常态化、动态分析纳税服务中存在的问题,寻求更专业、高效的服务策略,从而简化办税流程,不断优化智能化办税程序,让大数据多跑路,纳税人缴费人少跑路,降低办税成本,为纳税人缴费人提供更加高效便捷的优质高效服务,最终改善服务体验,提高纳税缴费的满意度和遵从度。

第二,税收大数据是分析纳税人缴费人需求、提升精细化纳税服务水平的有效工具。利用税收大数据识别画像,可以在海量的数据分析中精准挖掘纳税人缴费人的动态涉税服务需求,精准判断共性需求和个性化需求,更好地满足普遍服务需求的同时,为纳税人缴费人提供量身定制的更专业的个性化服务,提升专业化、精细化纳税服务水平。

第三,依据大数据技术获取的海量数据,共享于不同的服务平台。建立相应的政策咨询服务平台,根据大数据分析结果了解纳税人缴费人的潜在需求,提供更精准的纳税咨询服务,并提出纳税人缴费人可能享受的税收优惠政策,及时了解自己享受的税收优惠政策及变化或有效期限,使税收优惠政策及时惠及广大纳税人缴费人。

2. 有效提升税收风险分析识别的精准性，降低征纳成本，提高智能化税收风险管控能力

第一，运用税收大数据技术可以增强征纳双方的税收风险防控意识，针对潜在的税收风险有效开展分析识别、预警监控，进而差别化、有针对性地开展税收风险防范、控制和排查。

第二，用大数据分析方法精准开展税收风险画像，识别税收遵从风险，事前开展预防性的税收风险提示提醒，有效规避税收遵从风险，降低税收成本，同时防范和规避国家的税收流失风险。

第三，运用税收大数据获取、存储、处理和分析技术，可以有效提升风险分析识别的精准性和针对性。无论是事前预防、事中监控，还是事后风险应对控制，通过有效运用税收大数据技术，税收风险分析识别的精确性都大大提高；在纳税评估、税务审计和税务稽查的风险应对过程中，运用税收大数据风险画像分析技术方法进行全面系统综合分析，可以有效提高风险分析识别的指向性和精准性，进而锁定风险目标，精准实施有效应对，使风险应对的质效大大增强。

第四，互联网、大数据、区块链技术、智能化数据挖掘技术的融合发展应用，可对涉税生产经营全过程的交易和支付、发票开具等数据进行分布式记账、加密存储及智能化综合分析利用，可以有效提升税收大数据的真实性和可靠性，实现征纳信息的精准、有效对称，税收风险精准识别和有效防控，进而提升智能化税收风险管控能力。

3. 以税收大数据为驱动力，开发建设"信用+风险"高效联动的、智能化综合评定信息系统，推进更精确税务执法、更精细税费服务、更精准税务监管。

第一，在全面推行实名办税缴费制度基础上，利用税收大数据，可以跨领域、跨行业跟踪、记录纳税人缴费人的投资、生产、分配和消费的经营活动过程及涉税行为，通过汇总整合、分类统计、挑选去噪、深度挖掘等加工处理程序，立体化呈现一个企业的真实图像。结合金税四期及税收大数据平台开发建设、推广应用的有利契机，有效运用"一户式""一人式"税收大数据及人工智能等现代信息技术，探索开发建设纳税缴费信用等级与税收风险等级有机结合的综合评定信息系统，将两个不同的评定系统集成统一、有机联动互动、智能化综合评定、动态化运行监管，开发建立"信用+风险"高效联动的、智能化综合评定信息系统。

第二，以税收大数据为驱动力，推动建立"信用+风险"联动监管体系，就是要建立税费服务和税务监管有机结合的联动治理体系。即随着税收风险等级的提高，纳税缴费信用等级的降低，税收风险应对控制策略由优化服务提升到风险提醒式辅导服务，由柔性管理提升到监控管理，最后提升到严格的刚性执法，执法的刚性和力度逐级加大，由此建立分级分类、差别化、递进式的服务和监管有机结合的税收治理体系，促进服务、监管、执法的有机结合，促进更精确税务执法、精细税费服务、更精准税务监管，有效降低征纳成本，不断提高税法遵从度和社会满意度。

4. 税收大数据治理是"智慧税务"的大脑与核心

金税四期工程及智慧税务大数据服务平台是集区块链、大数据、云计算、人工智能于一体的综合型税收大数据平台。是以发票电子化为突破口,以税收大数据为驱动力,以互联网现代信息化技术为依托,高效地完成内外部异构数据、分散数据的税收大数据的系统集成,以"信用+风险"联动监管为主线,促进税收业务与大数据技术的深度融合,税收征管数字化转型,资源优化配置,高效实现对税收风险以及税务舆情风险的有效防范、预警和监测,从而支持税务部门高效智能化地智慧决策,有效防控税收风险,弥补征管漏洞,纠正治理偏差,进而有力推进税收征管改革和税收现代化建设。

四、我国税收大数据治理的探索与实践

(一)江苏省税务局税收大数据治理案例——探索发展区块链技术应用

江苏省税务局以大数据思维构建的税收风险防控管理系统,基础数据由政府各部门交换的第三方数据、互联网获取的涉税数据和税收征管数据系统集成。信息管理系统所获取的数据,通过区块链技术的分析应用,对税务部门与纳税人之间的税源信息、土地基本信息及纳税人的个人信息运用密码学技术,使数据高度透明性、不可篡改性及历史可追溯性。将纳税人的纳税信息即时更新并与其信用挂钩,提高税务部门与纳税人之间的互信度,以及信息数据的安全性、可靠性、准确性。

国家税务总局和中华人民共和国国土资源部(简称国土资源部)于2013年5月联合下发通知,在全国开展"以地控税、以税节地"试点工作。税务部门利用国土资源部提供的土地信息促进对土地税源的监管,国土资源部门利用税务部门提供的土地税源信息加强对土地使用的管理。近年来,全国各地税务局积极响应国家税务总局的号召,开展"以地控税、以税节地"试点工作,利用大数据技术构建"信息管理平台",以信息化为支撑,着重研究对地籍信息、房产信息、税源信息的综合利用,通过从国土资源部门得到的纳税人有关的各类数据,经处理和分析后与"信息管理平台"中的相关数据进行分析、比对,找出存在的风险点并进行实时推送,以便有关部门及时采取应对措施。

江苏省常州税务局按照总局、省局关于开展"以地控税、以税节地"工作的指导意见,利用大数据技术构建"常州市地方税地理信息管理系统",与国土部门合作,将企业的地籍信息、房产信息通过国土部门的电子化地籍图和地理信息处理技术转化为税务部门所需要的土地税源信息,做到对土地税源信息的及时源头监控。通过"常州市地方税地理信息管理系统"可以直观地展示某一区域中某一纳税人的地理位置、占地面积、权证范围、税额标准等全部税源信息,税务干部可以根据平台展示直接获得企业的房屋、土地等税源信息,针对性开展风险管控。

信息管理系统中的风险模型可自动将关联匹配成功的土地信息和税源信息进行比对,将产生的风险可疑点推送至纳税人自查确认,纳税人自查后仍旧存在疑点并且没有正当理由的确认为税收风险点,纳入风险管理系统。通过国土部门的宗地信息核查,2015年累计增加应税土地税源登记面积2 311.69万平方米,增加应税房产原值175.9亿元。2016年1—9月新增应税土地税源登记面积1 091.57万平方米,增加应税房产原值210.02亿元;累计补缴城镇土地使用税、滞纳金和罚款14 824万元,房产税、滞纳金和罚款9 121万元。

常州市税务局联合开发的税收大数据应用"地理信息管税系统",积极探索应用区块链技术不断优化税收风险管理系统。主要设想的优势有两点:一是可以有效解决税源信息的隐私安全问题。区块链技术中的密码学技术能够有效保障信息安全,防止税源信息的泄露,使分散于多个节点中的数据自身都具有较强的可靠性和独立性;二是可以降低登记税源信息错误率。在区块链技术的分布式账本技术中,每个节点的数据都是独立的,不可随意篡改。应用此技术,可减少单点错误,增强自治性与共识性,防止登记错误引起其他税源信息的差错,提高数据的精准性。

(二)河北省石家庄市税务局税收大数据治理案例——建立税收风险智能化排查系统

1. 建立税收风险自动识别系统及税收风险智能化排查系统

税收风险自动识别系统及税收风险智能化排查系统是石家庄市税务局在市政府、市委书记的高度重视和领导下,积极落实关于《深化国税、地税征管体制改革方案》的创新有效尝试及具体落实项目。该项目是以税收风险管理为导向,引入政府部门第三方涉税大数据为基础构建的,按行业全税种关联的税收风险识别项目。该项目的最大亮点是由石家庄市政府下设的综合治税部门牵头,统筹协调运用国资委、发改委、公安、规划、土地、住建等34个部门在内的涉税大数据云平台,联合专业服务商合作开发的税收大数据分析项目,对纳税申报数据、发票购销信息、财务报表信息、第三方涉税信息等税收大数据进行整合、分析、利用,利用关联度高的有效数据,通过表间、元素间、税种间、指标间、文本间的逻辑关系开展纵向、横向的关联比对和分析识别,将现行税收政策中可数据化的政策点进行风险指标模型的系统设置,智能计算应纳税款,与纳税申报数据自动比对,实现风险智能识别、应对任务的智能化推送、自动应对排查,初步实现精准指导,提高了税收风险管理的成效。目前,石家庄市税务局首选税收风险较高的建筑安装行业和房地产开发行业作为开展税收风险识别和应对的试点行业,收集了征管数据2 000万条,采集了第三方数据115万条,选派专家甄选、完善了风险指标73个。将相关指标模型和数据嵌入系统后,通过风险应对,对风险疑点进行反馈验证,逐渐优化完善。石家庄全市已经开展了多批次重点行业专项风险应对工作部署,产生了风险企业2 934户,风险疑点数据13 966条,入库税款上亿元。

2. 税收大数据分析应用在增值税发票风险防控方面的成效

（1）应用聚类分析技术打击发票虚开虚抵的团伙作案。优化纳税服务，简化涉税审批后，部分不法分子利用"简政放权""便民春风"等政策，大量登记新办企业，申领发票虚假开具后迅速注销企业或走逃，形成近期增值税发票犯罪的主要风险特征，造成税收流失的风险后果，严重破坏了正常的税收管理秩序。这类企业具有"快办、快领、快开、快跑"的特点。传统的属地税源管理由于缺乏更大范围的涉税数据平台，面对虚开发票的"游击队"犯罪团伙无从下手、疲于应对，造成了"打不死、赶不走、跑还来"的且打且扩的被动局面。面对这种严峻形势，河北省石家庄市税务局成立了专业的税收风险管理局，自主研发"发票风控"模型系统，全面攻关，深入开发，利用大数据与数据挖掘技术、数据图形学的方法进行研究分析，将登记、申报、征收、发票底账等涉税信息点进行语意解读，利用信息点的互斥性和互证性来排除干扰，强化识别的风险特征，最终开发出包含语意解读、关联分析、聚类分析、专业剪枝、确定分组、业务优选、验证滤杂、锁定目标等风险识别的大数据技术应用方法。该方法具有现实性和预测性兼备的识别研判优点，既可以挖出已经注销、走逃的虚开发票"游击队"的"尸体"，又可以锁定当前正在实施违法犯罪行为的团伙成员，还可发现刚刚登记，领了发票即将虚开的团伙成员。在风险预警防控和应对机制上，采取各个属地税务机关同时出击，协同应对措施，让虚开发票的犯罪团伙无处遁形，有效地打击和遏制了虚开增值税发票犯罪团伙的多点、多轮次的循环作案。

（2）应用图形挖掘技术找出虚开增值税发票的全链条。互联网大数据时代，从宏观视图中可以透视出"虚开、虚抵"增值税发票风险的团伙成员，发现其具有分工专业、跨区协作、网络运作、建网迅速、在线速通、灵活协作、再生力强、扩散迅捷等风险特征。基于互联网时代企业运作的风险特征和当前虚开虚抵发票风险应对存在的主要问题，河北省税务局确定了以税收大数据、数据挖掘、数据图形学等先进技术为主导，以税收风险分析为验证的四步分析法，即"整合数据建主题、构建网络绘整体、识别风险做标识、层层挖掘现谜底"。第一，整合金税系统、防伪税控、发票电子底账、进销项分析、风险协查等系统信息，构建支撑风险管理的主题数据集，主要以税收征管系统和发票管理系统为数据基础，构建纳税人与发票风险的关联关系。第二，依托发票与纳税人主题数据集，以纳税人为"节点"，以购销关系为"边"，运用大数据图形数据库技术，建立涵盖河北省全部企业的商品交易网络全图，称之为"涉税关联网络"。第三，应用大数据的数据挖掘技术，确定八大类、40余种风险商品，再对单户企业的购、销商品按照产品结构关系智能组合，整体比对，识别出了大量"购销不一致"的风险企业，推送至基层管理部门实施风险排查。第四，通过追踪"涉税关联网络"企业的商业轨迹，以风险企业为锚点，以企业运作规律为线索，层层递进，点点剖析，逐个挖出虚开虚抵、骗取出口退税、避税筹划、关联交易等涉税风险交易的网络关系图。同时在风险应对指引上，按图索骥，层层突破，通过环节之间相互印证，实现对风险交易网络的整体打击和震慑。

第二节　税收大数据分析和税收大数据分析技术

一、税收大数据分析概述

（一）税收大数据分析的内涵

税收大数据分析是税收大数据治理的核心重要内容，是依据征管数字化转型及税收治理现代化的总体要求，是对税收大数据价值的挖掘与分析应用。税收大数据分析是有效运用大数据分析技术，通过对海量税收大数据进行加工、处理、挖掘和利用，分析发现税收遵从风险，科学开展税收风险预警评估，有效实施税收风险防控；分析发现税收征管工作成效及存在的问题，预测未来发展变化趋势，为税收治理现代化提供决策依据。

税收大数据价值的挖掘与分析应用能力是现代税收治理能力的重要标志，只有不断提升税收大数据分析能力，才能获得更多有价值的税收信息，获得更高的税收洞见，不断提升税收的知识管理能力，提升科学的税收决策能力，改进和提高税收征管工作质效，不断推进智慧税务及税收现代化的建设和发展。

（二）税收大数据分析在税收治理中的主要应用

1. 税收形势分析

税收形势分析是由收入规划核算部门牵头负责、其他业务部门配合开展的一项税收大数据分析应用工作。主要通过计算宏观、中观及微观不同层面税收指标及相关分析方法，针对一定时期内、一定区域、行业及纳税人不同范围内税收的总量规模、结构特点、质量及增减变动趋势进行分析预测，客观反映税收的数量特征及发展变动趋势，剖析收入增减变化原因，查找组织税收收入、税收征管及经济运行中存在的问题，提出加强组织收入、税收征管的建议及措施。

各级收入规划核算部门采用税收收入简报，月度、季度、半年度、年度分析报告等方式，反映和说明税收数量特征及增减变化原因，组织税收收入计划的进度、完成情况及税收收入的质量，为更好地完成税收收入计划，提高组织税收收入的主动性和前瞻性，发挥税务部门的基础性、支柱性和保障性作用提供决策依据。

2019年1月1日以来，社保费及非税收入划归税务部门征收后，根据实际管理的要求，需要针对所有税费种开展税费收入分析和预测，客观反映一定时期内、一定区域或行业及纳税人不同范围内税费收入的总量规模、结构特点、税收治理及增减变动趋势。

2. 经济税源分析

经济税源分析简称税源分析，根据分析的视角，在有些情况下又称经济形势分析。

主要通过计算宏观、中观及微观不同层面涉税经济活动指标及相关分析方法，针对一定时期内、一定区域或行业及纳税人不同范围内涉税经济活动的总量规模、结构特点、税源质量及增减变动趋势进行分析预测，客观反映涉税经济活动的数量特征及发展变动趋势。如某地区的国内生产总值、增加值的产业结构、社会消费品零售额、固定资产投资额等。通过开展税源分析，能够客观反映涉税经济活动的总量规模、结构、质量及增减变动等数量特征，涉税经济数据对税收产生的关联影响，查找税源管理中存在的问题，分析影响税收增减变化的主要原因，为更好地优化营商环境、完善税制、加强征管、促进经济税收协调高质量发展提供决策依据。

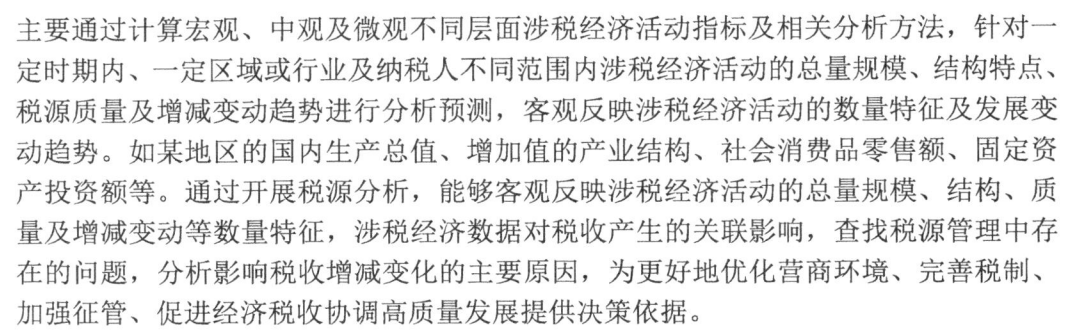

3. 税收经济分析

税收经济分析是站在税务机关的角度分析经济运行的变化及税收经济之间的关联影响关系。通过有效获取税收大数据，运用税收经济分析指标，分析经济运行对税收的影响，同时透过税收大数据反映经济运行发展状况及经济结构调整变化情况，反映税收与经济发展的协调程度，查找税收征管中存在的问题，有针对性地采取加强税收治理的措施，为税制改革完善、加强税收征管、组织税费收入，促进和推动经济、税收协调高质量发展提供决策依据。税收经济分析是从税收视角观察和反映经济运行的状况，做好税收经济分析可以有效提升税务机关的话语权。

4. 税收风险分析

税收风险分析是税收大数据应用的重要核心领域，是指围绕税收风险管理目标，依据掌握的税收大数据，构建税收风险指标体系，运用大数据的量化模型及智能化现代信息技术，对潜在的税收风险进行分析识别，探究税收风险特征规律，寻找发现税收风险可能发生的区域、行业、纳税人及具体的税收风险发生环节的过程，并对可能产生的税收风险进行预警预测，为科学有效地防范规避税收风险，有效实施税收风险应对控制和排查提供具体的明确指向和决策依据。税收风险分析可以从宏观、行业及微观不同层面范围开展和实施。

5. 税收政策效应分析

税收政策效应分析是从事前、事中和事后，密切跟踪税制改革和税收政策发展变动及实施效果等情况，测算税收政策变动、减税降费政策实施等对税收和经济社会发展、产业结构优化调整、动能转换等的定量影响，并提出进一步完善税收制度政策，进一步促进经济结构调整优化、经济社会协调高质量发展的建议措施，充分反映税收对经济社会发展的重要调控职能作用，发挥税收在国家治理体系和治理能力现代化建设中的积极促进作用。

（三）税收大数据分析的意义

1. 为组织收入服务，提高组织收入的前瞻性

税收大数据分析是宏观经济分析的基础。通过税收大数据分析，可以更好地从宏观层面剖析税收收入增减变化的原因，研判经济运行发展态势。利用税收大数据分析的优

势,可以更精准地从税收视角观察、反映我国经济运行状况,供给侧结构性改革及产业结构转型升级的发展情况,更好地把握经济发展方式转变进程,折射经济社会发展中值得关注的问题。税收大数据分析可以反映宏观经济形势变化对税收收入的影响,有助于推动科学开展税收经济分析预测,更科学合理地制订税收收入计划,提高组织收入的前瞻性和掌控能力。

2. 优化纳税服务,提升现代化、专业化、精细化纳税服务水平

通过税收大数据分析可以为纳税人缴费人画像,分析诊断纳税缴费需求,总结提炼的共性需求和个性化需求的特点规律,进而为纳税人缴费人提供更有针对性的优质、高效、便捷的专业化、精细化服务。在满足普遍的共性纳税服务要求的同时,也为纳税人缴费人提供更有针对性、更精细的个性化服务,提升现代化、专业化、精细化纳税服务水平。

3. 是实施税收风险管理,提高税收遵从度的重要手段

降低征纳成本、提高税收风险管控能力是促进提升税收遵从度的根本途径。通过大数据风险分析方法开展税收风险画像,识别税收遵从风险可能发生的区域、行业及风险企业,做到事前有效预防,事中及时开展风险预警评估,对无风险户不打扰、对低风险户进行风险提醒服务,对高风险户重点实施有效风险监管,从而降低征纳成本,有效规避防范税收遵从风险,提高税收风险管控能力,实现征纳共赢。

4. 为加强税收执法监督服务,有效防控税务执法风险

通过对税收大数据的深度分析应用,可以及时发现税收执法过程中的不规范行为,有效实施税务执法风险预警监控,从而实施针对性执法责任监督,有效防范和阻止执法不规范行为的发生,从而防控税务执法风险,提高税务执法的精确性和规范性。

5. 为税制改革服务,推进税收制度、政策的不断改革完善

从事前、事中和事后全程密切跟踪税制改革和税收政策调整实施的进程和执行情况,测算税制改革、税收政策变动对经济、税收的定量影响,加强定量分析和预测,为完善税制改革提出调整优化的建议措施。

6. 为经济社会高质量发展服务,发挥税收在国家治理体系和治理能力现代化建设中的积极作用

围绕经济决定税收,税收反映经济,旨在通过税收放眼经济,反映经济运行过程的数量特征及发展趋势。通过税收大数据分析,可以正确反映税收经济发展的相关性和协调性,对税收经济协调运行发展状况进行客观分析评价,及时发现不协调缺口及成因,提出改善和调整其中不协调因素的具体建议措施。缩小税收收入与经济指标之间的缺口,促进税收经济协调、高质量发展,有效增强税务机关的话语权,充分发挥税收调控经济的重要职能作用,发挥税收在国家治理体系和治理能力现代化建设中的重要的积极促进作用。

二、常用的税收大数据分析类型

（一）描述型税收数据分析

描述型税收数据分析主要是分析税收业务发生了什么，是最常用的分析方法，用于对各类涉税业务情况的基本了解、掌握和展现。这种方法为税收管理人员提供了重要分析指标和分析业务的衡量方法。典型应用有金税系统的各类查询、报表，以及一户式全景展示、一局式信息展现等基本情况分析。例如，对某大企业每月进行税收收入分析，企业的经营利润增减变动的数据是多少，税收收入是增长还是下降等，都属于描述型税收数据分析。利用可视化分析工具，能够更有效地增强描述型分析所反映的信息内容。

（二）识别评估型税收数据分析

识别评估型税收数据分析主要是分析税收业务为什么会发生。它是基于税收大数据比对产生的经验知识，是税收大数据分析的重要方法之一，主要应用于对税收风险成因的分析、诊断评价，对税收风险进行分析识别、判断和评估的过程，又称税收风险评估。通常是在描述型税收数据分析的基础上对税收风险开展的深入分析和评价，依据掌握的税收风险特征构建税收风险指标体系，运用量化模型及现代信息技术手段，对潜在的税收风险进行深入分析识别，探究规律。寻找发现税收风险可能发生的区域、行业、纳税人及具体的税收风险发生环节和目标的过程，并对税收风险进行评估排序，为科学有效地实施风险应对、控制和排查提供具体指向和决策依据。典型应用有大数据风险管理部门开展的专项税收风险分析监控、重点行业税收风险评估等。

（三）探究型税收数据分析

探究型税收数据分析又称税收数据深度挖掘分析，主要是围绕税收征管中存在的问题、税收遵从风险等开展进一步深入挖掘，依据掌握的数据分析挖掘工具和方法进行层层递进、抽丝剥茧的深入挖掘和分析，钻取数据的核心、问题及风险的根源，挖掘出事实真相及更深入细致的税收风险点、风险成因，提炼出特征规律，进而采取有效措施实施问题及风险的应对排查。典型应用有大企业税收风险应对、基层税源管理部门风险应对中的案头风险分析，税务执法风险监督分析等。

（四）预测、预警型税收数据分析

预测、预警型税收数据分析主要是分析未来可能发生什么税收业务。税收大数据分析最重要的应用领域之一就是预测、预警。通过科学构建预测、预警税收数据分析模型，通过较长时期的时间数列，对税源、税收收入、税收风险开展预测和预警分析，预测未来可能发生什么税收业务、发生的时间点及发生的概率等，预测一个可量化的阈值区间。主要包括对税收经济发展趋势进行预测判断，如税源经济指标、税收收入分析预测分析应用，以及对税收风险进行预测预警分析等。

在充满不确定性的税收环境下，预测、预警型税收数据分析能够帮助税收管理人员提高税收管理的前瞻性和主动性，未雨绸缪，防患于未然，增强税收风险的防控意识，科学做出各项税收工作的决策，提高现代税收征管能力。典型应用有大数据风险管理、收入规划核算、税收经济分析部门的税收风险预警分析、税收收入分析预测、税收经济预测分析等。

（五）决策型税收数据分析

决策型税收数据分析主要是分析税收业务需要做什么。是在"发生了什么""为什么会发生""可能发生什么"的基础上，进一步分析"需要做什么"，帮助税收管理人员决定应该采取哪些措施应对和解决问题，辅助管理者进行更科学决策。通常情况下，决策型分析不是单独使用的方法，而是在前面的所有分析步骤完成之后，最后需要完成的分析方法。典型应用有两种：一是大数据风险管理部门在对税收风险识别评估后，将企业的涉税风险点推送至税收稽查部门或基层税收管理部门，帮助税收管理人员找到企业的涉税风险点，选择最好的风险应对措施控制排查企业的税收风险，实现征纳共赢；二是税收政策部门、税收经济分析部门开展的政策效应分析，主要分析税收政策落实执行的效果，对区域经济发展产生的积极影响，存在哪些问题，需要采取哪些措施进一步改进完善等。

（六）综合型税收数据分析

综合型税收数据分析是指对多种类型、多维度分析方法的有机结合和综合运用，又称360度全方位分析方法。典型应用有360度税收风险画像分析，基于多个分析维度和视角，将税收风险指标分析、涉税财务指标分析，第三方信息比对分析等多种分析方法的综合运用。综合型税收数据分析可以更全面、系统、深入地对税收风险进行分析识别、评估判断，有针对性地对税收风险进行有效控制和排查。

三、税收大数据分析技术概述

（一）税收统计分析技术

税收指标分析：主要包括税收经济分析、税收风险指标分析、税收收入预测分析、税收聚类分析、税收主成分因子分析、税收关键指标判别分析等。

税收统计分析：主要包括均值分析、离散分析、决策树法、假设检验、参数检验、显著性检验、均衡及差异分析、相关分析、T检验、方差分析、离散分析、简单回归分析、多元回归分析、回归预测与残差分析、岭回归、logistic回归分析、判别分析、主成分分析、因子分析、快速聚类法与聚类法、判别分析、多元对应分析（最优尺度分析)、Bootstrap 技术、时间序列分析等。

（二）税收数据挖掘技术

税收数据挖掘技术包括分类（classification）、聚类（clustering）、预测（prediction）、估算（estimation）、相关回归或关联规则（Affinity grouping or association rules）、描述和可视化（Description and Visualization）、复杂数据类型挖掘、网络数据挖掘（Text，Web，图形图像，视频，音频等）。

（三）税收大数据模型分析技术

税收大数据模型分析技术主要包括基于机器学习训练的人工神经网络模型、回归预测、估算模型、仿真统计建模技术等。在税收征管数字化转型背景下，迫切需要在由普通机器组成的大规模集群上实现高性能的以机器学习算法为核心的智能化数据分析技术，为实际的税收业务提供更好的决策支持智能化服务，实现税收业务到税收数据，最终到税收知识管理及智慧税务的转变。

与传统的在线联机分析处理 OLAP 不同，对税收大数据的深度分析应用主要是基于大规模的机器学习技术。一般而言，机器学习模型的训练过程可以归结为，最优化定义于大规模训练数据的目标函数，并且通过一个循环迭代的最优化模型算法实现，因而与传统的联机分析处理 OLAP 相比，基于机器学习训练的税收数据模型分析技术具有独特的优点和更高的精准性。

聚类分析、税收关联指标模型挖掘算法、人工神经网络模型、回归预测估算模型等各种大数据挖掘模型算法，都是基于不同的数据类型和数据格式，可以科学地反映税收数据本身具备的数量特征和规律。这些被全世界统计学家所公认的、可以称之为真理和规律的各种统计算法模型，让我们一方面可以更快速地处理税收大数据，另一方面还可以深入税收大数据内部，挖掘提炼出有价值的税收信息和税收数量和规律。

第二章

税收大数据获取及应用

数字经济时代，有效获取高质量的、丰富的税收大数据资源，是税收大数据分析的必要条件和重要的基础环节。因此，要建立科学、规范的税收大数据获取管理流程和管理机制，采取科学有效的税收大数据获取技术与方法，大力推进"以数治税"，持续推进与国家有关部门信息系统的互联互通，多渠道获取、共享税收大数据，加强数据资源的开发利用，不断完善税收大数据云平台，有效突破信息不对称带来的征管瓶颈。

第一节 税收大数据获取概述

一、税收大数据获取的意义

根据税收大数据治理的目标任务，采用科学的税收大数据获取技术手段和方法，有组织、有计划地对涉税经济活动的信息数据进行采集和调查，全面系统地了解、掌控涉税经济活动的数量、状况及税收风险的特点、规律，为有效开展税收大数据分析提供丰富的、系统全面的、高质量的税收大数据资源。

税收大数据有两种：一种是未经过任何加工整理的原始数据，通常是混杂的，又称为初级的第一手资料，包括海量的非结构化和结构化数据；另一种是次级资料，也称为间接数据，是指经过加工整理的涉税信息数据，在一定程度上进行了分类归集，加工汇总，能初步反映和说明涉税经营活动数量特征及申报纳税的基本情况，所有的次级资料都是由原始资料加工、处理、汇总而来的。

二、加强税收大数据获取的措施

（1）拓展税收大数据获取来源和渠道，及时、完整、准确地获取税务端纳税缴费登记、申报信息、发票、征收管理及纳税人端生产经营全过程的涉税信息数据。

（2）加强与市场监督、自然资源、统计、公安、海关、银行等部门及其他第三方涉税数据的获取、共享及有效集成利用。

（3）做好企业集团生产经营、涉税信息的常规性获取管理工作。

（4）通过逐步推广数字货币、区块链、电子发票系统的应用领域，最大限度地获取、共享基于真实交易的税收大数据。

（5）做好跨地区经营纳税企业涉税汇总信息数据的获取、交换与共享工作。

（6）拓展国际税收情报交换的范围，采取灵活多样的税收情报交换形式，完善国际税收情报交换机制及管理工作。

（7）加强税收大数据清洗、审核、存储、处理、交换、共享及系统集成，有效提高税收大数据精准性。

三、税收大数据的获取渠道和内容

（一）内部数据的获取渠道和内容

1. 渠道来源

税务机关内部的税收大数据，主要包括税务登记数据、各类认定数据、增值税发票系统大数据、纳税申报征收系统数据、收入规划核算数据、金税工程核心征管系统数据等。

2. 获取内容

（1）金税系统"一户式""一人式"存储的各类纳税缴费信息资料，主要有税务登记的基础信息，包括纳税人缴费人名称、登记注册类型、开办日期、注册地址、生产经营地址、核算方式、从业人数、单位性质、门户网站网址、适用的会计制度、经营范围、法定代表人、财务负责人、办税人、注册资本或投资总额、投资方信息、投资结构、总机构信息、分支机构信息等；各项核定、认定、优惠减免、缓抵退税审批事项结果的相关信息。

（2）增值税发票信息，包括来自金税系统增值税交叉稽核系统、电子底账系统、大数据云平台的各类发票所记载的货物和服务的交易对象、品名、价格、金额、流向等涉税信息及上下游交叉比对结果信息。

（3）其他专项调查和调研信息如税收管理员的日常巡查数据、专项调查分析数据及调研分析报告。

（4）纳税风险评估和税务稽查历史查补入库数据，包括通过大要案、案件司法认定结果、专项检查、涉外审计等获取的补充信息和处理信息。

（5）税务行政处罚信息、纳税信用状况及评定信息。

（6）通过国际税收协定情报交换机制取得的信息数据。

（7）纳税缴费申报信息数据，财务会计报表数据，以及税务机关依据职权要求纳税人缴费人提供的附报、补充申报等相关涉税资料。纳税缴费申报信息数据主要包括计税计费依据、计税销售收入、计税营业收入、减、免、退税涉及的收入、产品产、

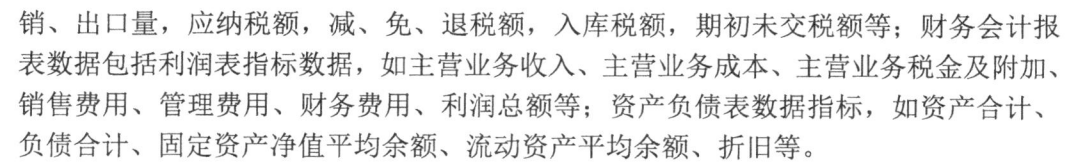

销、出口量，应纳税额，减、免、退税额，入库税额，期初未交税额等；财务会计报表数据包括利润表指标数据，如主营业务收入、主营业务成本、主营业务税金及附加、销售费用、管理费用、财务费用、利润总额等；资产负债表数据指标，如资产合计、负债合计、固定资产净值平均余额、流动资产平均余额、折旧等。

（8）其他统计数据指标，包括工业总产值、增加值、工业中间投入、中间投入中直接材料、全部从业人员劳动报酬、工业销售产值、产成品、从业职工人员等。

（二）外部数据的获取渠道和内容

国家税务总局先后下发了《国家税务总局关于印发税收数据标准化与质量管理办法的通知》（税总发〔2016〕97号）、《国家税务总局关于建设金税三期数据管理体系的指导意见》（税总发〔2017〕71号）等多个文件，提出各级税务机关应加强数据共享，逐步拓展数据共享范围，做到一方采集，共同使用，鼓励各级税务部门积极与第三方开展数据共享，构建第三方数据共享平台，为税收工作有效开展提供第三方数据支持，为外部信息数据获取工作提供了政策支撑。2021年3月24日，中共中央办公厅、国务院办公厅印发的《意见》提出："2025年建成税务部门与相关部门常态化、制度化数据共享协调机制，依法保障涉税涉费必要信息获取。"

税务系统外部涉税大数据的获取渠道和内容主要包括两个方面。

1. 涉税生产经营信息数据的获取

又称第二方信息数据的获取，构建与企业商业管理模式相匹配的企业ERP信息采集、共享平台，同时结合专项调查和深入生产经营实地调研，对纳税人缴费人生产经营的实际情况进行深入了解和调查。如交通物流企业实际拥有的运输车辆、载重量等。获取和掌控涉税生产经营的实际情况及税收风险特征数据。第二方信息数据主要是涉税生产经营全过程的真实数据，非申报数据或第一手原始数据。具体内容包括：

（1）所属行业经营发展情况，行业景气指数及周期变动情况，企业长、中、短期发展战略、组织架构及年度内部控制指标等信息数据。

（2）涉税生产经营指标等大数据，包括生产经营特点、工艺流程的技术特点、主营业务及相关产成品、副产品及其构成等；原材料采购、供应、库存情况；物耗、能耗及结构特点；设备、包装物等生产特色等；存货、销售合同、运输方式、分销渠道、销售终端及售后服务等静态和动态的涉税大数据。

（3）企业实际财务核算状况。企业生产经营的基本情况，利润实现、分配及企业盈利或亏损情况。

（4）企业自身自设门户网站网页的涉税信息数据。

2. 第三方涉税信息数据的获取

第三方涉税信息数据是来自征纳双方之外的涉税大数据。第三方涉税信息范围广泛，来源渠道较多，其主要渠道包括政府行政、事业机构、行业管理部门及业务往来单位的涉税数据。第三方涉税信息数据的获取应用需要得到信息所有者和提供者的认可、支持和配合，并在一定的保密原则下交互使用。主要内容包括以下方面：

（1）政府部门及行业主管部门门户网站的涉税信息数据，包括市场监管、统计、商务、自然资源、发改委、城建、土管、房管、证监、银监、保监、海关、银行、纪委、司法等各部门主体的涉税大数据。

（2）行业协会信息。互联网时代，很多行业协会通过网站公布行业的供需信息、行业技术、法律法规、行业发展等有关信息。如通过煤炭行业协会、纺织行业协会相关网站获取行业的发展报告信息，行业经济和技术指标数据等。

（3）互联网第三方交易平台交易数据，主要是指第三方电子商务交易平台记录的交易和服务的涉税信息数据，如天猫、淘宝、京东、美团外卖等交易平台记录和显示的交易数据，延伸拓展至手机端 App 的微信、支付宝交易信息和数据。

（4）会计师事务所、税务师事务所提供的涉税服务信息数据。

（5）研究机构专题研究报告信息，如专业的证券公司、投资公司的行业分析研究报告。

（6）社会支持信息，包括媒体、举报、社会热点信息以及以资源、能源消耗为重要特征的来源信息，如电力、水力、矿产等的消耗数据。

（7）宏观经济调控及相关政策信息，近期的宏观经济调控政策及热点问题相关信息数据。

（8）互联网开放平台及手机 App 涉税信息。相关门户网站及手机 App 涉税大数据，如"巨潮""东方财富网"资讯平台上市公司公告信息、限售股解禁涉税信息，"千里马招标网""天眼查""企查查""货拉拉""启信宝""安居客""土流网"等网站平台的涉税大数据。

第二节 税收大数据获取技术与方法

当前税收实践中的税收大数据获取技术与方法主要包括网络爬虫技术，利用政府数据共享平台实现信息交互、共享利用，通过金税系统及智慧税务平台智能化获取、应用税收大数据，税收专项调查与统计报表制度，应用区块链技术等，其中区块链技术的应用在第七章重点阐述。

一、网络爬虫技术税收大数据获取及应用案例

（一）网络爬虫技术原理

网络爬虫技术是现代搜索引擎技术的重要组成部分，通常被称为网页追逐者，又被称为网页蜘蛛、网络机器人。网络爬虫技术是一种按照一定的规则，自动抓取互联网信息的计算机程序或脚本。由于专门用于检索信息的"机器人"程序就像蜘蛛一样

在网络间爬来爬去，反反复复，不知疲倦，所以，网络爬虫技术又被形象地称为网络蜘蛛，目前已被广泛应用于互联网搜索引擎或其他网站。搜索引擎使用网络爬虫技术抓取 Web 网页、文档、图片、音频、视频等信息资源，通过相应的索引技术组织这些信息，提供给搜索用户进行查询和应用，是现代意义的搜索引擎技术。百度、谷歌这些"巨型爬虫"目前都是以云计算技术为基础，用成千上万台计算机组成一个巨大的爬虫系统，其原理比较复杂，其中有很多技术难点，但其基本原理都是一样的。

传统的搜索引擎存在一定的局限性，一是效率低，搜索引擎所返回的信息包含大量用户不关心的网页；二是有限的搜索引擎服务器资源与无限的网络数据资源之间存在矛盾；三是不能有效地获取不同数据结构的信息。而网络爬虫技术的应用可以完全不依赖用户干预，实现网络上的自动"爬行"和搜索，可以根据既定的目标更加精准地选择、抓取相关网页信息，有助于在互联网海量的大数据中快捷获取有价值的信息资源。

（二）网络爬虫技术在税收风险管理中的拓展应用

"网络爬虫"是一个自动提取网页信息的程序，运用网络爬虫技术设定程序，可以根据既定的目标更加精准地抓取相关网页，有助于在互联网的海量信息中快捷获取有价值的涉税信息数据。

1. 利用网络爬虫技术对税源进行风险监控预警

税收大数据获取技术在税源管理中的应用，最行之有效的方式就是利用网络爬虫技术抓取企业和互联网的涉税信息数据，作为税收征管和纳税服务的大数据资源。网络爬虫技术是一种高效的信息抓取工具，它集成了搜索引擎技术，可以根据一个文本链接自动从超文本标记语言获取指向其他文本链接的地址信息，并自动高效率访问和自动存储抓取。涉税信息存储库将自动抓取的网页信息存取下来，并实现分布式、可扩展的存储爬取的数据，如图 2-1 所示。

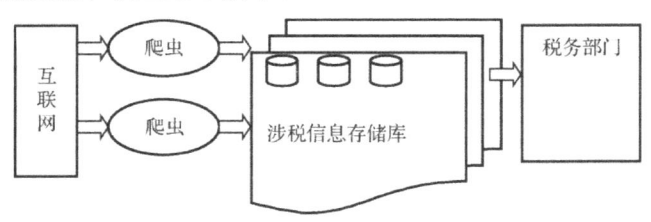

图 2-1 网络爬虫涉税信息监控技术原理

股权转让带来的征纳双方信息不对称一直困扰着税务机关，一旦股东将股票抛售，很难第一时间实现有效监控，税收征管存在一定难度。在股权转让方面，由于上市公司发布信息的透明性，可利用网络爬虫技术获取上市公司公告、限售股解禁、上市公司十大股东等涉税信息数据。根据税收征管工作需要分类抓取、实时监控，并将在互联网上获取的涉税数据信息与金税系统的税收征管信息、其他第三方信息进行自动综合比对，从中筛选出存在税收风险的纳税人，进而实施税收遵从风险提醒或风险预警。

目前的网络爬虫技术还仅仅停留在发现问题阶段，如股东在处置资产后是否进行了纳税申报等。未来的网络爬虫技术应用还将不断向纵深发展：一是从发现问题向大概率预测分析、评估预警税收风险转变。例如，某公司发布公告实施股权激励，那么在数年后则要关注该股权激励的兑现和转让，实施税收风险监控；如果某公司计划重组，引入其他非关联的投资者，那么可以预测该公司的留存收益很可能发生减少等。二是从零散、不成体系的应用向系统集成拓展应用转变，集成的主要内容包括数据源获取、分析模型构建、风险识别、评估预警等。其中，数据源不应仅仅是区域性的上市公司信息，而应是全国资本交易市场的涉税大数据及海外交易市场的涉税大数据；不仅关注资本交易，还可以利用网络爬虫技术勾勒描述出涵盖自然人的资金流图谱，用金税四期系统的数据勾勒描述出涵盖全国的发票流信息图谱，并将两者进行综合对比，从而发现交易实质，精准指向定位税收风险点。此外，为了保证爬虫软件的效率，减少后期数据的清洗和校验工作，可以参照反避税工作所进行的数据采集和对比工作，采取"买数据"的方式，从目前基于网页的"海淘式"获取转变为向专业的数据公司购买清洗后的数据源，从而大大提高"网络爬虫"获取税收大数据的效率。

2. 利用网络爬虫技术监控税源信息，有效实施税务稽查

网络爬虫技术强大的功能之所以能在税务稽查中应用，就在于它完全是按照税务稽查所下达的查验方向指令进行自动抓取行动。这些"网络爬虫"可以迅速地按照税务稽查的要求抓取稽查人员需要的涉税大数据及分析结果，锁定税收风险点，制定有针对性的税务稽查策略。那么，网络爬虫技术是怎样抓取涉税申报风险疑点的？利用网络爬虫软件，按照需要抓取的信息，输入几个关键指标值，单击"确定"按钮，电脑屏幕上就会出现一只绿色小虫缓慢地爬过，当发现税收风险疑点时，红色预警信号[①]就会出现在屏幕中，此时，税务人员只要点击爬虫爪，就可以抓取到所有预警信息，风险目标和风险疑点的具体信息也会即刻逐一显现出来。

网络爬虫技术在税务稽查领域的应用主要体现在以下方面：

一是拓展信息渠道，将网络爬虫技术引入涉税大数据的获取，对外部网站披露的与企业资本运作活动有关的信息适时捕捉，丰富案源线索；

二是精准分析定位，将风险分析识别方向定位在股权、投资和土地、房屋等大额资产的处置交易上，分析方法和指标设计针对性强，逐步延伸到其他税收业务领域；

三是融合多方涉税信息数据，引入税务登记、发票、申报、鉴证报告、财务报表、印花税等多方涉税信息作为比对分析的主要着力点，交叉稽核验证确认；

四是强化涉税信息数据的深度分析挖掘应用，着重建立各类信息源之间的对应关联关系和数据钩稽关系，从而支持税收风险分析识别、推定和风险排查；

五是风险信息重构，对多个投资方信息进行整理归纳，形成控制关系的网络架构图，将复杂的资本运作行为重构还原为清晰的交易行为轨迹，以准确定位和发现这些

---

① 显示企业税收风险等级较高

交易中的税收风险点；

六是利用网络爬虫技术原理调用百度、搜狗等知名搜索引擎的接口，获取其他方面的涉税信息，如实际关联公司、经济案件的法院判决结果等；

七是利用"网络爬虫"探索获取外文涉税信息，将境外上市公司纳入风险监控范围，不断拓展税收大数据的获取、分析及应用领域。

3. 运用网络爬虫技术获取数据，开展税收风险管理的典型案例

近年来，各地税务机关已经开始尝试使用网络爬虫技术进行第三方涉税大数据的获取、分析和应用，防范和控制税收遵从风险，取得了突出的成效。例如，税务机关在调查某餐饮企业网上销售情况时，利用网络爬虫技术，用计算机代替人工完成相关团购网站的访问调查，定位和获取了电商交易平台上的累计销售数量、销售金额等涉税关键信息，通过语义分析技术对该餐饮企业在一定时期内的电子销售总量、销售额与同期的企业申报数据进行比对分析，进而识别企业可能存在的税收风险点。

天津市税务局构建的税收大数据分析平台紧密结合税务实际业务需求，利用网络爬虫等技术系统集成互联网数据、第三方涉税交易数据、税务端数据。目前，该平台与高等院校合作，借助科技大脑在应用层面取得了突破性成效。一是在宏观层面的获取、分析及应用，包括区域税收经济分析、货物流向经济地图、汉字信息商品分类库语义分析等功能；二是在微观层面的获取、分析及应用，包括企业增值税专用发票查询、普通发票查询、上下游货物流分析、上下游企业分析、一税号多名称分析、发票与申报数据关联比对分析、发票与风险指标关联比对分析、一键生成区域分析报告等税收大数据应用功能。天津市税务局通过应用网络爬虫技术有效掌握了发票总体进出情况、货物间购销、企业间往来、企业历史数据变更等情况。该系统已经在日常税收征管、税收风险监管、税务稽查等领域取得可观的成效。

江苏省税务局大力推进大数据生态圈建设，加强与各级政府机关的信息交换与共享，与省、市、县三级政府的相关部门开展常态化大数据共享交换；采用网络爬虫技术，以每日获取 2 700 多万条数据信息的速度从互联网获取涉税大数据，信息服务从仅仅涵盖征纳双方的小型对接进一步拓展到了税、政、企、校等多方覆盖的大数据生态圈。2015 年上半年，原无锡地税局通过网络爬虫技术，获取了 12 家在港交所上市的无锡企业的涉税大数据，包括涉及股权变动信息，通过数据分析应用，查补股权转让个人所得税 1 亿元，有力提升了税收征管效能。

福州市税务局成立了税收风险控制中心，以税收大数据为驱动力，深入推进开展税收风险管理。运用网络爬虫技术自主研发了"互联网涉税信息监控平台"，相继开发了上市公司公告信息获取、限售股解禁信息获取和上市公司十大股东信息分析 3 个软件系统；同时还开发了辅助扫描等程序，建立上市公司股权交易涉税数据库，加强对上市公司股权转让业务的税收风险监控，实现了对上市公司股权交易等信息的实时精准分析监控。"互联网涉税信息监控平台"的运行方式是：第一，操作人员进入系统后，先连接互联网税收风险控制中心电脑，通过"网络爬虫"定向抓取各相关网站公开发

布的上市公司公告信息,并且将这些信息转化成可识别的文本。第二,在当天股市收盘后,扫描程序启动,扫描网络爬虫抓取上市公司公告内容。第三,如果扫描中出现了福州市税务局管理的纳税人或其他有效涉税数据信息,监控平台会自动将公告信息与福州市税务局管理的纳税人建立关联比对,并且以不同颜色的字体和高亮方式显示在电脑屏幕上,提示纳税人可能存在税收风险。通过对监控平台抓取的信息与税收征管信息系统进行大数据比对分析,进而找出税收风险等级比较高的纳税人,推送到基层管理局开展有针对性地纳税风险评估,取得了显著成效。2016 年,福州市税务局利用网络爬虫技术抓取了企业十大股东变化信息,对涉及企业开展纳税评估,查补税款 6 399.8 万元,调减以前年度亏损 71.91 万元。2017 年前 10 个月,福州市税务局风控中心对上市公司十大股东及持有上市公司限售股解禁信息进行分析,筛选出 124 户存在税收风险的企业,涉及减持 226 只股票,推送至基层管理局开展纳税风险评估,多家企业补缴相应税款。截至目前,该平台已抓取和分类储存上市公司涉税信息 257 万条。对于"互联网涉税信息监控平台"抓取的信息,福州市税务局风控中心设专人实施风险管控,一旦发现关联企业减持股票涉及税款问题,立即推送至基层管理局与企业沟通核实,提醒、督促企业及时依法申报缴纳税款,防范规避了税收遵从风险。

二、利用政府数据共享平台实现信息交互、共享利用

近年来,全国各地政府部门积极探索制定综合治税的税收保障条例、办法,为构建综合治税体系、获取税收外部数据信息提供了有力的制度保障。自 2003 年山东省在全国率先以政府令的形式向社会公布了税收保障条例以来,经各地税务机关的积极推动,目前全国范围内江苏、辽宁、江西、青岛等 18 个省(市)政府陆续出台了税收保障办法,占全国的 50%。山东、海南等省级人大讨论通过了地方税收保障条例,提高了综合治税保障条例的法律层级,加快推进了税收外部涉税大数据获取的法制化进程。各级政府部门信息共享作为税收外部涉税大数据获取的重要途径和技术方法之一,在我国税收实践中一直处于非常重要的地位,各地各级税务部门在本地区政府部门主导的数据共享交换平台获取并有效利用了税收大数据资源,为有效推进"以数治税",深化税收征管数字化转型及智慧税务建设提供了强有力的数据支持和保障。

例如,上海市政府按照国家推进大数据应用的战略要求,积极开展企业基础信息共享试点。一是探索开发建设了企业法人库,在市经信委的牵头下,上海市税务局、市场监督管理局、质监局积极配合,共同建立了"上海企业基础信息共享与应用系统",企业基础信息"一次输入、多方使用"和企业信息变更的"一局变更、多局联动",实现了税务局、市场监督管理局、质监局三部门之间企业基础信息的及时交换与共享、利用,确保了企业基础信息的系统完整、准确和一致,充分发挥了企业基础信息共享、利用的作用,为后续区块链技术的应用打下了坚实的基础。二是开发建设了个人住房房产税征收管理系统。市税务局、住建局、规划和国土资源管理局、财政局、公安局、

民政局、人力资源社会保障局、统计局等部门共同建立了全市统一的房地产信息管理平台，实现了个人住房信息数据库信息共享。上海税务局与上海市住建、房管部门建立的专线连接，可以实时获取涉税信息，实现了房屋买卖合同网上备案信息、原有住房查询信息、住房产权证发证信息、房产税认定信息等涉税大数据实时共享，交互利用，使不动产交易税收征管的效率大大提高。房管部门可以凭税务机关出具的相关文书，签发土地、耕地转用批文，办理房地产权属登记、变更等有关工作。

三、通过金税系统及智慧税务平台智能化获取、应用税收大数据

金税三期上线后，各地税务机关积极探索税收大数据的拓展应用。以上海税务局为例，在金税三期系统上线后，依托金税三期系统的外部数据交换平台，获取来自市场监督管理局、公积金中心、统计局自然资源、住房城乡建设部门等外部平台的数据，以及企业的股权信息、公积金个人缴存信息、土地登记信息、项目开发建设等涉税信息数据，为税源管理、纳税服务及税收风险管理等提供了有力的数据支持。

发票电子化及金税四期是金税三期的升级版，将充分运用区块链、大数据、云计算及人工智能等新一代信息技术，从而实现对税收征管全流程的智慧监管。金税四期将与企业涉税信息数据联网核查，增加企业相关人员身份信息、手机号码、税费登记、纳税状况及信用状况的核查功能。进一步系统搭建与中国人民银行、中华人民共和国工业和信息化部、国家市场监督管理总局等各部委、机构涉税大数据共享与核查通道，增加与中国人民银行的涉税信息联网获取，进行涉税交易资金流管控；同时增加了对社保和非税业务的数据获取及分析监控，必将大大推动企业社保缴费的合规遵从。另外，金税四期还将通过自然人纳税识别号，智能化系统获取"一人式"税收大数据，使个人的资产收支更加透明化，个税的风险管控进一步加强。

随着金税四期的上线，利用金税系统及智慧税务平台智能化获取、应用税收大数据，进而实现在更大范围内、更多部门之间涉税大数据的互联互通，相互验证，系统集成、共识、共享应用，进而有效突破征纳信息不对称带来的征管瓶颈，建立对纳税缴费业务全流程、全方位、立体化的税收大数据智能化获取、分析监控体系，实现从"以票管税"向"以数治税"分类精准监管转变。因此，纳税缴费自愿合规遵从税法是未来的发展趋势。

四、税收专项调查与统计报表制度

（一）实查实测、实估实算

这种方法又称实地调查法，是指调查者到纳税人缴费人实际生产经营的场所，通过实地观察、询问等方式获取相关税收大数据。实地观察纳税人缴费人生产经营的状

况，与被调查者进行面对面的接触、询问、访谈、记录而获取第一手税收大数据的调查分析方法。具体表现为实查涉税生产经营、工艺流程、原材料消耗、能耗及产能状况和变动情况；实测原材料及产成品库存状况及变动；实估计税销售收入、经营收入、投入产出率、利润率等相关税源指标；结合现行税法及相关政策实算法定的纳税能力。实地调查法通常与询问调查法结合应用。对被调查者进行直接询问访谈调查的方式有多种，如入户现场调查询问、随机采访、开座谈会等。典型应用包括税收风险特征调查、税收风险应对、税收政策效应分析等。

（二）税收统计报表制度

税收统计报表制度是按照国家税务总局统一的代码及格式要求，自上而下统一布置，自下而上逐级提供报告涉税统计资料的一种数据获取方式。税收统计报表制度是我国税收管理部门收集、整理、报告税收统计资料普遍采用的一种方式。通过税收统计报表，可以全面系统地收集涉税生产经营过程的税基、计税收入、应纳税额及征收入库全过程的信息和数据资料。

（三）小组座谈法

1. 含义

小组座谈法是市场营销中市场调查广泛使用的一种获取信息数据的方法。运用在税收风险信息数据调查中时，是调查人员通过召集被调查者或走访被访问者，以召开座谈会的形式与被访问者直接面对面交谈，通过倾听、询问、了解一组被调查者的涉税生产经营情况，从而获取税收大数据的一种调查方法。这种方法的价值在于可以从小组讨论中得到一些意想不到的延伸涉税信息及更多发现。

2. 特点

小组座谈法通常由一个经过训练的主持人以一种无结构的自然的形式与一个小组的被调查者进行沟通交谈，如企业的法人代表、财务负责人、生产负责人、营销人员等。主持人负责组织讨论，参与者负责记录、获取税收大数据。小组座谈法的形式与特点见表2-1。

表2-1 小组座谈法的形式与特点

形　式	特　点
小组大小	8～12人
小组构成	预先筛选被调查者
座谈环境	放松的、非正式的气氛
时间长度	1～3小时
记录	可使用笔记、录音和录像设备
观察	主持人可以观察并与被调查者接触，主持人掌握熟练的交流技术

（四）税收问卷调查法

1. 含义

税收问卷调查法又称"填表法"，是税务机关以系统论的观点和方法来设计风险问卷及相关获取表，通过询问或发放给区域某类行业的纳税人缴费人填写，由他们回答本单位内部所面临的税收遵从风险问题及风险环节来获取税收大数据的方法。按照问卷填答者的不同，可分为自填式问卷调查和代填式问卷调查。一般来说，纳税人缴费人熟悉自身生产经营过程中采购、生产、销售各个环节的细节情况，在税务人员的指导下亲自填写回答相关涉税问题，为进一步分析判断税收遵从风险特征及环节，系统地识别风险提供有价值的、详细的信息数据资料。

2. 税收问卷的结构

税收问卷调查的问题有两种类型：开放性问题和封闭性问题。开放性问题，又称无结构的问答题，所设计的问卷称为开放式问卷。问卷设计者不提供具体选择的答案，被调查者用他们自己的观点和语言自由回答问题，不受任何限制。开放性问题可以让被调查者充分地表达自己的看法和理由，并且比较深入，有时还可获得调查研究者始料未及的答案。它的缺点是收集到的资料中无用信息较多，难以统计、汇总、计算和分析。由于回答开放性问题有时需要思考作答，所以有时会遭到拒答。特别是对于大量的需要数据分析的调查，其局限性较大，通常与封闭式问题结合使用。封闭性问题，又称有结构的问答题，所设计的问卷称为封闭式问卷，它规定了一组可供选择的答案和有固定回答的问题，填充数据的格式与表格示例如表 2-2 所示。

表 2-2　企业迁址税收遵从风险调查问卷

问　　题	答　　案
1. 迁址之前企业对原有房屋具有	A 所有权　B 使用权
2. 如果问题 1 的回答是 B 使用权，则企业从产权处得到的补偿是否已计入应税收入	A 是　B 否
3. 如果问题 1 的回答是 A 所有权，则搬迁是否属于政策性搬迁（是指因政府城市规划、基础设施建设等政策性原因）	A 是　B 否
4. 如果问题 3 的回答是政策性搬迁，则企业是否有重置房屋的计划或立项报告	A 是　B 否
5. 如果问题 4 的回答是"否"，则补偿收入是否已计入应税收入	A 是　B 否
6. 迁移的新址是否跨区	A 是　B 否
7. 如果问题 6 的回答是"是"，则企业是否按照税务机构的要求进行了清算	A 是　B 否
8. 迁址之后是否应在变更营业执照 30 天内按规定办理税务变更登记	A 是　B 否

表 2-3 是关于大型企业集团内部关联交易的部分封闭式调查问卷，表 2-4 是关于企业销售环节的询问调查问卷，包括开放式问题和封闭式问题。

表2-3 大型企业集团内部关联交易的封闭式问卷（部分）

1. 本问卷用于调查企业关联交易内部控制。请回答"是/否/不适用"或单选字母；对本企业不适用的问题，包括不适用的特殊行业和特殊业务问题，请回答"不适用"。

2. 如果选择"其他"或"不清楚"，请在"补充说明"栏说明。

3. 对于其他需要说明的问题，请在"补充说明"栏内描述；如需另行提交补充材料，请提交电子文档，并在"补充说明"栏内列出文件名。

4. 对于方便列示金额（人民币万元）或其他数据的，请在"金额"栏填写被调查会计期间该项目的总数。

税收遵从风险调查内容	回答是/否/不适用（或单选）	金额	补充说明
企业是否存在关联交易相关的基本内部控制，包括但不限于：			
1. 关联方界定的控制			
2. 关联方交易事项的控制			
3. 关联方交易定价的控制			
4. 关联方交易账目核对的控制			
5. 关联方交易的报告和披露的控制			
6. 上述内部控制是否已经通过审计或评估？ A．既有第三方审计也有内部评估 B．有第三方审计 C．有内部评估 D．无			
企业关联交易相关的税务内部控制			
7. 企业是否制定了关联交易定价政策？			
8. 关联交易定价政策由如下部门或人员参与： A．销售部门或人员、企业税务部门或人员、财务部门或人员、其他决策层 B．销售部门或人员、财务部门或人员、其他决策层 C．销售部门或人员、除财税部门外的其他决策层 D．销售部门或人员 E．其他			
9. 制定的关联交易定价政策是否考虑独立交易原则？			
10. 是否有专人负责监督关联交易定价政策的落实情况？			
11. 签订关联交易合同时由如下部门或人员参与： A．销售部门或人员、企业税务部门或人员、财务部门或人员、其他决策层 B．销售部门或人员、财务部门或人员、其他决策层 C．销售部门或人员、除财税部门外的其他决策层 D．销售部门或人员 E．其他			

续表

税收遵从风险调查内容	回答是/否/不适用（或单选）	金额	补充说明
12. 同期资料由以下部门准备： A. 企业外部专业机构协助准备 B. 企业财务部门和税务部门共同准备 C. 税务部门准备 D. 财务部门准备 E. 其他			
13. 关联交易相关资料的保管是否有相关规定或制度？ 企业关联交易重大涉税事项			
14. 企业是否有关联方？ A. 无 B. 有，仅有境内关联方 C. 有，既有境内关联方，又有境外关联方（含中国港、澳、台地区） D. 有，既有境内关联方，又有境外关联方（含中国港、澳、台地区），且境外关联方设在避税港 E. 其他			
15. 企业是否有关联交易？ A. 无 B. 有，仅有境内关联交易 C. 有，既有境内关联交易，又有境外关联交易（含中国港、澳、台地区） D. 有，既有境内关联交易，又有境外关联交易（含中国港、澳、台地区），且有与境外避税港关联方交易 E. 其他			
16. 企业是否有从关联方接受债权性投资？			

表2-4　企业销售环节的询问调查问卷

被查单位：　　　　　　编制人：　　　　日期：　　　　索引号：A2-8
检查期间：　　　　　　复核人：　　　　日期：　　　　页次：

1. 请对销售部门业务流程进行简单描述			
2. 所在行业的市场供求与竞争			
2.1 企业的市场占有情况			
2.1.1 企业主要产品（产品系列）的市场占有率（或占有情况）			
2.1.2 企业检查期间主要产品（产品系列）的市场占有情况呈现的趋势			
（1）产品或产品系列名称：	下降（　）	上升（　）	持平（　）
（2）产品或产品系列名称：	下降（　）	上升（　）	持平（　）
（3）不完全列举			

续表

2.1.3 企业检查期间主要产品销售数量呈现的总体趋势	下降（ ）	上升（ ）	持平（ ）
……			
3. 企业产品销售的季节性和周期性			
企业产品（产品系列）销售是否有季节性和周期性？	是（ ）	否（ ）	不适用（ ）
如有，销售的季节性和周期性情况如何？			
……			
4. 企业的销售政策及销售情况			
4.1 企业的销售政策			
4.1.1 企业是否允许赊销？	是（ ）	否（ ）	
4.1.2 如允许，企业的赊销政策与检查期间是否变化	是（ ）	否（ ）	
4.1.2.1 如变化，企业总体的销售信用期的变化趋势	延长（ ）	缩短（ ）	基本一致（ ）
4.1.2.2 如变化，企业对关键客户的销售信用期的变化趋势	延长（ ）	缩短（ ）	基本一致（ ）
4.1.3 企业对销售人员的考核指标为	销量（ ）	回款（ ）	其他（ ）
4.1.4 企业对客户销售及回款的奖励政策：			
4.2 企业的销售模式			
企业的销售模式检查期间是否变化：（代销、直销、经销、网络销售）			
企业检查期间的销售模式为：			
4.3 企业产品（产品系列）销售结构情况			
企业产品销售结构是否发生较大变化？	是（ ）	否（ ）	不适用（ ）
如发生较大变化，销售比重变化较大的主要产品如下：			
4.4 产品销售的价格水平			
4.4.1 企业检查期间产品销售价格呈现的总体趋势：			
4.5 企业主要产品的关键客户情况			
4.5.1 关键客户名称（销售量占前五名的客户）			
(1) 产品（产品系列）的关键客户：			
(2) 产品（产品系列）的关键客户：			
(3) 不完全列举			
4.5.2 关键客户的债权总体上是否显著上升？	是（ ）	否（ ）	
4.5.3 关键客户回款是否存在持续延后情况？	是（ ）	否（ ）	

3. 税收问卷的设计流程与方法

(1) 确定调查的行业、纳税人缴费人名目及调查目的。

(2) 确定数据获取的方式及相关问卷采集表。

(3) 确定问题回答形式，是开放式还是封闭式，抑或是两者结合式。

（4）确定问题的措辞，用词清楚，避免使用诱导性用语，考虑纳税人缴费人回答问题的能力、意愿和水平。

（5）确定实施问卷的流程。

（6）审核、评价、编排问卷，获得相关方面的建议和认可，修订、完善问卷。

（7）问卷实施，问卷分类整理、汇总与分析提炼。

（五）重点税源调查

1. 重点税源调查的意义

重点税源调查是指在全体调查对象中选择一部分重点税源单位进行调查，以获取税收大数据的一种非全面税源调查方法。由于重点单位在全部调查对象中占比在20%左右，而税收收入却占80%左右，因而对这部分重点税源单位进行调查所取得的税收大数据，能够基本上反映总体税源的的数量特征及税收遵从风险特征规律。开展重点税源调查，对进一步摸清重点税源家底，掌握重点税源的真实生产经营情况及税收遵从风险隐患，加强对重点税源监控管理具有重要意义。

2. 重点税源调查的实施流程如下

（1）确定调查的时间、范围及调查对象。

（2）明确调查项目和具体调查内容。

（3）明确参加调查的人员，落实具体职责分工。

（4）设计调查问卷，做好调查前的准备。

（5）严守工作职责，组织实施调查。

（六）税源抽样调查法

1. 税源抽样调查法的意义

税源抽样调查法是非全面税源调查的一种主要组织形式，广泛运用于税收经济分析、税收遵从风险分析等。税源抽样调查法是指从调查对象的全部单位中按照随机原则抽取一部分单位进行观察和分析，并用部分单位的税收经济数量特征、税收遵从风险数量特征推断总体税源数量特征的一种调查方法，在税收经济分析、税收遵从风险分析中常用的一种数据获取分析方法。

在税源抽样调查中，被研究对象的全部单位称为"总体"，从"总体"中随机抽取出来，实际进行调查分析研究的部分对象所构成的群体称为"样本"。在税源抽样调查中，随机抽样技术的运用以及样本、样本数的确定是一个关键问题。

税源抽样调查法具有如下特点：一是按照随机原则抽取调查单位；二是用样本单位的税收数量特征推断税收总体的数量特征，而且能够对推断结果的可靠性和精准性做出验证和说明。

2. 税源抽样调查法在税收遵从风险管理中的实践应用

税源抽样调查法在税收遵从风险管理中的实践应用主要是通过对样本单位的税务

审计和风险分析,得到样本单位的税收流失风险特征的相关指标的特征参数,运用数理统计的推断技术及验证调整方法,利用样本单位的税收流失风险指标描述总体税收流失风险情况,并进行推断和估计。

美国在20世纪60年代启动的"税收遵从评估项目"和后来改进的"国家研究项目"估算税收流失,以及英国估算直接税的税收流失主要使用的就是这种方法。该方法的基本步骤如下:首先,科学抽取样本。根据税收流失估算的目标,结合不同规模、不同地区、不同行业、不同管理方式等情况设计抽样方案。在有些情况下还可以结合税收遵从情况,对于一些高风险的纳税人可加大抽样的权重和次数,而对低风险的纳税人相应减少抽样的次数。其次,由富有经验的税务人员对样本企业进行全面税务审计和纳税能力测算,发现样本企业的逃税风险特征并记录,或者基于关联比对匹配的原理,利用税务部门现有的征管和稽查历史数据,采取统计插值计算办法,估算样本逃税数据,进而通过乘数放大法推断总体税收流失的估计值。

(七)税源典型调查法

1. 税源典型调查法的意义

税源典型调查法是开展税收经济分析、税收遵从风险特征分析及税收政策效应分析中常用的税源调查方法,特别是在税收遵从风险指标构建及验证、优化阶段,选择不同规模、不同行业具有典型税收遵从风险特征代表性的税源单位,深入到实际税源的经营场地,调查了解税源的税收遵从风险特征及具体的风险环节。

税源典型调查法是根据事前拟定的调查目的和要求,在对调查对象进行初步分析的基础上,有意识地选取不同规模、不同行业,少数具有典型税源数量特征和税收遵从风险特征代表性的税源单位,如遵从度较高、财务核算资质较高,或者遵从度较低、财务核算不规范的典型税源单位,开展深入细致的调查研究,解剖麻雀,提炼共性,用以认识、反映税源数量特征或税收遵从风险特征及变化规律的调查方法。典型调查要求搜集大量的第一手原始税源真实资料,搞清所调查的典型税源单位税源数量特征或税收遵从风险特征规律,系统、深入、细致地开展分析研究,为深入开展税收政策效应分析,构建税收经济分析指标、税收风险指标模型及参数验证提供科学依据。

2. 税源典型调查法的实施流程

(1)做好调查前准备,包括制订调查方案、调查问卷设计等。

(2)确定调查对象。合理划分类别,将税源按规模、行业等标志进行分类,并按分类类别列出名册,从分类名册中分别选取具有典型代表性的税源单位作为调查对象。

(3)调查具体实施。调查人员深入生产经营实地,采取询问、调阅相关账簿资料、填制调查表及相关问卷等方式了解涉税生产经营过程,深入观察、详细记录,了解税源生产经营的实地状况、税费登记、认定、发票凭证、相关账簿、纳税申报及税款缴纳等全过程。

(4)调查信息数据整理与初步分析。

第三节 互联网、第三方涉税信息获取与应用

强化社会协同税收治理，实现税收共治，加强对第三方信息的共享和利用，是国际税收治理的通用发展模式。《税收征管法》规定，各级政府的各部门有向税务机关提供涉税信息的责任和义务，税务机关应主动取得政府的支持，由政府牵头，各职能部门参与配合，共同建立第三方涉税信息交换、共享机制，在明确涉税信息交换的时限、内容、应用方式、保密原则等措施基础上，使税务部门能多渠道、快捷畅通、全面准确地获取各类税收大数据资源。

一、第三方涉税信息应用的国际借鉴

美国、新加坡、澳大利亚等 OECD 国家，在税收遵从风险管理的理论和实践方面取得了卓有成效的经验，其共同特点是管理的科学化、流程化和信息化。其中，在第三方信息应用方面值得借鉴的经验如下。

（一）美国：精细化程度高

美国法律规定联邦政府、州政府、社会保障局、银行、海关、电信、新闻、商品期货交易委员会、农业部、国防部、能源部、法院、移民及规划局、国债局、邮政局等部门都应当向税务部门提供包括货币和交易收付报告、国外银行账户、犯罪活动情况、车辆登记、不动产转让、遗嘱文件、租赁权证的等多种源头信息。美国将纳税人的社会保险代码作为税务代码，有了税务代码，才能在银行开户，享受社会保险或就业、经商、签订合同等保障服务。因此，税务部门可以从第三方有效地获取大量的涉税大数据。

（二）新加坡：建立综合信息库

新加坡税务部门开展税收管理时主要依托两个电子信息库：一是通过电子信息系统，向社会各界获取纳税人的相关涉税资料，如向银行调取存款和基础资料、向证券公司调取股票及股息资料、向内政部调取亲属关系资料、向注册局调取关联公司的资料等，构成第三方涉税信息情报库。这些情报、信息作为获取的重要的情报数据，录入税务部门计算机系统，构成税收遵从风险评税的情报库；二是通过纳税申报获取纳税人的收入、支出、扣除等涉税申报信息，构成申报信息库。另外，新加坡法律规定，税务局有权向纳税人提出调查，纳税人必须无条件地配合，社会各界也有配合税务局进行税务调查的义务。明确、有力的法律保障系统，为税务机关及时、准确地获取涉税信息数据提供了有力的支持和保障。

（三）澳大利亚：依托涉税大数据开展税收风险管理

澳大利亚国税局首先将纳税人的税收大数据进行收集、整理。这些数据的来源分为内、外两大部分。外部数据主要是经过税务人员甄别后的举报信息、银行、海关、移民局、证券市场信息以及外部商用信息数据；内部数据主要是税务当局的税收数据信息，包括纳税人申报资料、历史评估资料和税务审计资料等。这些涉税信息数据全部录入计算机网络信息数据库系统，供系统内共享和利用。其次，管理人员将获取的内、外部大数据输入由专家设定的标准模型中，数据库系统自动生成风险评定报告。主要包括财务分析、欠税情况分析、税款征收情况分析、经营行为分析等，然后由风险评估人员根据个人分析和经验修正，得出公平、合理、权威的结论。最后，对纳税风险进行评价和提出相应的应对、处置措施。把纳税人按风险高低程度分级，实行差别化管理。对遵从度高的纳税人主要采用自我遵从管理、自行评估的措施，税务机关进行简单的后续监督与观察；而对于抵触税法、遵从度较低的高风险纳税人，实行具有强制性的严厉管控措施，通常是纳税审计和移送法办。

（四）阿根廷：重视第三方信息的应用

阿根廷税务局十分重视获取工商注册管理部门、海关、劳工部门、银行和贸易管理部门、土地和地产管理部门、城市建设和交通部门、外汇管理部门、福利管理部门、商品检验部门、邮政电信部门、新闻部门等涉税信息数据。这些信息对于利用计算机选案和加强税源风险监控十分重要。税法规定政府及公共服务部门（包括金融部门）的涉税信息资料必须与税务机关共享，不得对税务机关保密。这样，阿根廷税务局就可以通过其覆盖全国税务部门、海关、银行、财产登记部门、车辆交易部门等政府机构的税务计算机网络获取纳税人的所有第三方涉税大数据。阿根廷税务局可以根据涉税大数据，运用计算机系统对各类纳税人的纳税情况做出风险特征描绘，从而进行分析、筛选，对较高风险的纳税人加强管控。同时，阿根廷税务局还通过计算机信息网络系统获取全国税务登记、申报、纳税、管理、稽查、进出口税收管理等税收大数据，监控95%的税收收入以及划转和追缴税款。

二、互联网、第三方涉税信息的获取与应用案例

第三方涉税信息能多元化呈现纳税人缴费人生产经营的原貌，所以获取、分析、应用第三方涉税信息是有效进行税收治理的基础方式，一定程度上可以突破征纳信息不对称的障碍，促进提高税收征管质效。

（一）互联网、第三方涉税信息的分类获取与应用

1. 登记许可类涉税信息的比对与应用

（1）市场监管、质监、公安、矿管、科技、住建、国土等部门的营业证照、许可

证登记和变更信息。

（2）民政、教育、新闻、卫生、体育、交通等部门的登记、生产经营许可、变更和年检信息。

（3）财政部、发改委、科技、社保等部门的享受税收优惠政策的认定和年检信息等。

2. 资产变动类信息的比对与应用

（1）国土、城建、专利、房产等部门的土地使用权、房产所有权、专利权等有形和无形资产的登记和变动信息。

（2）国资委的国有企业兼并划转、改组改制信息等。

3. 生产、流通要素类涉税信息的比对与应用

（1）海关、铁路、机场、航运、物流等部门的业务办理和大宗商品物流信息。

（2）供电、供水、供气等部门的经营销售信息。

（3）林业部门的木竹放行信息。

（4）公安部门的火工产品使用审批信息。

（5）房产所有者的房产租金信息等。

4. 非居民所得税信息比对与应用

（1）外汇管理部门及人民银行、指定商业银行的国外贷款、债券及相关资产的售付汇信息。

（2）商务、海关部门的股权转让，进口设备和引进技术信息。

（3）市场监管部门的外国企业承包工程、常驻代表机构登记信息。

（4）发改委的外资企业投资项目审批信息。

（5）教育、文化部门的中外联合办学、来华演出信息。

（6）地税部门的对外承包工程、劳务征免营业税等信息。

5. 其他参考涉税信息的比对与应用

（1）统计部门的社会经济和分行业统计信息。

（2）行业协会的行业研究报告数据及统计信息。

（3）政府采购部门的大额采购和招投标信息。

（4）财政会计核算中心的大额报账票据信息。

（5）医保部门的医保卡刷卡消费信息。

（6）财政部门的家电下乡等财政性资金补助支付信息。

（7）财产保险部门的保险费发票、机动车修配理赔信息。

（8）烟草部门的烟草批发信息。

（9）二手车市场交易信息。

（10）审计、公安、法院等部门发现的涉税违法违章信息等。

（二）第三方涉税信息获取与应用

从不同渠道获取的第三方信息，其应用重点和方法有所不同。

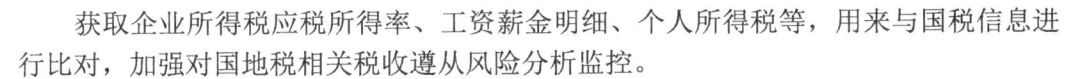

获取企业所得税应税所得率、工资薪金明细、个人所得税等，用来与国税信息进行比对，加强对国地税相关税收遵从风险分析监控。

1. 市场监管部门

获取企业向市场监管部门提供的注册资本和股权登记、变更等信息，及时发现企业重组、股权转让等股权变动的设施信息，加强对股权变更后的税收风险管理。

2. 统计局

（1）获取统计月报、经济普查信息，了解国民经济、社会发展等经济指标数据和经济运行信息，包括辖区内生产总值、规模以上工业增加值、社会消费品零售总额、全口径工业增加值、工业销售产值及出口交货值、规模以上企业利润总额等，用来进行宏观经济税收分析，进行纳税能力和税收收入、税收流失的估算和预测，测算征收率等，开展宏观税收遵从风险分析。

（2）获取分行业及企业主要的经济指标情况，包括分行业（分企业集团、规模以上企业）的工业总产值、销售产值、工业增加值、利润等，以及经济普查企业单位个体经营户信息，社会经济和分行业统计信息，行业协会的行业统计信息等，用来进行行业经济税收分析，测算行业税负和弹性系数，开展行业税收遵从风险预警监控分析。

（3）获取价格指数，包括居民消费价格指数、商品零售价格指数、工业品出厂价格指数、固定资产价格指数、各行业生产者物价指数及各行业的产品销售价格明细，用来分析价格变动趋势及对税收的影响，加强税收经济分析和行业风险监控。

（4）获取主要工业产品产量指标信息，如汽车产量、卷烟产量、电力生产总量、电力消耗总量、煤炭消耗总量、产品出口量、劳动力使用量等，与行业汇总销售量比对，加强宏观及行业税收经济分析。

3. 财政局

（1）从财政部门获取预算执行情况和财政收支情况等信息，包括行政事业性收费、先征后还、财政补贴等情况，用以比对应税收入，加强相关税种的风险分析监控。

（2）获取财政资金的支付数据，用以比对分析监控企业所得税风险。

4. 民政局

（1）获取民办非企业单位和社会组织团体登记信息，用来比对税务登记，查找和发现漏征漏管户，加强户籍管理。

（2）获取福利企业《残疾证》和《残疾军人证》发放数据，包括残疾证代码、姓名、身份证号、残疾类型、残疾级别等信息，加强税收优惠政策管理。

（3）获取基金会和慈善组织、非营利性单位的登记认定信息，加强税收优惠政策管理。

5. 发改委

（1）获取国民经济和社会发展计划主要指标信息，估算一定时期内的纳税能力，加强宏观税收经济分析及税收流失监控。

（2）获取重点建设项目规划及推进信息、重点建设项目表单信息和重点项目前期项目表单信息，加强重点税源分析监控管理。

6. 科技技术部门

（1）获取高新技术企业、技术先进型服务审批和认定信息，用以比对监控相关税收优惠政策落实执行情况。

（2）获取专利技术转让信息、企业《技术转让合同》鉴定信息，包括转让企业名称、技术贸易许可证号、技术名称、转让金额及转让时间等，用以核查申报表"收入符合条件的技术转让所得"是否属实，外国企业专利技术受让单位信息可用来分析识别应扣未扣预提所得税风险。

7. 海关

获取进出口报关信息、海关完税凭证（电子信息）、进料来料加工信息，加强对出口企业出口退税风险分析监控。

8. 自然资源国土规划部门

（1）获取房地产开发用地信息，包括《房地产开发项目许可证》办理情况及可售商品房建筑面积、《国有土地使用证》明细和占地面积、开发用地出让金数额等，加强房地产业财产行为各税的税收遵从风险监控管理。

（2）获取土地使用单位、土地招拍挂价格、城市基准地价、土地等级划分等信息，加强耕地占用税和土地使用税风险管理，加强土地使用税管理。

（3）获取矿产资源类企业的许可及核采数量、采矿证的批准发放信息、矿产资源分布储量和开采情况，加强采矿业的税收遵从风险监控管理。

9. 国有资产监督管理部门

获取企业兼并、国有企业产权转让与改组改制信息、企业破产信息等，加强税务登记管理、税款清算、欠税追缴，加强税收遵从风险分析监控。

10. 住房城乡建设部门

（1）获取拆迁许可证编号、拆迁协议编号、被拆迁人姓名、原产权证号、被拆迁房屋地址面积、拆迁补偿款、拆迁安置房地址面积等信息，加强对建筑业、房地产业的税收遵从风险分析监控。

（2）获取同级别土地上住房平均交易价格 1.2 倍以上住宅小区名称、地址，同级别土地上住房平均交易价格等信息，加强对建筑业、房地产业的税收遵从风险分析监控。

（3）获取外国企业承包工程项目名称、发包方名称、外国承包商名称、工程开工日期、竣工日期、发包方单位电话及联系人等信息，加强对建筑业、房地产业相关税收和非居民所得税的风险分析监控。

（4）获取建设项目和建设单位基本信息，包括项目路段区、市、路、号，建设单位名称、建设单位权利人（机构）代码，设计单位，施工单位（机构）代码，监理单位，预计工期，建筑规模，合同价格，开工日期，竣工日期及《建筑工程施工许可证》复印件等，加强对建筑业、房地产业相关税收遵从风险分析监控。

（5）获取外来施工企业备案信息，加强对外来施工企业相关税收遵从风险分析监控。

（6）获取工程竣工验收信息，包括工程竣工验收备案表、工程竣工验收报告、建设工程竣工验收会签表等，加强对建筑业、房地产业相关税收遵从风险分析监控。

（7）获取建筑安装工程每平方米造价、结构特征及主要装修标准等信息，与纳税申报的每平方米建安成本费用进行比对，加强对建筑业、房地产业的税收遵从风险分析监控。

（8）获取商品房预售及房地产交易、登记信息，包括房屋预售单位、地址、房屋用途性质、房屋总建筑面积（住宅、网点、办公）、房屋预售价格、国内预售面积及向境外预售建筑面积等，加强房地产业税收遵从风险分析监控。

（9）获取售房信息。一是商品房预售许可证号码或新建商品房权属证明编号；二是商品房物业管理区域的规划平面布置图、建筑分层平面图；三是商品房的楼盘表，包括总的单元（套）数，以及每单元（套）的部位、结构、面积等测绘结果；四是商品房项目概况、配套设施及公共配套情况；五是房地产抵押、查封等权利限制情况；六是商品房销售额，包括经济适用房销售额、一般商品房销售额、普通商品房销售额、别墅销售额、网点和写字楼销售额；七是二手房销售额；八是土地转让面积、转让金额；九是房屋租赁收入；十是经营土地面积（分区市、分等级），加强房地产业相关税收遵从风险分析监控。

11. 商务部门

（1）获取引进外资项目信息，包括项目名称、地址、投资总额、行业联系人及联系电话等，加强涉外税收遵从风险分析监控。

（2）获取年度境外投资项目信息，包括境外投资的境内企业名称、境外项目名称、投资国别、企业类型、注册资本、境内企业境外承包工程、劳务合同等，加强对境外投资企业税收遵从风险的分析监控。

（3）获取《现代商贸流通企业重点项目库》《船舶集群重点项目表》，加强重点税源风险监控。

（4）获取获得进出口经营权的企业登记信息（名称、代码），加强增值税出口退税风险监控。

12. 工业与信息化部门

获取软件企业资格认定和年审信息，加强对软件企业货物和劳务税、所得税的税收遵从风险分析监控。

13. 交通管理部门

（1）获取铁路、公路、机场等货物运输单位的涉税信息，了解涉税物流经营情况，加强制造业税收遵从风险分析监控。

（2）获取年度交通建设计划信息，包括交通运输工程项目中标、分包情况和建设合同等，加强建筑业税收遵从风险分析监控。

（3）获取船舶登记信息和年检信息，加强车船税的风险分析监控。

14. 公安部门

（1）获取自然人身份信息、护照信息，加强居民户籍管理和出入境涉税风险管理。

（2）获取外来人口办理暂住证件租房信息，加强外来人口财产行为税风险管理。

（3）获取外籍人员出入境、派遣劳务、派遣单位、境内居住地址、姓名、国籍、居住期限等信息，加强外籍人员个人所得税风险监控。

（4）获取车辆登记信息，加强车辆购置税风险分析监控。

（5）获取特种经营许可或审批信息，加强户籍管理；获取火工产品信息，加强采矿业的税收风险分析监控。

15. 法院

获取法院经济案件的立案、结案及涉案人员信息、破产清算、资产拍卖信息，加强清理欠税、税务稽查等风险信息比对和控制管理。

16. 人力资源和社会保障部

（1）获取办理就业证的外籍人员信息，加强外籍人员个人所得税风险监控。

（2）获取医保定点零售企业刷卡信息，包括单位名称、组织机构代码、注册地址、电话及划卡收入等信息，加强医药零售行业户籍管理及增值税、所得税的风险分析监控。

（3）获取企业吸纳下岗失业人员的姓名、安置时间及年检等信息，加强再就业税收优惠政策的管理。

（4）获取福利企业雇佣残障人员的姓名、身份证号码、劳动合同、备案类型及用工形式等信息，加强福利企业税收优惠政策的落实与监管。

17. 人民银行（外汇管理局）

（1）获取银行开户、涉税交易金额、资金流向等涉税信息数据，售付汇信息，外汇结算信息，加强对全税种及出口退税等相关业务税收遵从风险分析监控。

（2）获取人民银行非贸易及部分资本项目下对外付汇信息，加强非居民企业所得税风险分析监控。

（3）获取技术进口合同备案办结登记信息，包括技术进口合同登记备案数量、受让方公司名称、公司类型、受理时间、合同类型、行业类别及合同金额等信息，加强售付汇相关税收遵从风险分析监控。

18. 卫生部门

（1）获取医疗机构执业登记的时间、名称、地址、营利与非营利性质等登记信息，加强医疗卫生行业户籍监控。

（2）获取各医院药品、医疗器械和耗材统一采购的信息，与供货企业申报信息比对，加强医疗卫生行业和医药生产企业相关税收遵从风险分析监控。

19. 教育文化和体育部门

获取各类教学机构的审批信息，加强户籍税源监控。获取大型营业性文艺演出、商业性体育表演比赛等涉税信息,加强文化演出公司及相关个人的税收遵从风险分析监控。

20. 证监会及互联网巨潮资讯平台

获取证券交易开户登记信息、上市公司公告信息、限售股解禁信息、股权转让交易信息,加强对上市公司及相关企业的税收风险管理。

21. 知识产权交易机构

获取专利权、商标权、版权等无形资产交易信息,加强无形资产转让所得税的风险分析监控。

22. 电力供应部门

获取供电部门销售给纳税人缴费人的电力数据及民用耗用异常信息,分析、测算单位产品能耗参数,推算实际生产、销售数量,与纳税缴费申报数据比对,加强用电企业增值税、所得税风险分析监控。

23. 燃气、燃油供应部门

获取供气、供油部门销售给纳税人缴费人的燃气、燃油数据,加强用气、用油企业增值税、企业所得税税收遵从风险分析监控。

24. 供水部门

获取自来水销售信息,销售给纳税人缴费人的工业用水数据及民用耗用异常信息,加强用水企业增值税及附加税费、企业所得税风险分析监控。

25. 林业部门

获取木材砍伐指标和木材运输情况,用以加强对木材销售增值税的风险分析监控。

26. 水利部门

(1) 获取水利建设项目信息,对照其他部门信息,加强水利建设项目、建筑业相关税收遵从风险分析监控。

(2) 获取河砂竞标拍卖开采信息,加强砂石行业税收遵从风险分析监控。

27. 保险公司

保险公司车险的理赔支出是汽车修理行业事故车辆维修收入的主要来源,获取车辆事故理赔支出信息,加强对汽修行业增值税的风险分析监控。

28. 烟草部门

获取烟草部门卷烟零售许可证、批发数量和金额信息,用来与烟草零售销售收入比对,加强对卷烟零售企业相关税收遵从风险分析监控。

(三)重点行业第三方信息获取与应用

1. 采矿业第三方信息的获取与应用

(1) 通过供电部门获取企业的用电信息,测算单位产品耗电量,用于加强采矿业的产量和销售收入的税源监控。

(2) 通过公安局获取火工产品、特种经营许可或审批信息,测算单位产品火工产品消耗，加强采矿业产量和销售收入的税源监控。

（3）通过供水部门获取用水量及水资源费的信息，加强采矿业产量和销售收入的税源监控。

（4）通过市场监管部门、国土资源部的矿管部门、发改委获取矿山股权变更转让信息，用于加强矿产企业所得税的税收遵从风险管理。

（5）通过国土资源部地质勘查部门、矿产资源储量部门获取 GPS 动态定位的矿产资源储量信息，用于加强采矿业产量和销售收入的比对分析。

2. 机动车驾驶培训行业第三方信息的获取与应用实务

（1）通过公安局交通警察支队车管所、市交通运输局、市机动车驾驶培训行业协会的官方网站，获取备案教练车数量、考试期数、收费标准等公开信息。

（2）公安局车管所关于各科目单车允许考试人数的规定如下：科目一考试允许一车报 6 人，科目二、三考试允许一车报 4 人。

（3）开展典型调查，询问调查或实地核查时，通过要求纳税人缴费人填报《××市机动车驾驶培训企业有关情况调查表》，获取风险评定期实际参加科目三考试的批次、平均考试的通过率、平均培训收费标准等数据。

（4）根据从第三方部门获取的机动车驾驶培训单位的实际参加科目三考试的批次、平均考试的通过率、平均培训收费标准等数据推算实际营业收入与纳税申报收入进行比对，对机动车驾驶培训单位建立分析识别模型。

（四）互联网涉税信息获取与应用案例

某税务局管理人员小张，通过互联网巨潮资讯平台，查阅获得某上市公司甲公司限售股解禁信息，进一步查询了解到辖区内的某乙公司持有甲公司的限售股。于是采取以下三个步骤开展风险分析识别与风险应对。

首先，查看乙公司"长期股权投资""交易性金融资产"等会计科目，并与企业向税务机关申报的企业所得税投资收益纳税调整明细表、增值税申报数据等信息进行综合比对分析，分析企业股票减持事项的属性及其营业收入，发现乙公司于 2016 年 2 月 1 日，在甲公司实施重大资产重组时取得了该公司的限售股 1 000 万股，解禁日为 2019 年 5 月 31 日，股票复牌首日至解禁日期间滋生的送、转股 400 万股。甲公司因重大资产重组股票停牌，且停牌前一交易日的收盘价为买入价 10 元/股，完成资产重组后股票恢复上市首日的开盘价为买入价 18 元/股。

其次，小张与乙公司财务人员沟通询问后了解到，2019 年 7 月乙公司陆续减持了甲公司股票 200 万股，平均卖价为 20 元/股。乙公司并没有针对减持甲公司股票的行为申报纳税，于是提醒企业及时补充申报，避免产生滞纳金、罚款等风险损失。

最后，企业自查补报情况如下：

第一，限售股解禁销售额的确定。转让金融商品的销售额为卖出价扣除买入价后的余额。即：

200×20-200×10=2 000（万元）

第二，销项税额的确定。乙公司是增值税一般纳税人，2019 年 7 月乙公司减持甲公司股票，应按金融商品转让税目 6%的增值税税率，以 2019 年 7 月股票所有权转移的当天为纳税义务发生时间。

销项税额=2 000/(1+6%)×6%≈113.21（万元）

第三，发票开具。乙公司 2019 年 7 月减持甲公司股票，开具增值税普通发票，票面注明税率 6%，税额 113.21 万元，价税合计 2 000 万元。

第三章

税收分析指标体系构建与分析方法

税收大数据分析应用的核心环节是要科学系统地构建税收分析指标体系及相关模型，将税收征管的全过程进行系统全面量化描述，全面系统地反映和描述税收征管到税收治理全过程的数量特征、关联影响关系及趋势变动规律，进而采取科学的税收大数据方法深入分析、研究，更好地指导税收科学决策。

第一节 税收分析指标体系概述

一、税收分析指标与税收分析指标体系

（一）税收分析指标

税收分析指标是具体反映和描述税收征管全过程税收数量特征的概念及量化数值，全面系统地反映和描述税收征管到税收治理全过程税收数量特征、涉税业务的关联影响关系及变动规律，既包括指标名称，又包括指标数值，是两方面的综合。如"增值税税收负担率2.67%"，增值税税收负担率是税收分析指标名称，统计学的角度又称税收变量；而 2.67%则是指标数值，又称税收变量值，税收变量和变量值两方面的综合就是增值税税收负担率指标。

通过税收分析指标可以反映和描述申报纳税的税费额与税源的实际纳税能力是否匹配，是否符合生产经营逻辑及税费法律制度，税源是否依法转化为现实的税费收入，是否存在遵从风险等。

（二）税收分析指标体系

在税收实践中，单一的税收分析指标往往只是从某个侧面反映问题，如纳税人缴费人的税费收入指标，只能从一个侧面反映本期实际的税费收入申报纳税情况是否正常、合规、合法，是否存在税收遵从风险，无法全面系统反映税收征管全过程的税收数量特征，更不能全面系统地反映产生税收遵从风险的成因、税收遵从风险表现特征、

税收遵从风险程度等。所以，需要构建一组由若干相互关联、相互影响的税收分析指标组成的指标集合，系统全面地反映和说明税收征管全过程的数量特征、关联影响关系及变动规律，这个指标集合称为税收分析指标体系。

二、税收分析指标体系的组成及分类

（一）按照税收经济原理，税收分析指标体系包括三部分内容

（1）税源经济指标体系。反映涉税经济活动及行为特征的指标集合，如国内生产总值，工业增加值，社会消费品零售额，企业销售收入、营业收入、主营业务利润、净资产收益率等。

（2）税收收入指标体系。反映税收收入总量规模、结构及增减变动的指标集合，如税收收入总量、增减变动率、增值税税收收入、欠税率、所得税占比等。

（3）税收经济关系指标体系。反映税收经济关系数量特征及规律的指标集合，如税负率、税收弹性系数、征收率等。

（二）按照分析的范围分类，税收分析指标体系包括三部分内容

（1）宏观税收分析指标体系。主要反映宏观经济发展与税收之间的数量关系特征及规律的指标集合，包括宏观税源经济指标、宏观财政税收指标和宏观税收经济关系指标，如经济增长率、宏观税收负担率、税收弹性系数、征收率等。

（2）行业税收分析指标体系。反映行业的税收增长与行业经济发展之间数量关系特征及规律的指标集合，如行业平均税收负担率、行业增加值、行业利润率等。

（3）微观税收分析指标体系。反映纳税人缴费人涉税生产经营活动与税费收入之间数量关系特征及规律的指标集合，如企业的实际税收负担率、税收收入增减变动率、利润总额、应收账款比率、主营业务收入增减变动率等。

（三）按照分析评价的内容分类，税收分析指标体系包括三部分内容

（1）税收遵从风险分析评价指标体系。反映纳税人缴费人依法纳税缴费的税收遵从风险的分析评价的指标集合，如企业实际税收负担率、申报率、企业税收弹性系数、税收贡献率等。

（2）税务部门执法风险分析评价指标体系。反映税务执法风险的分析评价指标集合，包括税收征管过程中的执法、绩效考核监督等指标。

（3）税收征管质效评价指标体系。反映税务机关征管质量和效率的分析评价指标集合，包括税款入库率、欠税率、欠税增减率、税收负担率等。

（四）按指标体系评价的方向分类，税收分析指标体系包括三部分内容

（1）正向评价指标体系。也称正指标体系，与税收遵从度评价方向相同，正指标

与税收遵从风险程度相反。因此，指标数值越高，税收遵从度越高，税收遵从风险越低。如征收率、增值税税收负担率、税收收入增长率、企业经营利润率、税收贡献率等。

（2）反向评价指标体系。也称为逆指标体系，与税收遵从度评价方向相反，逆指标与税收遵从风险程度评价相同。因此，指标数值越高，税收遵从度越低，管理质效越低，税收遵从风险越高。如税收流失率、企业的成本费用率、单位产品耗电量等。

（3）适度指标体系。适度指标体系是需要综合考量的税收分析指标体系，通常意义上，适度指标数值过高或过低都会显示异常，税收遵从风险程度较高。指标数值适度、适中为合理的、正常的税收数量特征，例如，税收弹性系数指标、各类动态配比分析指标等指标的值接近于1是合理的，反映税收变动与税源经济指标变动保持同步和适度协调增减变化；主营业务成本变动率和主营收入变动率的比值趋近于1是合理的，反映两者保持合理的同步增减变化等；与第三方对比构建的指标，如纳税人申报的销售收入与第三方部门掌握的销售收入应该适度匹配，比值接近于1是合理的，与1的偏差越大，税收遵从风险越高。

（五）按指标体系的影响程度不同，税收分析指标体系可以分为三级

（1）一级税收分析指标体系。是反映税收经济关系的关键指标集合，通常是出现频率高、影响程度大的指标，如税收负担率、所得税贡献率、税收弹性系数等。

（2）二级税收分析指标体系。是影响一级指标变动的指标集合，通常是关键的涉税财务指标集合和关键的税收收入指标集合，如企业的利润率、成本费用率、税收收入的增长率、税收结构比率等。

（3）三级税收分析指标体系。是影响二级指标变动的指标集合，通常是二级指标的进一步细分的涉税财务指标集合，如反映纳税人缴费人涉税生产经营的财务分析指标，（单项成本率、物耗指标、耗电系数、销售费用率、管理费用率、财务费用率等）。根据实际分析的需要，三级指标还可以细化拆分为四级风险指标体系。

第二节 税收分析指标体系构建方法

一、构建税收分析指标体系时应考虑的因素

（一）涉税生产经营特点因素

涉税生产经营活动可分为单一性经营活动和多元化经营活动，具有各自不同的特点。单一性经营的企业涉税生产经营活动具有单一性和专业性，经营范围具有区域性和行业性，如专门的房地产开发企业；而多元化经营的集团企业通常经营范围广泛，具有跨行业甚至跨产业的特点，经营范围通常跨区域、跨省甚至跨国，涉及母子公司

关联交易、进出口业务、非居民业务等。因此,单一性经营活动涉及的税收政策及涉税业务相对简单,税收分析指标体系中的指标变量相对较少;多元化经营活动涉及的税收政策及涉税业务相对较为复杂,税收分析指标体系涵盖的涉税业务及税种也更复杂多样,税收分析指标体系中的指标变量相对较多,内容更丰富。

(二)重点行业税收遵从风险特征因素

要考虑重点区域及重点行业的税收遵从风险特征和规律,风险易发环节及关键的税收遵从风险点。通常在税收遵从风险易发环节及关键的风险点,要加大指标构建力度。如汽车 4S 行业的维修服务申报的利润率通常偏低,信息不对称造成的税收遵从风险较高,因此,维修服务的成本费用率和利润率之间的数量关联关系是构建风险指标体系及模型时要关注的重点。

(三)指标干扰因素

这里的指标干扰因素一方面是指宏观经济调控、价格指数波动、经济周期变动、市场竞争及季节变动的客观经济因素对指标的波动影响,要通过相应的算法剔除指标的干扰因素。另一方面是指征纳博弈因素的影响,如房地产企业在销售收入及时确认方面容易产生筹划避税过当的税收遵从风险问题,那么,在对销售收入的指标构建方面就要进一步细化分解,增加指标变量,同时增加与第三方构建的指标,加大指标及模型参数的构建和测算、验证力度。

三、税收分析指标体系构建方法

(一)按照税收经济基本原理构建

(1)税收指标与税源经济指标对比,构建税收经济关系指标体系,如税收负担指标、税收弹性系数指标等。用企业的应纳税额与企业销售收入对比构建企业实际税收负担指标,企业的应纳税额变动率与企业的销售收入变动率比对构建税收弹性指标等。综合反映税收经济之间的关联影响关系,如两者是否相符、是否匹配,税收经济是否协调发展,是否存在税收流失的缺口等。

(2)根据经济决定税收的税收经济学原理,根据税源经济发展的实际状况及发展趋势构建和确定税源经济分析指标体系。如经济总量、行业增加值、经济指标增长率、营业收入、销售收入增长率、利润率等。

(3)结合现行税收制度、税收政策构建税收收入分析指标体系。即按照税收收入征管业务的基本流程及相关业务内容构建税收收入分析指标体系。主要包括三类指标:一是构建税务登记类的分析指标体系,包括登记、变更、注销相关业务分析指标;二是构建发票管理类的分析指标体系,包括发票发售、领购、开具、使用等相关业务指标;三是构建纳税申报类的分析指标体系,包括申报类、税款征收、入库类、退税等相关业务指标。

（二）仿生构建法

仿生构建法是指税收分析指标构建应尽量符合涉税生产经营活动的内在属性及规律。任何涉税生产经营活动都有其内在的属性、经营规律及特有的商业模式，不同地区、不同规模、不同行业的生产经营活动有所不同，适用的税收政策、税收遵从风险因素、风险特征及风险程度也不尽相同。例如，煤炭采掘业的涉税风险特征与金融业相比有所不同，其风险程度要高于金融业；国有大中型企业的税收遵从风险要低于中小民营企业等。所以，不同地区、不同规模、不同行业的税收分析指标体系是不同的。例如，汽车4S销售行业与房地产行业的经营特点、运营模式有所不同，所以，两者的税收分析指标体系存在显著的区别。因此，我们在构建税收分析指标体系时，要尽量反映区域经济和行业的涉税生产经营活动的内在属性和规律，以及税收政策要求的内在属性，尽可能反映行业的税收遵从风险特征。

（三）分层、分级构建法

分层、分级构建法又称分类构建法，是指构建税收分析指标体系时按照指标的不同范围和影响关系将指标体系分为不同层级分类构建的方法。应用决策树神经网络模型时，通常需要指标提升采用分层、分级构建的方法。

第一是分层构建。是指按照不同管理层级和管理范围构建税收分析指标体系，首先构建宏观的税收分析指标体系，然后构建行业税收分析指标体系，最后构建微观纳税人层面的税收分析指标体系。即从"面"到"线"再到"点"的思路，分层构建，形成全面系统的税收分析指标体系。

第二是分级构建。主要是针对不同层面的税收分析指标体系，进一步分解和细化，分级构建，即区分为一级、二级、三级或更多层级的税收分析指标体系，反映和描述税收分析指标之间的数量影响关系及影响原因。例如，微观层面的税收分析指标体系应该包含纳税人缴费人税收经济关系类指标、税源类指标、税收收入类指标三部分。在通常情况下，税收经济关系类指标，如实际税收负担率、税收弹性系数等，直接反应税源是否合理合法地形成税收，税收与税源是否具有一致性，是否存在税收流失缺口，这类指标直接反映税收遵从风险程度和实际税收征管质效，影响程度大，出现的频率最高，通常确定为一级指标。影响一级指标变动的为二级指标，通常是税源和税收收入指标中的关键指标，如利润率、计税收入率等。影响二级指标变动的为三级指标，以此类推，逐级构建多层级的税收分析指标体系，详见第五章。

（四）与第三方信息比对构建法

国际上的税收治理普遍利用第三方信息实施税收治理，通行的有效做法是用纳税人登记申报的有关信息数据、计税收入等指标数据与第三方获取的相关联的指标数据进行比对，构建比率、比例及差值等指标。所以，我们在构建税收分析指标体系时，也应该积极借鉴国际先进经验，利用与第三方信息比对构建的分析指标，多方验证指标数据的真实性，更有效地监控税收遵从风险。例如，用房地产企业申报的某开发项目销售收入与房管部门获取的对应项目或商品房网签销售收入对比构建的比率指标，可以分析房地产企业申报的销售收入的真实性，如果实际偏差较大，超过合理范围，则说明房地产企业可能存在少申报销售收入、少缴相应税款的税收遵从风险，偏差范围越大，税收遵从风险程度越高。

（五）按税收评价方向构建法

系统完整的税收分析指标体系的构建方法应包括正反两个方面，即正向构建法和反向构建法。正向构建法即构建正指标体系，正指标是指风险指标数值越高，税收评价效果越好的指标，如征收率、税收负担率、税收收入增长率、净资产收益率、投入产出率等。反向构建法即构建反指标体系，反指标又称逆指标，是指指标数值越高，税收评价效果越差的指标，如税收流失率、成本费用变动率、成本费用率、期间费用率、进销项弹性系数等。

第三节 税收分析指标体系与分析方法

互联网、大数据、人工智能技术的发展及其在税收实践中的广泛运用，推动了税收信息化的发展进程。在推进金税工程建设的过程中，通过有效运用税收大数据的分析技术，开发应用税收遵从风险特征库技术，不断优化和完善税收分析指标体系及量化应用模型。税收遵从风险特征库的设置一般采用两种方法、三种模式。具体地说，就是通过规范税收遵从风险管理流程，确定重点风险监控项目，归纳提炼税收遵从风险特征，构建税收分析指标体系，测算相关风险指标预警参数，建立算法模型，开展税收遵从风险分析识别，包括宏观税收遵从风险分析、行业税收遵从风险分析、微观税收遵从风险分析等。

一、宏观税收分析指标体系与分析方法

宏观税收分析指标体系包括宏观税收经济关系指标，宏观税源经济指标，以及宏观财政、税收指标。

（一）宏观税收经济关系指标与分析方法

这类指标从宏观层面反映税收与经济的协调匹配程度，反映税源依法形成税收的程度、税收流失程度，同时反映税务部门的税收征缴力度，对实施税收遵从风险管理具有重要意义。具体可以分为以下三类。

1. 宏观税费负担水平

宏观税费负担水平包括小、中、大不同口径，分别是指政府当年所取得的税费收入总额、财政收入总额以及政府全部收入总额与 GDP 对比计算得出的强度相对指标，也称宏观税费负担率。反映税费的实现程度和增收力度，同时也反映政府所取得的税费收入给国民经济发展带来的实际负担是促进还是阻碍国民经济发展。科学合理的税制体系下的宏观税费负担水平会促进国民经济持续稳步高质量发展，而过高的宏观税费负担水平会给经济发展带来较重的负担和伤害，从而抑制或阻碍经济的持续健康发展，同时也给税收的持续稳定增长带来风险隐患。

2. 宏观税收弹性系数

税收收入弹性系数是本年税收收入增长率（包括负增长）与 GDP 增长率（包括负增长）对比计算得出的相对指标，通常用系数表示。它反映了税收与经济相互影响、相互依存的协调发展变动状况和发展趋势，两者是呈正相关关系变动的。在现有国民经济核算体系下，由于税收收入的增长率是按现价计算的，而 GDP 增长率是按可比价计算的，所以，两者的弹性系数在剔除价格变动、税收政策调整因素影响的基础上趋近于 1 是合理的，反映税收与经济同步协调发展，弹性系数大于 1 则反映税收增长快于经济增长，会有碍于经济的持续发展，弹性系数小于 1 则反映税收增长滞后于经济增长，存在税收流失的风险。

3. 税费征缴率

税费征缴率是税务部门在一定时期内税费的实际征收额与应征税费对比计算得出的强度相对指标，反映税费的征缴力度，也可以用实际税费负担率与法定税费负担率对比计算，是考核评价税费征收质效的基本指标。这一指标与流失率反相关，指标数值越高，税费流失的风险程度越低。

（二）宏观税源经济指标与分析方法

史蒂文·D.高德（Steven D.Gold）在《美国各州的财政危机》一书中详细阐述了20 世纪 90 年代美国各州发生财政危机的主要原因是经济衰退。他认为经济衰退造成的财政收入锐减和财政支出大量增加，是引起财政危机的最根本原因。这个基本的经济学原理就是经济决定税收理论，这是任何国家都无法改变的客观事实。因此，反映宏观经济总体态势的指标是开展宏观税收经济分析与风险预警监控的首要指标。由于宏观经济发展的主要目标是促进经济增长、就业充分、物价稳定、进出口平衡与汇率稳定等，掌握这些指标的含义及其对应的风险分析方法，对深入开展税收遵从风险管理具有重要意义。另外，在经济发展过程中，税收遵从风险的产生与一定的税制体系和民众对税收负担的认可及接受程度有很大的关系。如果民众普遍感觉税收负担沉重，同时，对与征税收入直接相关的政府支出的满意程度下降，也可能产生相应的税收遵从风险。因此，在进行宏观税收遵从风险预警分析的同时，需要结合对宏观税源经济指标及民意调查指标开展分析，主要的宏观税源经济指标如下：

1. 经济增长率

经济增长率是指本期实际 GDP 与上年 GDP 对比计算得出的增长幅度。经济增长率这个指标反映一定地区经济增长速度，也反映地区经济的总体发展态势。地区的税收增长率与地区的经济增长率应该大体趋同，保持一致。如果不能保持同步发展的运行态势，如税收的增长慢于经济增长，则说明存在潜在的税收遵从风险。当然，这里要剔除价格、税收优惠政策及产业结构调整等因素的影响。

2. 失业率

失业率是指失业人口在整个劳动力人口中所占的比重，它反映一个国家或地区的充分就业情况。和经济增长率指标一样，失业率也是反映宏观经济总体发展态势的重要指标之一。经济增长率下降，就业率通常也会下降，失业率会提高，一方面会产生导致社会不稳定的风险因素，另一方面，也存在由于经济发展缓慢而引发的税收收入下降的风险隐患。

3. 通货膨胀率

通货膨胀率一般可以用价格指数来衡量。主要包括居民消费价格指数（CPI）和工业品出厂价格指数（PPI）。在新兴市场国家，通常当 CPI 指数超过 5%时，经济逐渐产生过快过热的表现，税收收入通常会随着价格指数上涨而加速增长；同时，国家宏观调控通常会逐步采取紧缩的财政和货币政策，使经济逐渐趋稳，经济增长速度逐渐放缓，税收收入增长幅度也会同步放缓。

4. 金融风险程度

金融风险程度可以用当年商业银行不良资产占全部资产的比率反映。当这个比率增高时，会逐渐演化成系统性金融风险，从而影响宏观经济持续稳定运行和发展，出现经济下行风险，进而对税收产生下行影响拉力。根据宏观经济总体运行态势决定的相应税收政策，如增税或减税政策，要与宏观经济发展相适应，发挥税收对经济的适度调节和促进作用，促使经济持续平稳发展，税收收入才能实现持续稳定增长。

5. 国民税收心理承受度

国民税收心理承受度是指国民对税收的接受程度与愿意承担的税费负担认可程度。可以用纳税人缴费人的月收入水平、税费占总收入的比率（即微观税费负担率）进行辅助分析。如果纳税人缴费人的月收入水平不高，而微观税费负担过重，超过适度比率，就会增加纳税缴费负担，引发社会不满，进而引发系统性的税收遵从风险。

6. 纳税人对政府提供公共服务的满意程度

一般来说，纳税人缴费人对政府提供的公共服务越满意，相应地，社会风险就越低，税收满意度就越高，税收遵从风险越低。但这种满意程度很难测量，只能通过大量的问卷调查及大数据分析，大致可以获取纳税满意程度信息。

（三）宏观财政、税收指标与分析方法

1. 财政支出对税收的依存度

税收是指当年实际征收的税收收入，财政支出是指列入预算并得到执行的财政支出总额的绝对数，它反映了政府当年能够支配的税收和实际开支水平。财政支出对税收的依存度用财政支出与税收收入对比计算得出的比率来表示，可以反映财政支出对税收的依赖程度。比率越大，依赖度越高。而当税收存在下行风险时，会给国家的财政安全带来较大的风险隐患。

2. 行政支出指标

行政支出指标包括行政支出占 GDP 的比重、行政支出占财政支出的比重、公务员的人均行政费用和行政支出增长率等指标。这类指标过高，会引发纳税人缴费人不满，进而引发税收遵从风险、社会不稳定风险以及更大范围的经济社会系统性风险。随着大部制改革、"放管服"改革的不断深入，政府行政审批和行政效率的提高以及市场机制的不断完善，这类指标呈稳定变化、适度下降的发展趋势，有利于提升纳税缴费的满意度和国家治理效能。

3. 民生支出指标

关注民生是和谐社会发展的必然方向。公共财政向民生倾斜和转移是社会经济发展目标以及构建和谐社会的基础。民生支出指标包括社保支出、科技教育支出、"三农"支出、医疗卫生支出、扶贫支出占财政支出的比重，民生支出增长率等。这类指标较低或增长较慢也会影响纳税满意度，进而引发税收遵从风险，同时影响经济社会的和谐稳定发展。

4. 行政支出、民生支出对比指标

行政支出、民生支出对比指标可以反映行政支出是否增加了公共财政的负担，是否挤占了科技、教育、"三农"、医疗卫生、扶贫和社会保障等民生支出。两者应保持合理适度的比例。而且在"大部制"改革和市场经济体制改革逐步完善的形势下，行政支出比例降低，科技、教育、"三农"、医疗卫生、扶贫和社会保障等民生支出部分的比例增大，将会对社会经济的可持续发展起到促进作用，同时也会对提高税收遵从度起到正向激励作用。

5. 公布财政收支信息指标

这一指标可以用定期公布财政收支信息单位的数量除以整个行政事业单位的数量计算得出。公布财政收支信息指标也包括是否及时将财政收支信息公布，这一指标反映财政收支的透明度，使公众在政策出台前有充分的心理准备。如果财政收支的透明度较高，预算中"以关系为基础"的非正式制度以及非规范、非统一的收入、支出必然减少。而且，财政收支的透明度越高，政府职能越明确，相应的法律规范越完备，公众配合政策执行的成本就会越低，这样政令会更加畅通，并会相应提高政府政策的执行效率。另一方面，财政收支信息的充分披露，便于测算大口径的宏观税费负担率

指标，使公众花费更少的时间、精力收集相关材料，评价宏观税费负担，便于公众行使对财政税收的监督权，进而提高公众的诚信纳税意识和税收遵从度，降低税收遵从风险，更好地保证国家财政、税收安全。

6. 税收收入占财政收入的比重

该指标可以反映政府财政收入对税收收入的依存度。与它相对立的就是政府财政收入对非税收收入的依存度。一般来说，由于税收的法制性和规范性比较强，因此，在发达的市场经济国家，除了发生战争和非常特殊的情况，一般可以由税收收入占财政收入比重的高低来判断政府财政收入的法制化和规范化程度及相关体系是否健全，进而可以分析判断财政收入、税收收入的稳定性与可持续性。

7. 税费收入增长率

税费收入增长率是报告期税费收入除以基期税费收入计算得出的动态比率指标，反映税费收入在一定时期内增减变动程度及发展态势。税费收入持续稳定增长，而非大起大落式的波动，说明社会经济持续稳定发展，财政状况稳定，税收遵从风险较低，同时也反映了财政、税收的法制化、规范化、科学化程度的不断提高。

8. 税费收入异动率

税费收入异动率可以从两方面进行分析，一是指税费收入突然大幅增长或者大幅下降，这表明税费收入变动处于不均衡、不稳定的状态；二是指税费收入增长幅度大幅超过经济指标的增长幅度，或者大幅低于经济指标的下降幅度。税费收入波动幅度较大，说明税费收入增长质量不高，存在潜在的税收遵从风险，将会给国家财政、税收安全带来较大的风险隐患。当然，具体判断时还要进一步细化深入分析，要适度剔除宏观经济调控政策、价格指数及自然灾害、公共卫生事件等特殊因素的短期冲击和影响。例如，我国税收收入以流转税为主，受价格指数波动影响较大，因此，应结合价格指数的变化进行具体深入细致分析。这一指标可以分税费种进行分析，可也以开展全税费种综合分析。

9. 税费申报率

纳税申报率是纳税缴费申报户数占登记户数的比重，既可以反映纳税人缴费人的税费实现程度，也可以反映税务部门的征收管理质效。该指标值越大，税收遵从风险越低。

10. 欠税率

欠税率是报告期欠缴税额除以税费收入总额计算得出的比率指标，反映欠税费的严重程度。该指标值越大，税收遵从风险越高。

11. 税收违法率

税收违法率主要反映纳税人缴费人和税务人员的涉税违法犯罪的比率，指标值越大，税收遵从风险越高。包括以下两个方面。

（1）纳税缴费违法率。反映纳税人缴费人违法犯罪的比率，包括纳税人缴费人税收违法率和税收犯罪率。

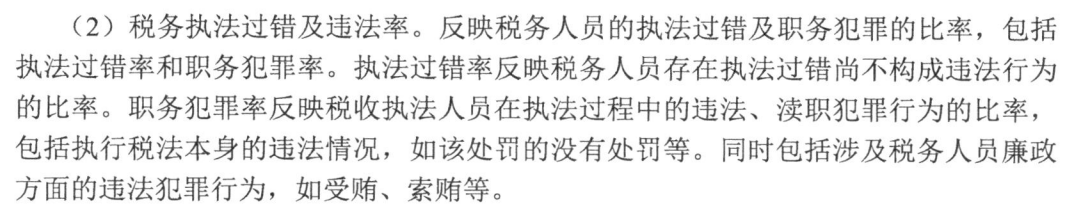

（2）税务执法过错及违法率。反映税务人员的执法过错及职务犯罪的比率，包括执法过错率和职务犯罪率。执法过错率反映税务人员存在执法过错尚不构成违法行为的比率。职务犯罪率反映税收执法人员在执法过程中的违法、渎职犯罪行为的比率，包括执行税法本身的违法情况，如该处罚的没有处罚等。同时包括涉及税务人员廉政方面的违法犯罪行为，如受贿、索贿等。

12. 税费流失率

税费流失率是税费流失额除以税收收入总额计算得出的比率。税费流失额包括纳税人缴费人不遵从税法的行为所造成的税费流失额和税务人员的执法过错、犯罪造成的税费流失额。该指标反映纳税人缴费人不遵从税法的违法行为和税务人员的执法过错、职务犯罪行为带来的税费流失的损失和危害程度。通常情况下，应结合实际的追缴、查补及挽回税费款情况，进一步分析实际税费流失的风险程度。指标值越大，实际税费流失的风险程度越高。

税费流失具有极强的隐蔽性和保密性，从总体上获取相关资料和精准测算数据的难度较大。迄今为止，还没有一种令人信服和满意的测算税费流失程度的统计方法，通常只能依据不完整的资料或数据，通过大数据分析、结合典型案例及专项调查等方式加以推测和估算。同时，也可以通过反向构建指标体系分析税收流失率，即用实际的税费征缴率推算税费流失率，税费征缴率的反向指标即税费流失率。由于税费征缴率本身即含有一定的估算成分，所以，这种意义下的税费流失率也只能是估算数据，只能在一定的概率下反映税费流失的总体状况及风险程度。

二、行业及微观税收分析指标体系与分析方法

行业税收分析指标是以不同行业纳税人缴费人的微观指标为基础汇总计算得出的，指标释义、计算和分析方法基本相同，因此，本部分内容重点介绍微观税收分析指标体系与分析方法。通过有效运用微观税收分析指标体系与分析方法，提升税收分析的科学性和精准性，进而采取有效措施实施风险防控，对无风险户不打扰，对低风险户进行风险提醒，辅导纳税人缴费人开展风险自查，对高风险户重点实施风险管控，有效防范和降低税收遵从风险。

微观税收分析指标的主要内容包括三大类：一是微观税收经济关系指标；二是微观税源经济指标；三是微观税收指标。

（一）微观税收经济关系指标与分析方法

1. 企业总体税费负担率

风险指标描述：企业总体税费负担率是企业风险期所有税费种的税费总额除以相应时期的营业收入对比计算得出的相对指标，反映企业税费的实现程度和税务部门的税费征收力度，同时也反映企业在一定税费制度下的实际税费负担水平。计算公式如下：

$$企业总体税费负担率 = \frac{风险期企业税费总额}{风险期营业收入} \times 100\%$$

风险分析识别：如果该指标值低于设定的预警值，则风险指向企业可能存在少计营业收入、虚增进项、多抵扣进项税额、虚列成本费等少缴税费的风险。低于预警值的幅度越大，风险程度越高。

风险应对步骤：

（1）税务机关通过建立税收风险预警监控系统，自动监控税费负负担率偏低的涉税信息。

（2）根据往年纳税缴费申报等情况，结合风险评估、税务稽查反馈信息，调整修正优化行业增值税税收负担率预警值，使预警值更加科学合理，提高税收风险分析识别的精准性。

（3）结合案头相关财务信息和第三方信息，用电耗、水耗等涉税信息进一步深入分析核实。

2. 增值税税收负担率异常指标

风险指标描述：

（1）增值税税收负担率是风险期的增值税与相应时期的计税销售收入对比计算的强度相对指标，反映增值税税收的实现程度和税务机关增值税的征收力度，同时也反映企业在现行增值税税制下的实际税收负担水平。

（2）增值税税收负担率是指在正常业务情况下（不包括特殊业务），企业增值税税收负担率与地区同行业同类型增值税税收负担率预警值对比明显偏低，显示风险预警。增值税税收负担率计算公式如下：

$$增值税税收负担率 = \frac{风险期应纳税额变动率}{风险期销售额变动率} \times 100\%$$

风险分析识别：若根据增值税纳税申报数据计算的增值税税收负担率明显低于设定的同行业同类型企业的预警值，则可能存在隐瞒、少计收入、少计销项税额、多抵扣或虚抵扣进项税额，造成少缴增值税的税收遵从风险。低于预警值的幅度越大，风险程度越高。

风险应对步骤：

（1）税务部门应建立税收风险预警监控系统，自动监控税收负担偏低的纳税人涉税信息。

（2）税务部门要根据往年纳税申报等情况，结合风险评估、税务稽查反馈信息，调整、修正、优化行业增值税税收负担率预警值，使预警值更加科学合理，提高税收遵从风险分析识别的准确性。

（3）对预警纳税人结合案头相关财务信息和第三方信息，用电耗、水耗等涉税信息进一步深入分析核实。

3. 增值税弹性系数

风险指标描述：增值税弹性系数是企业增值税应纳税额变动率除以计税销售收入变动率计算得出的相对指标，通常用系数表示。计算公式如下：

$$增值税弹性系数 = \frac{增值税应纳税额变动率}{计税销售收入变动率}$$

风险分析识别：正常情况下，计税销售收入变动率与增值税应纳税额变动率应保持同方向、同幅度增减变化，两者的配比指标又称为弹性系数，比值趋近于 1 是合理的，与 1 的偏差越大，税收遵从风险越高。风险指向可能存在少计销售收入、多列进项以少缴增值税的税收遵从风险。

风险应对步骤：

（1）结合纳税申报表与相关财务报表数据开展案头风险分析识别：

当二者都为正数时，比值<1，且与 1 偏差较大，则可能存在虚增进项，少缴增值税的风险，应重点分析监控。

当二者都为负数时，比值>1，且与 1 偏差较大，则可能存在虚增进项，少缴增值税的风险，应重点分析监控。

当比值为负数，且前者为负后者为正时，则可能存在虚增进项，少缴增值税的风险，应重点分析监控。

（2）剔除价格指数变化、税收优惠政策调整因素，针对计税销售收入和有关进项明细进一步深入分析核实。

4. 进项税额与销项税额弹性系数

风险指标描述：进项税额与销项税额弹性系数是企业增值税的进项税额变动率除以销项税额变动率计算得出的相对指标，通常用系数表示。公式如下：

$$进项税额与销项税额弹性系数 = \frac{进项税额变动率}{销项税额变动率}$$

风险分析识别：该指标处于 0.8~1.2 的区间是相对合理的，偏离合理区间的幅度越大，税收遵从风险越高。若该系数大于 1.2，风险指向可能存在接受虚开发票、虚增进项，少计收入的税收遵从风险；若该系数小于 0.8，同时增值税税负异常偏低，则可能存在对外虚开发票或滥用政府税费返还等招商引资政策的风险。

5. 企业所得税贡献率异常指标

风险指标描述：企业所得税贡献率异常是指在正常业务情况下（不包括特殊业务），企业所得税贡献率与地区同行业同类型企业所得税贡献率预警值对比明显偏低，显示风险预警。企业所得税项献率的计算公式如下：

$$企业所得税贡献率 = \frac{报告期企业缴纳的所得税}{报告期企业的营业收入} \times 100\%$$

风险分析识别：企业所得税贡献率低于预警值的幅度越大，税收风险越高。风险指向可能存在少计收入、多计成本费用、扩大税前扣除范围的涉税风险，或者可能存在非正常情况的亏损等。

风险应对步骤：

（1）税务部门要根据往年纳税人企业所得税申报纳税等情况，结合风险评估、稽查反馈信息，调整修正行业所得税贡献率预警值，使预警值更加科学合理，提高税收遵从风险分析识别的准确性。

（2）对预警企业结合案头涉税财务指标和第三方信息，结合运用物耗、电耗、水耗等涉税信息针对所得税的应纳税所得额及有关营业收入、成本费用项目等进一步深入分析核实。

6. 企业所得税贡献率变动异常指标

风险指标描述：企业所得税贡献率变动异常是指企业所得税贡献率的变动率与地区同行业同类型企业所得税贡献率变动率指标预警值对比明显偏低，显示风险预警。企业所得税贡献率变动率的计算公式如下：

$$企业所得税贡献率变动率 = \frac{报告期企业所得税贡献率 - 基期企业所得税贡献率}{基期企业所得税贡献率} \times 100\%$$

风险分析识别：企业所得税贡献率变动率低于预警值的幅度越大，税收风险越高。风险指向可能存在少计收入、多计成本费用、扩大税前扣除范围的涉税风险问题，或者可能存在非正常情况的亏损等。

风险应对步骤：

（1）对企业所得税的应纳税所得额及有关收入、成本、费用项目进一步深入分析核实，排查是否存在扩大税前扣除范围、非正常情况的亏损等税收风险点。

（2）对预警企业结合案头相关财务信息和第三方信息，结合运用物耗、电耗、水耗等涉税信息，针对企业所得税的应纳税所得额及有关营业收入、成本费用项目等进一步深入分析核实。

7. 企业所得税税收负担率异常指标

风险指标描述：企业所得税税收负担率（简称企业所得税税负率）。主要是指在正常业务情况下（不包括特殊业务），企业所得税申报数据计算的税收负担率与地区同行业同类型企业税收负担率预警值对比明显偏低，显示风险预警。企业所得税税负率的计算公式如下：

$$企业所得税税收负担率 = \frac{报告期企业缴纳的所得税}{报告期企业的利润总额} \times 100\%$$

风险分析识别：企业所得税税负率低于预警值的幅度越大，税收风险越高。风险指向可能存在少计收入、多计成本费用、扩大税前扣除范围的涉税风险，或者可能存在非正常情况的亏损等。

风险应对步骤：

（1）税务部门要根据往年纳税人所得税申报纳税等情况，结合风险评估、稽查反馈信息，调整修正行业所得税税负预警值，使预警值更加科学合理，提高税收遵从风险分析识别的准确性。

（2）对预警企业结合案头相关财务信息和第三方信息，结合运用物耗、电耗、水耗等涉税信息针对企业所得税的应纳税所得额及有关营业收入、成本费用项目等进一步深入分析核实。

8. 主营业务收入变动率与企业所得税应纳税额变动率配比异常指标（企业所得税弹性系数）

风险指标描述：主营业务收入变动率与企业所得税应纳税额变动率应保持同方向、同幅度增减变化，两者的配比指标又称企业所得税弹性系数。计算公式如下：

$$企业所得税弹性系数 = \frac{企业所得税应纳税额变动率}{主营业务收入变动率}$$

风险分析识别：比值趋近于1是合理的，反映企业主营业务收入变动与所得税应纳税额变动是协调一致的，与1的偏差越大，税收遵从风险越高。可能存在少计收入、多计成本费用、扩大税前扣除范围的涉税风险问题，或者可能存在非正常情况的亏损等。

风险应对步骤：

（1）结合纳税申报表与相关财务报表数据开展案头分析识别。

当二者都为正数时，若比值<1，且与1相差较大，则可能存在多计成本费用、扩大税前扣除范围，以少缴企业所得税的风险，应重点分析监控。

当二者都为负数时，比值>1，且与1相差较大，则可能存在多计成本费用、扩大税前扣除范围，以少缴企业所得税的风险，应重点分析监控。

当比值为负数，且前者为负后者为正时，则可能存在多计成本费用、扩大税前扣除范围，以少缴企业所得税的风险，应重点分析监控。

（2）考虑影响应纳税额的其他因素，与期初数据、平均库存水平、生产能力、生产周期、行业平均价格等涉税信息综合比对分析。

（3）对预警企业结合案头相关财务信息和第三方信息，用物耗、电耗、水耗等涉税信息，针对企业所得税的应纳税所得额及有关营业收入、成本费用项目等进一步深入分析核实。

9. 应纳税所得额变动率与总资产变动率配比异常指标（企业所得税弹性系数）

风险指标描述：在正常情况下，应纳税所得额变动率与总资产变动率应保持同方向、同幅度增减变化，比值趋近于1是合理的，与1的偏差越大，税收风险越高。计算公式如下：

$$应纳税所得额变动率与总资产变动率配比弹性系数 = \frac{应纳税所得额变动率}{总资产变动率}$$

风险分析识别：排除企业存在税收政策重大调整、税收优惠、税收减免或经营环境发生重大变化等原因，风险指向企业可能存在少计收入、多计成本费用、扩大税前扣除范围的情况，造成少缴企业所得税的税收风险。

风险应对步骤：

（1）结合纳税申报表与相关财务报表数据开展案头风险分析识别：

当二者都为正数时，若比值<1，且与1相差较大，则可能存在多计成本费用、扩大税前扣除范围，以少缴企业所得税的风险，应重点分析监控。

当二者都为负数时，若比值>1，且与1相差较大，则可能存在多计成本费用、扩大税前扣除范围，以少缴企业所得税的风险，应重点分析监控。

当比值为负数，且前者为负后者为正时，可能存在多计成本费用、扩大税前扣除范围，以少缴企业所得税的风险，应重点分析监控。

（2）考虑影响应纳税额的其他因素，与期初数据、平均库存水平、生产能力、生产周期、行业平均价格等涉税信息综合比对分析。

（3）对预警企业结合案头相关财务信息和第三方信息，用物耗、电耗、水耗等涉税信息针对企业所得税的应纳税所得额及有关的资产状况、营业收入、成本费用项目等进一步深入分析核实。

（二）微观税源分析指标与分析方法

微观税源分析指标主要是指纳税人涉税生产经营活动过程中的财务核算指标与财务分析指标，包括财务报表类、资金管理类、采购业务类、资产管理类、生产管理类、销售业务类。

1. 财务报表类涉税财务指标风险分析

（1）销售毛利率异常指标。

风险指标描述：销售毛利率异常是指销售毛利率低于地区同行业、同类型企业销售毛利率指标的预警值。

风险分析识别：风险指向可能存在销售价格偏低、少计收入、多计成本费用的情况，或者存在关联交易转移利润，少缴企业所得税的税收遵从风险。销售毛利率低于预警值的幅度越大，税收遵从风险越高。

风险应对步骤：

① 计算销售毛利率，销售毛利率 = $\frac{销售收入-销售成本}{销售收入} \times 100\%$

② 结合案头相关财务信息和第三方信息，对预警企业的销售收入和成本费用项目明细进一步深入分析核实；运用物耗、电耗、水耗等涉税大数据，针对所得税的应纳税所得额及有关的资产状况、营业收入、成本费用及税前扣除项目等进一步深入分析核实。

（2）主营业务利润率变动异常指标。

风险指标描述：主营业务利润率变动异常是指主营业务利润变动率低于地区同行业同类型企业主营业务利润变动率指标的预警值。

风险分析识别：风险指向可能存在少计收入或多计成本费用、扩大税前扣除范围，造成少缴企业所得税的税收遵从风险。主营业务利润变动率低于地区同行业、同类型企业该项指标预警值的幅度越大，税收风险越高。

风险应对步骤：

① 对比主营业务利润变动率与地区同行业、同类型企业指标的预警值，主营业务利润变动率的计算公式如下：

$$主营业务利润变动率=\frac{报告期主营业务利润-基期主营业务利润}{基期主营业务利润}\times100\%$$

② 结合案头相关财务信息和第三方信息，对预警企业的销售收入和成本费用项目明细进一步深入分析核实；运用物耗、电耗、水耗等涉税大数据，针对所得税的应纳税所得额及有关的资产状况、营业收入、成本费用及税前扣除项目等进一步深入分析核实。

（3）收入费用率异常指标。

风险指标描述：收入费用率异常是指收入费用率高于地区同行业、同类型企业收入费用率指标的预警值。

风险分析识别：风险指向可能存在多计期间费用或少计收入的情况，造成少缴企业所得税的税收遵从风险。收入费用率高于地区同行业、同类型企业该项指标预警值的幅度越大，税收风险越高。

风险应对步骤：

① 计算收入费用率，收入费用率 $=\dfrac{报告期间费用额}{报告期销售（营业）收入额}\times100\%$

② 深入核实分析实际的期间费用及主营业务收入情况。进一步审核分析具体三项费用率指标，如管理费用率、财务费用率、销售费用率等的异常情况，分析方法与收入费用率的分析方法相同。

（4）主营业务收入变动率与主营业务成本变动率配比异常指标。

风险指标描述：主营业务收入变动率与主营业务成本变动率正常情况下是同方向、同幅度增减变化的，比值应接近于 1。当两者比值与 1 的偏差较大时，表现为异常的税收遵从风险特征。

风险分析识别：风险指向可能存在企业少计收入、多列成本费用、扩大税前扣除范围，造成少缴企业所得税的税收遵从风险。主营业务收入变动率与主营业务成本变动率配比的弹性系数趋近于 1 是合理的，与 1 的偏差越大，税收风险越高。

风险应对步骤：

① 计算主营业务收入与主营业务成本弹性系数，主营业务收入变动率与主营业务成本变动率弹性系数 $=\dfrac{主营业务收入变动率}{主营业务成本变动率}$

结合纳税申报表与相关财务报表数据开展案头风险分析识别：

当二者都为正数时，若比值<1，且相差较大，则可能存在企业多列成本费用、扩大税前扣除范围等问题。

当二者都为负数时，若比值>1，且相差较大，则可能存在企业多列成本费用、扩大税前扣除范围等问题。

当比值为负数，且前者为负后者为正时，可能存在企业多列成本费用、扩大税前扣除范围等问题。

② 进一步针对主营业务收入与主营业务成本明细项目进行深入分析核实。主营业务收入变动率与期间费用变动率配比异常的风险分析方法与主营业务收入变动率与主营业务成本变动率配比异常指标分析方法基本相同。

（5）主营业务成本变动率与主营业务利润变动率配比异常指标。

风险指标描述：正常情况下，主营业务成本变动率与主营业务利润变动率应保持同方向、同幅度增长变化，比值应接近于1。当两者比值与1的偏差较大时，表现为异常的税收遵从风险特征。

风险分析识别：风险指向企业可能存在少计收入、多列成本费用、扩大税前扣除范围，造成少缴企业所得税的税收遵从风险。配比弹性系数趋近于1是合理的，与1的偏差越大，税收风险越高。

风险应对步骤：

① 计算主营业务成本与主营业务利润弹性系数，主营业务成本与主营业务利润弹性系数=$\dfrac{主营业务成本变动率}{主营业务利润变动率}$

结合纳税申报表与相关财务报表数据开展案头风险分析识别：

当二者都为正数时，若比值>1，且相差较大，则可能存在企业少计收入、多列成本费用、扩大税前扣除范围等问题。

当二者都为负数时，若比值<1，且相差较大，则可能存在企业少计收入、多列成本费用、扩大税前扣除范围等问题。

当比值为负数，且前者为正后者为负时，可能存在企业少计收入、多列成本费用、扩大税前扣除范围等问题。

② 进一步针对主营业务成本与主营业务利润进行深入分析核实与风险排查。

（6）主营业务收入变动率与主营业务利润变动率配比异常指标。

风险指标描述：在正常情况下，主营业务收入变动率与主营业务利润变动率应保持同方向、同幅度增长变化，比值应接近于1。当两者比值与1的偏差较大时，表现为异常的税收遵从风险特征。

风险分析识别：风险指向可能存在少计收入、多转主营业务成本的问题，造成少缴或不缴企业所得税的税收风险。配比弹性系数趋近于1是合理的，与1的偏差越大，税收风险越高。

风险应对步骤：

① 计算主营业务收入与主营业务利润弹性系数，主营业务收入与主营业务利润弹

性系数=$\dfrac{\text{主营业务收入变动率}}{\text{主营业务利润变动率}}$

结合纳税申报表与相关财务报表数据开展案头风险分析识别：

当二者都为正数时，若比值>1，且相差较大，则企业可能存在多列成本费用、扩大税前扣除范围等问题。

当二者都为负数时，若比值<1，且相差较大，则企业可能存在多列成本费用、扩大税前扣除范围等问题。

当比值为负数，且前者为正后者为负时，企业可能存在多列成本费用、扩大税前扣除范围等问题。

② 结合税收优惠政策调整变化，对企业的主营业务成本费用变动进一步深入分析核实与风险排查。

（7）应付账款比率异常指标。

风险指标描述：应付账款比率异常是指应付账款比率高于地区同行业、同类型企业应付账款比率指标预警值，表现为异常的税收遵从风险特征。

风险分析识别：应付账款比率高于该项指标预警值的幅度越大，税收风险越高，风险指向企业可能存在将销售收入挂为应付账款科目，逃避缴纳货劳税和企业所得税的税收遵从风险。

风险应对步骤：

① 应付账款比率的计算公式如下：

$$应付账款比率 = \dfrac{\text{报告期应付账款平均余额}}{\text{报告期销售（营业）收入}} \times 100\%$$

② 针对企业应付账款的真实性做进一步深入分析核实与风险排查。

（8）应付账款变动率异常指标。

风险指标描述：应付账款变动率异常是指应付账款变动率高于地区同行业同类型企业应付账款变动率指标预警值，表现为异常的税收遵从风险特征。

风险分析识别：风险指向企业可能存在隐瞒收入，造成少缴货劳税和企业所得税的税收遵从风险。

风险管理步骤：

① 应付账款变动率高于预警值的幅度越大，税收风险越高。应付账款变动率的计算公式如下：

$$应付账款变动率 = \dfrac{\text{报告期应付账款} - \text{基期应付账款}}{\text{基期应付账款}} \times 100\%$$

② 针对企业应付账款变动率过高的原因做进一步深入分析核实与风险排查。

（9）应收账款比率异常指标。

风险指标描述：应收账款比率异常是指应收账款比率高于地区同行业同类型企业应收账款比率指标预警值，表现为异常的税收遵从风险特征。

风险分析识别：风险指向企业可能存在将销售收入挂到应收账款科目，没有及时确认收入，造成少缴货劳税和所得税的税收遵从风险。

风险应对步骤：

① 应收账款比率高于预警值的幅度越大，税收风险越高。应收账款比率的计算公式如下：

$$应收账款比率 = \frac{应收账款平均余额}{销售（营业）收入} \times 100\%$$

② 针对企业应收账款的真实性进一步深入审核分析与风险排查。

（10）应收账款变动率异常指标。

风险指标描述：应收账款变动率异常是指应收账款变动率高于地区同行业同类型企业应收账款变动率指标预警值，表现为异常的税收遵从风险特征。

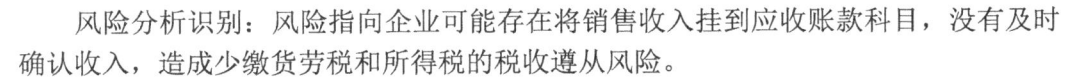

风险分析识别：风险指向企业可能存在隐瞒收入，造成少缴货劳税和所得税的税收遵从风险。

风险应对步骤：

① 应收账款变动率高于预警值的幅度越大，税收风险越高。应收账款变动率的计算公式如下：

$$应收账款变动率 = \frac{报告期应收账款 - 基期应收账款}{基期应收账款} \times 100\%$$

② 针对企业应收账款的真实性进一步深入分析核实与风险排查。

（11）预收账款变动率与销售收入变动率配比异常指标。

风险指标描述：预收账款变动率与销售收入变动率配比异常是指预收账款变动率减去销售收入变动率大于0，表现为异常变动的税收遵从风险特征。

风险分析识别：预收账款变动率、销售收入变动率应同方向、同幅度变化，二者无明显差异是正常的。当预收账款变动率大于销售收入变动率时，差异率越大，税收遵从风险越高。风险指向企业可能存在拖延结转预收账款、少计收入、拖延申报纳税的税收遵从风险。

风险应对步骤：

① 预收账款变动率与销售收入变动率差异率的计算公式如下：

预收账款变动率与销售收入变动率差异率=预收账款变动率-销售收入变动率

② 结合现金流量表、利润表数据，针对预收账款的变动进一步深入分析、核实及风险排查。

2. 资金管理类涉税财务指标风险分析

（1）财务费用异常指标。

风险指标描述：

① 企业本年的财务费用和去年相比，存在异常变动情况。

② 企业本年的财务费用比率和地区同行业相近规模企业的财务费用比率相比，存

在异常情况。

风险分析识别：

① 当财务费用变动率大于预警值时，说明财务费用增长幅度较大，应重点关注，分析财务费用特别是利息支出列支是否合理、准确。不同地区应根据本地区同行业企业的实际情况来测算和设定财务费用率的预警值。财务费用变动率的计算公式如下：

$$财务费用变动率=\frac{本年财务费用率-去年财务费用率}{去年财务费用率}$$

② 当企业的财务费用率高于地区同行业相近规模企业财务费用比率的预警值，并超过一定幅度时，应关注该企业的财务费用特别是利息支出列支是否合理、准确。

③ 风险指向企业可能存在多列或虚列利息支出的问题，进而影响当期的利润，造成少缴或不缴企业所得税的税收遵从风险。

风险应对步骤：

① 查看利润表，针对财务费用科目开展深入分析。

② 核实确认向关联方借款的利息支出是否超标列支等。

（2）利息收入不作收入处理指标。

风险指标描述：企业将自有资金借给其他企业或个人所取得的利息收入，在进行会计和税务处理时，没有按规定作为收入进行相应的处理和申报纳税。

风险分析识别：

① 企业可能存在少缴或不缴营业税、城建税、教育费附加税和印花税的税收遵从风险。

② 将利息收入挂在往来科目，少计收入，减少利润，导致企业所得税应税所得额减少，影响当期的企业所得税。

风险应对步骤：

① 查看企业的现金流量表，分析有无异常较大数额资金流出。

② 查看企业的收入、往来科目和财务费用科目，分析有无将利息收入挂在往来科目或直接冲减财务费用的问题。

（3）向关联方借款的利息支出超标列支指标。

风险指标描述：企业从其关联方接受的债权性投资与权益性投资的比例超过规定标准而发生的利息支出，在税前列支。具体的标准债资比例为金融企业 5∶1，其他企业 2∶1。

风险分析识别：发生的利息支出超过规定标准的幅度越大，税收风险越高，风险指向企业可能存在多列利息支出的问题，进而影响当期的利润，造成少缴或不缴企业所得税的税收遵从风险。

风险应对步骤：

① 先查看企业的通用资产负债表、企业所得税年度纳税申报表或长期借款、短期借款科目，确定是否有借款行为发生；再查看企业章程、借款合同，核实有无向关联

方借款的实际情况。

② 根据企业和关联方的标准债资比例,确认可以税前扣除的利息支出。

(4) 借款资本化的利息支出在税前列支指标。

风险指标描述:企业为购置和建造固定资产、无形资产及经过12个月以上的建造才能达到预定可销售状态的存货,发生借款利息支出,一次性在税前列支。

风险分析识别:企业可能存在多列利息支出的问题,进而影响当期的利润,造成少缴或不缴企业所得税的税收遵从风险。

风险应对步骤:

① 查看企业的通用资产负债表、企业所得税年度纳税申报表或长期借款、短期借款科目,核实是否有借款行为发生。

② 查阅借款合同及相关资料,审核借款的实际用途。

③ 查看财务费用科目,确认资本化借款的利息支出是否列入当期的财务费用。

(5) 筹资账户资金情况异常指标。

风险指标描述:企业的资金账户(包括投资账户、资产账户及货币资金账户等)的资金情况发生重大变化,而财务报表没有反映相应收益或费用的变化。

风险分析识别:企业可能存在未及时确认收益的问题,造成少缴企业所得税的税收遵从风险。

风险应对步骤:

① 查看企业的资金账户、财务报表的相应收益或费用内容是否符合逻辑。

② 结合企业现金流量表中"经营活动产生的现金流量""投资活动产生的现金流量""筹资活动产生的现金流量"栏目进行分析,并审核通用资产负债表中的长期投资、所有者权益,企业利润表中的投资收益、财务费用等栏的变化,判断企业是否及时确认收益。

3. 采购业务类涉税财务指标风险分析

采购是指购买物资(或接受劳务)及支付款项等相关经营活动,不包括采购后物资的成本核算。采购流程包括采购申请、集中采购、供应商评估和准入采购、采购验收、采购付款、退货管理等业务。

《企业内部控制指引》中指出,企业采购业务至少应当关注下列内控风险:采购计划安排不合理、市场变化趋势预测不准确造成库存短缺或积压,可能导致企业生产停滞或资源浪费;供应商选择不当、采购方式不合理、招投标或定价机制不科学、授权审批不规范等,可能导致采购物资质次价高,出现舞弊情况或遭受欺诈;采购验收不规范,付款审核不严等,可能导致采购物资、资金损失或信用受损。

根据税收实践经验与调查分析,除纳税人主观不遵从税法的情况,内控制度不健全带来的风险也是导致纳税不遵从的主要原因。主要的税收遵从风险指标包括以下方面。

(1) 运费抵扣凭证信息异常指标。

风险指标描述:运费抵扣凭证信息异常包括运输发票申报抵扣增值税进项税额比

率异常偏高,以及申报的运输费用发生金额比率异常偏高。

① 某期间运输发票申报抵扣进项税额比率=$\dfrac{\text{某期间运输发票申报抵扣进项税额}}{\text{某期间全部申报抵扣进项税额}}\times 100\%$

② 某期间申报运输费用发生金额比率=$\dfrac{\text{某期间申报运输费用}}{\text{某期间申报全部购进货物金额}}\times 100\%$

③ 某期间运输发票申报抵扣进项税额比率的偏离率=$\dfrac{\text{某期间运输发票申报抵扣进项税额比率}-\text{某期间该行业运输发票申报抵扣进项税额比率}}{\text{某期间该行业运输发票申报抵扣进项税额额比率}}\times 100\%$

风险分析识别:

① 如果某期间运输发票申报抵扣进项税额比率与该行业运输发票申报抵扣进项税额比率的偏离率较高,则说明纳税人此项指标的税收遵从风险较高。

② 将纳税人的指标与各级税务部门、行业性协会发布的行业平均比率进行综合对比分析。

③ 运输发票申报异常,风险指向可能存在多抵扣增值税进项税额,企业所得税扣除项目不真实的情况,造成少缴或不缴增值税、企业所得税的税收遵从风险。如果交易不真实,甚至会触犯刑律,产生违法刑事责任的更大风险。

风险管理步骤:

① 将运输发票抵扣进项税额、运输费用与购销物资成本、运输里程、运输方式等信息进行综合比对分析。

② 将运输费用与运输的票据、合同、采购验收手续及承运人等信息进行综合比对分析。

(2)海关进口增值税专用缴款书抵扣信息异常指标。

风险指标描述:海关进口完税凭证抵扣进项税额占进项税额总额的比率异常。

某期间申报海关完税凭证抵扣进项税额占全部进项税额比率的偏离率=$\dfrac{\text{某期间海关完税凭证申报抵扣进项税额占全部进项税额比率}-\text{某期间该行业海关完税凭证申报抵扣进项税额占全部进项税额比率}}{\text{某期间该行业海关完税凭证申报抵扣进项税额占全部进项税额比}}\times 100\%$

风险分析识别:

① 如果某期间申报海关完税凭证抵扣进项税额占全部进项税额比率的偏离率较高,则说明纳税人此项指标的税收遵从风险较高。

② 与各级税务部门、行业性协会发布的行业平均比率进行综合对比分析。

③ 海关进口完税凭证申报异常,风险指向可能存在多抵扣增值税进项税金,企业所得税扣除项目不实风险。如果交易不真实,甚至会触犯刑律,产生违法风险,追究

刑事责任。

风险应对步骤：

将海关完税凭证与进口合同、报关单、进口货物提单、外汇结算付款凭证、运输方式及采购验收手续等信息比对，开展进一步综合分析。

（3）存货周转率异常指标。

风险指标描述：包括同一企业不同时期的存货周转率变动异常，同一企业与本行业平均存货周转率比较异常。计算公式如下：

$$存货周转率 = \frac{销售成本}{平均存货余额} \times 100\%$$

其中：$$平均存货周转率 = \frac{初期存货 + 末期存货}{2}$$

风险分析识别：

① 存货周转率异常偏高，与地区行业的平均存货周转率偏离较大，说明企业有可能出现采购数量或价格不实、异常采购行为掩盖下的利润转移、存货不实、虚增存货等情况，税收遵从风险较高。

② 与各级税务部门、行业性协会发布的行业平均存货周转率进行综合对比。

风险应对步骤：

① 与采购的时期、平均库存水平、生产能力、生产周期、行业平均价格等涉税信息数据综合比对分析。

② 采取税务约谈或实地核查方式进行风险控制和排查。

4. 资产管理类涉税财务指标风险分析

（1）存货计价方法随意变动指标。

风险指标描述：纳税人在年初确定本企业的存货计价方法后，在短时间（一般是一年）内随意更改存货的计价方法。

风险分析识别：存货计价方法的不同对纳税人的应税所得和应纳税额有直接的影响。纳税人随意变更存货计价方法，必然会影响当期的生产成本，减少或增加应税所得，从而影响当期的企业所得税。

风险应对步骤：

① 计算纳税人的毛利率的变动率，分析本期与基期毛利率对比是否存在明显的异常变动。计算公式如下：

$$毛利率变动率 = \frac{本期毛利率 - 基期毛利率}{基期毛利率} \times 100\%$$

$$毛利率 = \frac{营业收入 - 营业成本}{营业收入} \times 100\%$$

② 查看纳税人的存货相关科目，判断是否存在随意变更存货计价方法的问题。

③ 对纳税人提出的改动存货计价的缘由，应就其合理性情况进行分析核实。

（2）虚增或虚报财产损失指标。

风险指标描述：纳税人在发生财产损失时，人为地夸大损失数额，或者虚报财产损失。

风险分析识别：风险指向可能存在虚增支出，减少纳税人的应税所得，从而影响当期的企业所得税。

风险应对步骤：

① 查阅纳税人的企业所得税年度申报表，分析与核实是否存在财产损失情况。

② 核定财产损失是否办理相关审批手续，核实台账的有关金额是否真实。

（3）虚增存货成本指标。

风险指标描述：纳税人在对存货成本进行会计处理和纳税申报时，有意虚增存货成本。

风险分析识别：风险指向可能存在虚增成本支出，减少纳税人的应税所得，从而影响当期的企业所得税。

风险应对步骤：

① 计算纳税人的毛利率的变动率，分析本期与基期对比是否存在明显的异常变动。

② 计算纳税人的主营业务毛利率偏离率，计算公式如下：

$$主营业务毛利率偏离率 = \frac{主营业务毛利率 - 主营业务毛利率预警值}{主营业务毛利率预警值}$$

如果偏离率较高，说明主营业务毛利率异常，有意虚增存货成本税收遵从风险较高。

③ 分析核实纳税人的存货成本是否真实，是否存在虚列、虚增存货成本的问题。

（4）车船使用税、房产税等财务行为税税负为零。

风险指标描述：纳税人申报缴纳的车船使用税、房地产税等财产行为税为零。

风险分析识别：风险指向可能存在不缴车船使用税、房地产税的税收遵从风险。

风险应对步骤：

采集获取纳税人办理税务登记时的基础资料或企业所得税年度纳税申报表及政府相关部门的第三方数据开展案头综合比对分析，核实纳税人是否拥有车辆、房产或土地使用权等。

（5）存货周转异常偏低风险指标。

风险指标描述：纳税人的存货周转异常偏低，存在少缴税款的风险。

风险分析识别：

① 计算企业的存货周转率，计算公式为：

$$存货周转率 = \frac{销售成本}{平均存货余额} \times 100\%$$

② 若企业的存货周转率低于预警值，则反映企业存货周转相对较慢，风险指向可能存在虚增主营业务成本、不结转主营业务成本及销售收入不入账，造成少缴企业所

得税、增值税的税收遵从风险。低于预警值的幅度越大,税收风险越高。

风险应对步骤:需要提醒并辅导企业核实盘点存货及存货周转的实际情况。

(6)总资产周转率异常偏低风险指标。

风险指标描述:纳税人的总资产周转率存在异常变动情况,低于设定的预警值。总资产周转率计算公式如下:

$$总资产周转率=\frac{主营业务收入净额}{资产平均占用余额}\times100\%$$

风险分析识别:如果总资产周转率低于行业预警值,或与同类型企业相比偏低,表明总资产周转率速度过慢,税收风险较高。风险指向可能少申报销售(营业)收入、虚列或多列资产的税收风险点,低于预警值的幅度越大,税收风险越高。

风险应对步骤:需进一步核实纳税人申报的收入是否合理及固定资产申报的真实性。

(7)净资产收益异常偏低风险指标。

风险指标描述:纳税人的净资产收益率异常偏低,低于同行业同类企业的预警值幅度较大。计算公式如下:

$$净资产收益率=\frac{年累计净利润}{平均净资产}\times100\%$$

风险分析识别:

企业净资产收益率低于行业预警值幅度较大,风险指向企业可能存在少计收入、多计成本费用、扩大税前扣除范围的情况,造成少缴税款企业所得税、增值税的税收遵从风险。低于预警值的幅度越大,税收风险越高。

风险应对步骤:

① 重点审核分析《利润表》《资产负债表》,计算净资产收益率。

② 进一步分析核实企业的资产、主营业务收入、成本费用扣除明细,核实确认企业是否存在少计收入或多计成本费用、扩大税前扣除范围、少缴所得税的税收风险点,提醒并辅导企业开展风险自查。

(8)总资产收益率异常偏低风险指标。

风险指标描述:纳税人的总资产收益率异常偏低,低于同行业同类企业预警值的幅度较大。计算公式如下:

$$总资产收益率=\frac{年累计净利润}{平均净资产}\times100\%$$

风险分析识别:

企业总资产收益率低于行业预警值幅度较大,风险指向企业可能存在少计收入、多计成本费用、扩大税前扣除范围或存在非正常情况亏损等情况,造成少缴企业所得税、增值税的税收遵从风险。低于预警值的幅度越大,税收风险越高。

风险应对步骤:

① 重点审核分析企业的《利润表》《资产负债表》,计算总资产收益率;

② 进一步分析核实企业的资产、主营业务收入、成本费用扣除明细，核实确认企业是否存在少计收入或多计成本费用、扩大税前扣除范围、少缴所得税的税收风险点；也可能存在非正常损失的情况，需进一步深入分析核实确认。

（9）流动资产周转率异常偏低风险指标

风险指标描述：纳税人的流动资产周转率异常偏低，低于同行业同类企业预警值的幅度较大。计算公式如下：

$$流动资产周转率 = \frac{主营业务收入净额}{平均流动资产} \times 100\%$$

风险分析识别：风险指向可能存在少计销售收入情况，造成少缴企业所得税、增值税的税收风险。低于预警值的偏离幅度越大，税收风险越高。

风险应对步骤：

重点审核查阅企业的《利润表》《资产负债表》，计算流动资产周转率；

① 重点审核利润表、资产负债表，计算流动资产周转率。

② 进一步深入分析核实企业是否存在少计销售收入，少缴企业所得税、增值税的税收风险点，提醒并辅导企业开展风险自查。

（10）总资产变动率与应纳税所得额变动率配比异常指标。

风险指标描述：应纳税所得额变动率与总资产变动率配比存在异常的情况，超出设定的标准范围。总资产变动率与应纳税所得额变动率配比指标计算过程及公式如下：

$$应纳税所得额变动率 = \frac{报告期应纳税所得额 - 基期应纳税所得额}{基期应纳税所得额} \times 100\%$$

$$总资产变动率 = \frac{报告期平均总资产 - 基期平均总资产}{基期平均总资产} \times 100\%$$

$$总资产变动率与应纳税所得额变动率配比值 = \frac{应纳税所得额变动率}{总资产变动率}$$

风险分析识别：

应纳税所得额变动率与总资产变动率基本上是同方向、同幅度变化，配比值趋近于 1 是合理的。若小于 1，小于 1 的偏离幅度越大，税收风险越高，纳税人可能存在少计收入或多计成本费用、扩大税前扣除范围的税收风险，造成少缴企业所得税的税收遵从风险；也可能存在税收政策重大调整、税收优惠、减免情况，应结合税收政策调整及优惠政策开展综合分析。

风险应对步骤：

① 重点审核分析《企业所得税申报表》《利润表》《资产负债表》，计算企业的总资产变动率与应纳税所得额变动率配比指标。

② 进一步分析核实企业的总资产、主营业务收入、成本费用扣除明细，核实确认企业是否存在少计收入或多计成本费用、扩大税前扣除范围、少缴所得税的税收风险点，提醒并辅导企业开展风险自查。

（11）存货减少与销售额相比异常指标。

风险指标描述：通常情况下，纳税人的存货减少，申报的销售额会增加。而实际申报销售额没有相应增长变化，则表现为异常的税收遵从风险特征。

风险分析识别：

① 可能存在关联交易转让定价问题。

② 可能存在不计收入、低价确认收入造成少计收入，或将收入计入往来账不及时确认收入的风险。

风险应对步骤：

① 审核企业的申报数据，若企业的应税销售额小于报告期存货减少额，同时同行业毛利率较高，则表现为较高税收风险特征，应重点予以监控。

② 查阅企业的资产负债表中"货币资金""应收账款""其他应收款""应付账款""其他应付款""预收账款"等科目的变化情况，核实企业是否存在收入挂往来账不及时确认收入申报纳税的风险。

③ 结合企业税务登记信息查看是否有关联企业，确认是否存在关联企业之间转让定价的风险点，提醒并辅导企业开展风险自查。

5. 生产管理类涉税财务指标风险分析

生产管理是指制造业的生产管理和业务外包。业务外包是指企业利用专业化分工优势，将日常经营中的部分业务委托给本企业以外的专业服务机构或其他经济组织（以下简称承包方）完成的经营行为，不涉及工程项目外包。外包业务通常包括研发、资信调查、可行性研究、委托加工、物业管理、客户服务、IT服务等。涉及的主要税收遵从风险指标包括以下方面。

（1）投入产出比异常指标。

风险指标描述：

① 投入产出比异常指生产环节投入的原材料、辅助原材料以及包装物等（不包括燃气等能量性质的物质消耗），经过生产制造后，生产的产成品、副产品、边角余料数量配比不合理的风险特征。包括同一企业在不同时期投入产出比异常，企业与本行业平均投入产出比相比异常。投入产出比的计算公式如下：

$$投入产出比（单位产品定耗）= \frac{投入原材料（包括辅助材料、包装物）数量}{产品数量}$$

② 该风险指标也可以用于副产品和边角余料的计算，反映的风险点可以针对具体纳税人分析，也可以按照地域、行业进行分类分析。

风险分析识别：

① 与各级税务部门、行业性协会发布的行业平均投入产出比进行对比，或将同一企业不同时期的投入产出比进行纵向比对，偏差越大，税收遵从风险越高。

② 投入产出比过高，高于同行业水平，企业可能存在不计、少计收入或虚抵扣进项税额、多转原材料（辅助材料、包装物）成本，造成少缴增值税、企业所得税及其

附加税费的税收遵从风险。投入产出比过低则可能存在销售交易不真实的情况，或商贸行为存在虚开增值税专用发票风险。

风险应对步骤：

结合企业申报数据、财务报表数据及增值税发票数据进一步对销售收入和有关原材料成本进行深入分析核实与风险排查。

（2）能耗异常指标。

风险指标描述：

① 能耗是指企业的水、电、煤、燃气、热、油等能源动力的生产耗用情况，利用单位产品能耗指标测算纳税人实际生产数量和计税收入，与申报的生产数量、收入对比分析是否存在异常。其中耗电、耗水、耗燃气等的数据可从电力部门、自来水公司、热力燃气部门等第三方获取，相对较为客观真实。

② 能耗异常包括同一企业在不同时期的能耗异常，企业与本行业平均能耗相比异常。单位产品能耗定额的计算公式如下：

$$单位产品能耗定额=\frac{生产能耗量}{产品产量}$$

风险分析识别：

① 与各级税务部门、行业协会发布的行业平均能耗比进行对比，或将同一企业不同时期的能耗指标进行比对。

② 能耗指标过高，风险指向可能出现账外经营、少计收入的情况，造成少缴增值税、企业所得税及其附属税费的风险；能耗指标过低，则可能存在销售交易不真实的情况，或商贸、服务等经营行为存在虚开增值税专用发票风险。

风险应对步骤：

结合企业申报数据、财务报表数据、耗电、耗水、耗燃气增值税发票数据开展综合比对分析。

（3）设备生产能力异常指标。

风险指标描述：

① 设备生产能力是指主要生产设备在原料、动力和人员等正常运转下的产出能力，可分为设计生产能力和实际生产能力。设计生产能力指按照国家标准生产或引进的设备，经过国家有关部门审验、认可的标准生产能力。实际生产能力是指设备在实际运转时的生产能力。在一般情况下，设备的实际生产能力与设计生产能力有一定出入。在实际工作中，关注的是实际生产能力。

② 生产能力异常包括同一企业在不同时期生产能力异常以及企业与本行业平均生产能力相比异常。计算公式如下：

$$设备的日产量或时产量=\frac{测算的产品产量}{正常工作日或工作时}$$

风险分析识别:

① 与各级税务部门、行业性协会发布的行业平均生产能力进行对比,或将同一企业不同时期的生产能力进行比对。

② 设备生产能力指标过低,有可能存在账外经营、少计收入的情况,造成少缴增值税、企业所得税及其附属税费的风险;设备生产能力指标过高,则可能存在销售交易不真实的情况,或商贸经营行为存在虚开增值税专用发票风险。

风险应对步骤:与各级税务机关、行业性协会发布的行业平均生产能力进行对比,或将同一企业不同时期的生产能力进行比对。

(4) 工时(工资)耗用异常指标。

风险指标描述:

① 工时(工资)耗用是指在单位产品耗用生产时间基本确定的前提下,根据在一定时期耗用工时的总量,分析、测算该时期内的产品产量。工时(工资)耗用是生产耗用工时反映在工资货币上的金额表现。

② 工时(工资)耗用异常包括同一企业在不同时期工时(工资)耗用异常以及企业与本行业平均工时(工资)耗用相比异常。计算公式如下:

$$单位产品耗用工时(工资) = \frac{生产人员工时总量(工资总额)}{产品产量}$$

风险分析识别:

工时(工资)耗用过高,风险指向可能存在不计、少计收入或多转人工成本的情况,造成少缴增值税、企业所得税及其附属税费的风险;工时(工资)耗用过低可能存在销售交易不真实的情况,或存在商贸行为虚开增值税专用发票风险。

风险应对步骤:与各级税务部门、行业性协会发布的行业平均工时(工资)耗用进行对比,或将同一企业不同时期的工时(工资)耗用进行比对分析,偏离越大,税收风险越高。

(5) 主营业务成本率异常指标。

风险指标描述:

一般情况下,企业的主营业务成本反映产品的生产制造成本,主营业务成本率异常主要是指生产制造成本异常。主营业务成本率异常包括同一企业在不同时期主营业务成本率变动异常,企业与同行业平均主营业务成本率预警值对比异常。计算公式如下:

$$主营业务成本率 = \frac{主营业务成本}{主营业务收入} \times 100\%$$

风险分析识别:

① 与各级税务部门、行业协会发布的行业平均主营业务成本率进行对比,或将同一企业不同时期的指标数据进行比对,偏离越大,税收风险越高。

② 主营业务成本率过高,可能存在不计、少计收入或多转原材料(辅助材料、包装物)成本、多转人工成本的情况,造成少缴增值税、企业所得税及其附属税费的税收遵

从风险；主营业务成本率过低可能存在销售交易不真实、虚开增值税专用发票等风险。

风险应对步骤：

针对主营业务收入、成本项目进一步深入分析核实，排查风险。

（6）主营业务成本变动率异常指标。

风险指标描述：

① 在一般情况下，企业的主营业务成本变动率反映产品的生产制造成本的变动情况，主营业务成本变动率异常一般是指生产制造成本变动率异常。

② 主营业务成本变动率异常包括同一企业在不同时期主营业务成本变动率异常，企业与本行业平均主营业务成本变动率相比异常。计算公式如下：

$$主营业务成本变动率=\frac{报告期主营业务成本-基期主营业务成本}{基期主营业务成本}\times100\%$$

该风险指标可以针对纳税人分析，也可以按照地域、行业进行分类分析。

风险分析识别：

① 与各级税务部门、行业协会发布的行业平均主营成本变动率进行对比分析，偏离越大，主营业务成本变动率较高，税收风险越高。

② 主营业务成本变动率过高，可能存在不计、少计收入或多转原材料（辅助材料、包装物）成本、多转人工成本的情况，造成少缴增值税、企业所得税及其附属税费税收遵从风险；主营业务成本变动率过低，可能存在销售交易不真实、虚开增值税专用发票等风险。

风险应对步骤：

针对主营业务收入、成本项目进一步深入分析核实，排查风险。

（7）劳务支出增长异常指标。

风险指标描述：

劳务支出是指由于接受研发、资信调查、可行性研究、委托加工、物业管理、客户服务、IT服务等而支出的劳务费用。当前环境下，劳务外包主要关注交易的真实性，谨防一些不合理、不合法的行为费用以劳务外包形式转变性质，侵蚀税基。劳务支出增长率的计算公式如下：

$$劳务支出增长率=\frac{报告期劳务支出的金额-基期劳务支出的金额}{基期劳务支出的金额}\times100\%$$

风险分析识别：

① 不合理、不合法的经营行为费用以劳务外包形式进入企业费用，造成少缴企业所得税的风险，扰乱经济秩序。当不合法行为以劳务外包形式并入企业生产经营流程中时，会形成虚假的采购、劳务支出，甚至是虚假的销售行为。如果涉及增值税专用发票，还会触犯刑法，造成违法刑事责任风险。

② 与各级税务部门、行业协会发布的行业劳务支出的平均增长率进行对比，偏离越大，税收风险越高。

风险应对步骤：

① 与企业的生产经营、工艺流程、经营项目、人员组成、生产能力、生产周期等信息比对，分析是否符合一致。

② 将劳务支出票据与劳务合同、涉及货物的运输方式、付款方式及业务外包验收手续等信息进行综合比对、分析。

6. 销售业务类涉税财务指标风险分析

销售，是指企业出售商品或提供劳务及收取款项等相关活动。

《企业内部控制指引》在销售方面指出应当注意下列风险：销售政策和策略不当，市场预测不准确，销售渠道管理不当等，可能导致销售不畅、库存积压，使经营难以为继；客户信用管理不到位，结算方式选择不当，账款回收不力等，可能导致销售款项不能收回或遭受欺诈；销售过程存在舞弊行为，可能导致企业利益及信用受损等风险发生。

涉及的主要税收分析指标包括以下方面。

（1）税基比对异常指标。

风险指标描述：税基是指计税依据或计税标准。比对异常是指货劳税收入与所得税申报收入的比对、取得存货与增值税进项抵扣金额的比对、其他方式发出存货与视同销售的比对、当期毁损或盘亏存货与资产损失审批金额的比对、增值税非正常损失与进项转出的比对异常。

一般情况下，主要的风险特征包括：货劳税销售收入小于所得税销售收入（两者不含视同销售情况）；取得存货金额小于增值税进项抵扣金额；其他方式发出存货金额大于视同销售金额；当期损毁或盘亏存货金额小于资产损失审批金额；增值税非正常损失小于进项转出金额。

风险分析识别：税基比对异常时，可能会造成少缴货劳税及其附属税费，多扣除企业资产损失、少缴企业所得税等税收遵从风险。

风险应对步骤：

① 对比货劳税与所得税申报表收入项目。

② 对比财务报表中的存货、成本项目与增值税申报表附表。

③ 对比税务部门审批的损失与各税种申报表。

④ 对比账簿、凭证及其他部门报案、处理手续与申报表。

（2）普通发票开票收入申报为负数指标。

风险指标描述：是指企业冲减前期普通发票销售收入大于当期普通发票销售收入，申报金额为负数。

风险分析识别：可能造成纳税人违规冲减普通发票销售收入，造成少申报计税收入，少缴相应税款的税收遵从风险。

风险应对步骤：

① 审核普通发票红字（负数）发票的开具是否规范。

② 对比分析普通发票红字（负数）发票与相关的蓝字（正数）发票的时间、货物、

购货方信息。

③ 审核相关退货、折让的合同、验收、决定等相关手续。

（3）普通发票开具收入未足额申报指标。

风险指标描述：是指企业由于提供或接受服务以及从事其他经营活动而开具发票后，没有将发票上开具的金额全部申报销售收入。

风险分析识别：可能存在少申报计税收入，少缴相应税款的税收遵从风险。

风险应对步骤：

① 将申报的销售收入与相关普通发票验旧的销售收入信息进行对比。

② 将申报的销售收入与取得发票的单位、个人的发票联信息进行对比。

（4）出口销售收入变动率异常指标。

风险指标描述：

① 是指企业或行业在一个时期出口销售收入的增长过高。应当关注以下几种情况：一是新发生出口业务且销售额较大的；二是出口货物体积小、价值高、退税率高的货物；三是出口农产品或以农产品为主要原料生产的货物；四是根据情报交换虚报出口较集中的货物；五是行业或地域某类商品出口增幅突然较大的；六是新增出口商品且金额较大的。

② 出口销售收入变动率的计算公式为：

$$出口销售收入变动率 = \frac{报告期出口销售收入 - 基期出口销售收入}{基期出口销售收入} \times 100\%$$

如果变动率较高，主要分析企业是否具备与出口量相匹配的生产能力、收购能力，判断企业的出口增长是否异常，是否存在虚报出口、骗取出口退税的税收遵从风险。

风险分析识别：出口销售收入变动率异常高增长，风险指向可能存在以虚开增值税抵扣凭证为链条的出口骗税风险，风险程度很高。

风险应对步骤：

① 与各级税务部门或行业协会发布的行业出口形势及指标进行对比。

② 综合比对分析与采购时期平均库存水平、生产能力、生产周期、行业平均价格等信息。

③ 审核、分析比对出口相关备案单据。

（5）主营业务收入变动率异常指标。

风险指标描述：报告期主营业务收入与基期对比的变动幅度异常的风险特征。计算公式如下：

$$主营业务收入变动率 = \frac{报告期主营业务收入 - 基期主营业务收入}{基期主营业务收入} \times 100\%$$

风险分析识别：企业主营业务收入正常情况应该呈增长态势，如果主营业务收入变动率为负值，或虽然是正值但远远低于行业平均水平，那么，有可能存在少计收入和多列成本费用等风险隐患。如果突然大幅度超出行业平均变动率水平，那么企业有可能存在虚开增值税专用发票或虚开其他可以扣除税费凭证的税收遵从风险。

风险应对步骤：

① 与各级税务部门、行业协会发布的行业平均变动率进行对比，偏离越大，税收遵从风险越高。

② 与物资采购的时期、平均库存水平、生产能力、生产周期、行业平均价格等信息进行综合比对，审核分析。

③ 将销售票据与销售合同、运输方式、付款方式以及出库发货审核手续等信息进行综合比对，审核分析。

（6）其他业务收入变动率指标

风险指标描述：报告期其他业务收入与基期对比的变动幅度异常的风险特征。计算公式如下：

$$其他业务收入变动率 = \frac{报告期其他业务收入 - 基期其他业务收入}{基期其他业务收入} \times 100\%$$

风险分析识别：如其他业务收入下降，且下降幅度过大，则可能存在少计其他业务收入和多列成本费用而少缴相应税款的税收遵从风险。

风险应对步骤：

① 与各级税务部门、行业协会发布的行业平均变动率进行对比分析，偏离越大，税收遵从风险越高。

② 与物资采购的时期、平均库存水平、生产能力、生产周期、行业平均价格等信息进行综合比对分析。

③ 将资产出租、原材料和边角余料的销售及兼营项目与销售合同、运输方式、付款方式及出库发货审核手续等信息进行综合比对分析。

（三）微观税收指标与分析方法

1. 一人多职涉嫌虚假税务登记指标

风险指标描述：一人在一个企业或多个企业里同时担任多个职务，既是法定代表人，同时又担任财务人员、办税人员。

风险分析识别：办理税务登记，如果出现上述情况，则企业可能存在虚假税务登记，涉税虚开发票的税收遵从风险。一人同时担任的职务越多，税收风险越高。

风险应对步骤：

（1）税收管理人员加强日常发票管理，结合企业税务登记、经营范围涉税等信息进行综合分析，发现异常及时控制发票的发售开具等。

（2）与公安经侦联动，及时有效控制排查。

2. 一人多注册、交叉任职涉嫌虚假登记指标

风险描述：一人同时登记多家企业，一人或几人同时在多个企业里交叉担任职务，既担任法定代表人，同时又担任财务人员、办税人员。登记的企业、交叉任职的越多，

税收遵从风险越高。

风险分析识别：办理税务登记，出现上述情况，企业可能存在虚假税务登记，涉税虚开发票的税收遵从风险。同时担任的职务越多，税收风险越高。

风险应对步骤：

（1）税收管理人员加强日常发票管理，结合企业税务登记、经营范围等涉税信息进行综合分析，发现异常及时控制发票的发售开具等。

（2）与公安经侦联动，及时有效控制排查。

3. 未按规定办理变更登记指标

风险指标描述：本指标主要用于识别纳税人税务登记内容发生变化后，未按规定及时办理变更登记的风险。

风险分析识别：纳税人不按规定办理变更登记，将导致税务部门掌握的纳税人涉税信息与实际情况不符，造成管理混乱，后续管理中可能造成税收流失风险。

风险应对步骤：

（1）通过企业的增值税发票大数据监控掌握企业生产经营的变化。

（2）税收管理人员定期通过互联网企业的门户网站、"天眼查"、第三方交易平台等渠道获取静态和动态涉税大数据，与金税系统中相关登记数据开展比对分析，排查风险。

4. 虚假停业指标

风险指标描述：本指标主要用于识别定期定额征收方式纳税人办理停业登记后，仍继续营业的风险。

风险分析识别：定期定额征收方式纳税人虚假停业，导致税收流失风险。

风险应对步骤：

（1）停业期间税收管理员深入实地核查监控分析。

（2）税务部门在办税服务场所和纳税人集中的区域公示停业信息，公布举报方式，利用协同共治社会网络系统进行风险监控。

5. 虚假注销指标

风险指标描述：本指标主要用于识别纳税人经营期间有涉税违法行为，尚未被税务部门发现，为逃避法律制裁而故意注销税务登记后走逃的风险。

风险分析识别：有违法违章行为尚未被税务部门查处的纳税人，办理注销手续后继续其违法行为，会增加税务部门处理的难度，造成税收流失风险。

风险应对步骤：

（1）对纳税信用等级低，税收风险高的申请注销企业建立注销前清算、巡查检查制度。

（2）通过金税四期系统监控注销企业法定代表人，查询其法定代表人在短期内是否申请设立与原企业经营范围及购销渠道相同的新企业。

（3）通过金税四期系统监控注销企业，查询注销企业的原经营地址在短期内是否设立与原企业经营范围及购销渠道相同的新企业。

（4）税务部门在办税服务场所和纳税人集中的区域公示注销信息，公布举报方式，利用协同共治社会网络系统，进行风险监控。

6. **走逃失联纳税人投资设立新企业指标**

风险指标描述：本指标主要用于识别纳税人有涉税违法行为，不按规定办理注销税务登记，也不履行纳税义务，通过转移经营地址等方式导致税务部门无法强制其履行纳税义务，同时通过新办企业方式延续其经营的风险。

风险分析识别：纳税人走逃，税务部门无法强制其履行纳税义务，会影响正常税收征管秩序，导致税收流失风险。

风险应对步骤：

（1）对于走逃失踪纳税人，税务部门在新闻媒体、办税服务场所和纳税人集中的区域进行公告，公布举报方式，利用协同共治社会网络系统，进行风险监控。

（2）在金税系统中设置强制监控，对走逃失踪纳税人的法定代表人身份证号码进行监控，新开业企业的法定代表人或投资人身份证号码与其相同时，实行黑名单制，系统自动进行预警监控。

（3）通过金税四期系统监控非正常企业，查询非正常企业原经营地址在短期内是否设立与原企业经营范围及购销渠道相同的新企业，进行比对分析。

7. **未按规定报备银行账号指标**

风险指标描述：本指标主要用于识别从事生产经营的纳税人在银行开立基本存款账户和其他存款账户以后，不按规定向税务部门报送备案的风险。

风险分析识别：

（1）从事生产经营的纳税人不按规定将全部银行账号向税务部门报送备案，将导致税务部门在后续管理中无法掌握其资金流动情况，同时给税务部门实施税收保全和税收强制执行措施带来障碍。

（2）对纳税人报送备案的银行账号、资金流动情况进行监控，与纳税人生产经营过程中的资金进出情况进行比对，分析识别是否存在未向税务机关备案的银行账号并进行资金结算的账外经营的风险。

风险应对步骤：

建立与金融机构涉税大数据交换、共享制度，定期提取纳税人银行开户信息，与纳税人报送备案的银行账号进行比对分析，对高风险企业重点实施风险应对。

8. **两家以上福利企业安置的残疾人证件号码相同指标**

风险指标描述：一个残疾人的身份证证件号码或残疾证证件号码同时在两家以上福利企业的备案信息中出现。同一残疾人在同一时期内被重复安置，可能导致企业骗取增值税和企业所得税税收优惠，导致税款流失。

风险分析识别：

（1）在金税系统对残疾人身份证证件号码及残疾证号码设置监控，当出现重复号码时自动预警监控。

（2）与民政部门和残疾人联合会加强信息交换，定期比对福利企业安置残疾人信息，分析识别虚假安置问题。

（3）与社保费征缴系统数据开展比对分析，定期比对福利企业为残疾人缴纳社会保险费情况，分析识别虚假安置问题。

风险应对步骤：

对安置残疾人就业的企业建立定期核查制度，加强对高风险民政福利企业的风险防控。

9. 未按规定时间建立账簿指标

风险指标描述：纳税人领取营业执照或发生纳税义务后不按规定时间建立账簿，建账之前取得的应纳税收入不在账簿上记录和体现，造成账外经营，导致税款流失。

风险分析识别：

（1）税收管理员在日常管理过程中，对纳税人领取营业执照时间与建账时间进行审核比对分析。

（2）将纳税人银行资金往来与账簿记录进行比对核实，分析识别是否按时建账。

风险应对步骤：

辅导企业合规遵从税法及相关财务核算制度，对财务核算不规范的高风险企业税收风险防控。

10. 虚假建立两套账指标

风险指标描述：纳税人为逃避纳税义务，建立两套账簿，向税务部门提供虚假的财务数据，导致虚假申报，少缴税款。

风险分析识别：

（1）税务机关与银行、供电及其他有关部门建立信息比对制度，通过第三方信息进行风险识别。

（2）对纳税人报送备案的银行账号、资金流动情况进行监控，与纳税人生产经营过程中的资金进出情况进行比对，分析识别是否存在建立两套账簿，向税务机关提供虚假的财务数据及账外经营的风险。

风险应对步骤：

（1）税收管理员在日常管理过程中，对纳税人经营情况与账簿记录情况进行初步比对分析。

（2）对采用计算机软件记账的，要求纳税人备案财务软件的操作说明、操作人员初始化资料以及服务器地址等，便于税务部门后续的监控管理。

11. 大头小尾开具普通发票指标

风险指标描述：纳税人销售商品时，通过单联填写或其他手段，造成普通发票存根联、记账联与发票联填开的金额不一致。纳税人通过大头小尾开具发票，直接导致少计销售收入，少申报应纳税额。

风险分析识别：对领用发票最高开票限额为千元版以上的纳税人，定期抽取部分有疑点存根联数据，与购货方发票联进行比对分析，识别是否存在发票存根联、记账联与发票联填开的金额不一致的风险。

风险应对步骤：

（1）在日常检查与税务稽查过程中，对纳税人购买货物取得的单笔开具金额较大的普通发票，通过金税系统数据与存根联信息进行比对分析。

（2）积极推广应用区块链电子发票。

12. 纳税人连续三个月以上零申报指标

风险指标描述：货劳税纳税人连续三个月申报的应税销售额为零，显示异常的税收遵从风险特征。纳税人可能不按规定时间确认销售收入或虚假申报，导致当期少缴税款。存在走逃行为，导致税务部门后续管理措施难以实施。

风险分析识别：

（1）税收管理员对暂停经营的纳税人实行备案制度，分析识别虚假零申报问题的真实性。

（2）税务机关与第三方相关部门建立涉税大数据交换、共享制度，掌握纳税人的资金流动、能耗、物耗等涉税信息，开展综合比对分析，识别虚假零申报真实性。

风险应对步骤：

税务部门通过金税四期大数据智能化分析系统自动监控统计连续三个月零申报的纳税人清册，对高风险户实施进行重点分析监控。

13. 纳税人连续三个月以上等额申报指标

风险指标描述：货劳税纳税人连续三个月申报的应税销售额相等或接近，显示异常的税收遵从风险特征，可能存在虚假申报行为，导致当期少缴税款。

风险分析识别：税务部门与有关第三方部门建立涉税大数据交换、共享制度，掌握纳税人的资金流动、能耗、物耗等涉税信息，进行综合比对分析，分析识别虚假申报问题的真实性。

风险应对步骤：

税务部门通过金税四期大数据智能化分析系统自动监控统计连续三个月等额申报的纳税人清册，对涉嫌虚假申报的高风险户进行重点分析监控。

14. 有领购普通发票记录，后续月份申报为零指标

风险指标描述：小规模纳税人在生产经营活动中，领取了普通发票，但发票领取后的月份申报销售收入为零。

风险分析识别：风险指向可能存在开具了普通发票，为了少缴或缓缴税款，不按规定确认销售收入，导致税款不能及时申报、足额入库。

风险应对步骤：

（1）建立税收大数据分析系统，自动从数据系统中提取并建立有领票记录、后续月份申报销售收入为零的纳税人清册，进行重点分析监控。

（2）税收管理员在日常管理过程中，对零申报户要核实发票开具缴销情况，分析识别是否为虚假零申报。

（3）建立发票高风险事项重点监控，对领购发票后长期不验旧购新的纳税人涉税生产经营情况进行深入核实、比对分析。

15. 发票开具金额异常增大、集中向顶额开票份数及金额占全部开票数量及金额比率高指标

风险指标描述：将两个指标结合分析，一是发票开具金额异常增长，同时集中向顶额开票份数及金额占全部开票数量及金额的比率高，风险指向企业存在虚开增值税发票的风险，造成违法犯罪及国家税款流失。

风险分析识别：发票开具金额异常增长幅度越大，集中向顶额开票份数及金额占全部开票数量及金额比率越高，税收风险越高。

风险应对步骤：

（1）税收管理人员加强日常发票风险管理，结合企业的经营范围、销售合同、资金流、货物流、运输发票等涉税大数据进行综合分析，发现异常情况及时控制发票的发售、开具等。

（2）与公安经侦联动，及时有效控制排查。

16. 享受增值税先征后返或即征即退且税负异常指标

风险指标描述：享受增值税先征后返或即征即退的纳税人，增值税税负比同行业平均税负明显偏高，显示异常的税收遵从风险特征，纳税人存在虚开增值税专用发票的情况。

风险分析识别：纳税人可能滥用税收优惠政策，在生产经营活动中，购进材料时不按规定索取增值税专用发票，或销售货物时虚开增值税专用发票，为其他纳税人逃避纳税提供方便。

风险应对步骤：

（1）税务部门建立税收大数据分析系统，通过综合征管系统提取享受增值税先征后返或即征即退、税负超过同行业平均税负40%以上的纳税人清册进行重点分析监控。

（2）税收管理员在日常管理过程中，对享受增值税先征后返或即征即退的纳税人的购销价格信息定期采集，掌握税负变化，分析识别可能出现的虚开发票问题。

17. 通过办理延期申报拖延缴纳税款指标

风险指标描述：纳税人在一年内累计办理延期申报的次数达到三次以上，且在延期内办理税款结算时补税金额较大。

根据征管法规定，纳税人办理延期申报后，在规定的延期内办理税款结算的，纳税人结算补税时不加收滞纳金。纳税人通过提供虚假的资料频繁办理延期申报，可能存在人为拖延税款缴纳时间问题，导致税款不能及时足额入库。

风险分析识别：

建立税收大数据分析系统，自动识别监控办理延期申报纳税情况，对一年内累计

办理延期申报达三次以上的纳税人自动预警监控。

风险应对步骤：

（1）税务部门受理纳税人延期申报申请时，对申请资料要严格审核，必要时税收管理员要进行实地调查，从源头上分析识别延期申报申请资料的真实性。

（2）将延期申报的纳税人，以及办理税款结算时补缴税款数额较大的纳税人，作为重点监控对象，在下次办理延期申报时严格把关。

18. 增值税申报表销售收入与企业所得税申报表营业收入比对差异指标

风险指标描述：纳税人申报的增值税全部销售收入与企业所得税申报表营业收入比对偏差较大，显示异常的税收遵从风险特征。

风险分析识别：增值税申报表销售收入与企业所得税申报表营业收入理论上应当趋于一致。如果偏差较大，则反映纳税人存在某一税种少计收入的情况，导致少缴相应税款的税收遵从风险。

风险应对步骤：

建立多税种关联的税收大数据分析系统，对增值税和企业所得税申报信息进行关联综合比对分析，当出现增值税销售收入与企业所得税的营业收入差异幅度超过预警值时自动预警监控。

19. 提供虚假资料申请延期缴税指标

风险指标描述：不符合税法和税收政策规定的延期缴税条件，通过提供虚假资料骗取税务部门批准延期缴税。

风险分析识别：除征管法规定的可以延期缴税的情形外，纳税人必须依照税法规定的期限缴纳税款。纳税人存在通过提供虚假资料骗取延期缴税的风险，将导致税款不能按期入库，为后续欠税追缴埋下风险隐患。

风险应对步骤：

（1）税务部门受理纳税人延期缴税申请时，除进行资料审核外，要由税收管理员进行实地核查、比对分析。

（2）税务部门应建立与银行等部门的信息互联、交换机制，通过信息比对分析识别延期缴税申请资料的真实性。

20. 提供虚假资料骗取减免税资格指标

风险指标描述：纳税人生产经营项目或其他条件不符合减免税规定，通过提供虚假的资料或者非法取得的证明材料骗取减免税资格。

风险分析识别：不符合法定条件而骗取减免税资格，将直接导致纳税人少缴税款，同时影响企业间的税收公平。

风险应对步骤：

（1）税务部门受理纳税人减免税申请时，除对资料进行书面审核外，必须通过随机抽查的方式进行实地核查，重点分析核查实际经营情况是否满足法定减免税条件。

（2）税务部门建立与民政、商务等部门的涉税大数据交换、共享制度，通过多方信息比对核查，分析识别减免税申请资料的真实性。

21. **关联交易不按独立交易原则定价指标**

风险指标描述：国内外企业或在中国境内设立的从事生产经营的机构、场所与其关联企业之间的业务往来，不按照独立交易原则，即按独立企业之间的业务往来收取或者支付价款、费用等。

风险分析识别：有关联关系的企业之间在购销商品、融通资金、转让财产和提供劳务等经营活动中，不按独立交易原则收取或支付价款、费用，将减少其应纳税的收入或所得额，带来相应的税款流失。

风险应对步骤：

（1）对企业静态数据进行采集，建立企业关联方信息备案监控管理系统。

（2）建立税收大数据分析系统，通过防伪税控系统提取纳税人与关联方之间的增值税专用发票开具和取得的信息，与同期非关联销售价格比对，对价格差异超过25%的设置自动预警监控。

22. **在接受税务检查时提供虚假资料指标**

风险指标描述：纳税人在接受税务检查时，向税务部门提供会计核算资料不真实，或隐瞒重要事实，不能准确、全面地反映其生产经营情况。

风险分析识别：纳税人提供虚假资料，将导致税务部门难以核实其生产经营情况，降低稽查工作效率，导致税款流失。

风险应对步骤：

（1）税务部门建立第三方信息采集、比对验证分析智能化系统，监控耗电、耗水的数据变化，多渠道获取与纳税人涉税生产经营有关的信息，通过与第三方信息的比对核查，分析识别纳税人提供资料的真实性。

（2）强化稽查人员业务培训，提高稽查人员对税收大数据的分析、应用能力。

第四章

税收经济分析与预测方法及应用案例

税收经济分析是税收大数据分析的一个重要内容。一方面，经济增长的规模、速度、结构及质量决定着税收的总量规模、增长速度、税收结构及质量；另一方面，税收作为重要的国家调控和治理手段，通过法定税率、税收负担率、税收优惠、税收征管等政策对国家治理产生重要的影响。加强税收经济分析，就是要科学地认识和反映税收经济之间的作用与反作用关系，充分发挥税收治理在投资、消费、分配和经济结构调整等诸多方面对经济增长、经济结构调整优化、动能转换及产业结构转型升级等方面的重要作用。

第一节 税收经济分析概述

一、税收经济分析的内涵及意义

（一）税收经济分析的内涵

税收经济分析是基于"经济决定税收，税收反作用于经济"这一基本经济学理论所建立的税收经济分析体系。税收经济分析以税收大数据为基础，通过税收经济指标数据，运用统计分析、相关模型等大数据分析方法，反映和评价涉税经济活动下税收的实现状况，税源经济的规模、结构、增长速度、质量等数量特征及其对税收的影响，同时，有效运用税收大数据分析经济运行的状况，反映税收治理对投资、消费、分配和经济结构调整等方面产生的重要影响，揭示税收与经济发展的协调程度，寻找税收经济发展的特征规律，查找税收管理中存在的问题，有针对性地提出加强治理的建议和措施。税收经济分析为完善税制改革、加强税收征管、组织税费收入、促进和推动税收经济协调高质量发展提供决策依据。

（二）税收经济分析的意义

（1）科学开展税收经济分析，可以反映宏观经济形势变化对税收收入带来的影响，有助于科学地进行经济、税收分析预测，合理制订税收计划，提高组织税收的前瞻性和掌控能力，促进组织税收收入原则落实，是做好组织税收收入工作的必要条件。

（2）科学开展税收经济分析，利用宏观、行业、微观不同层面的税收经济指标数据，客观分析、准确评价税收经济工作成果，与税收遵从风险分析有机结合，查找税收征管工作中的漏洞、薄弱环节及税收遵从风险隐患，提出针对性的税收遵从风险应对措施，防控税收遵从风险，提高税收治理效能。

（3）科学开展税收经济分析，反映税收治理现代化对国家治理体系和治理能力现代化建设所发挥的重要作用。

第一，税收经济分析能够发挥税务部门的话语权，站在税务部门的角度反映经济决定税收、税收反作用于经济的实际状况、数量关系及特征规律，反映税收治理对国家经济结构调整、动能转换及高质量平衡协调发展的调控作用，充分发挥税收在国家治理体系中的基础性、支柱性、保障性作用。

第二，科学分析判断税收数量特征与数量关系，正确反映、衡量税收经济的相关性及发展状况，探索经济与税收相互协调发展的客观规律，并进行客观分析评价，分析税收经济发展不协调的原因，改善和调整其中的不协调因素，缩小税收与经济指标之间的缺口，为不断改革完善税制，改善和优化营商环境，促进税收经济协调高质量发展提供决策依据。

二、税收经济分析的主要步骤

当我们进行税收经济分析时，不论是从哪个层面和纬度，其分析方法都主要有以下五个步骤：

第一，明确税收经济分析的意义和目标，确定税收经济分析思路。明确分析的重点是基于宏观、行业还是微观，是重点分析总体规模还是结构特征，是正向分析税收经济关系，还是反向分析税收经济关系。

第二，通过多种渠道获取税收大数据及相关文献资料。

第三，构建或选择税收经济关系指标体系及模型，应用统计学相关理论和方法，寻找并准确判断与税收相对应的、高度相关的涉税经济指标。宏观上主要有地区生产总值、工商业增加值或社会消费品零售额、购进与销售总额等，行业及微观上直接表现为各税种的税基指标变量，如行业增加值、企业营业收入、利润总额等。

第四，数据加工处理，计算税收经济指标数据，运用统计分析及相关模型等大数据分析方法开展税收经济指标数据的实证分析。

第五，应用科学、实用的实证分析结果撰写有理论、有价值、有观点、有定量实证的税收调研分析报告，为税收治理相关决策提供参考依据。

第二节 税源数量特征分析方法

一、税源数量特征分析概述

（一）税源的概念

税源就是税收的来源。从广义的角度理解，税源是指一切涉税经济活动及行为，依据我国现行税法规定可能产生税收的一切社会经济资源，包括社会、经济活动中形成的物质生产量、业务交易量、新创造的价值、占用的社会资源、劳务所得及某些特定的涉税经济活动行为。从狭义的角度理解，税源是指直接产生某一具体税种并据以计算税收收入的经济量或经济行为的活动量，也就是我们通常所说的税基。典型的狭义税源有纳税户数、计税收入、计税产销量、计税劳务和计税所得等。

（二）税源数量特征分析

税源数量特征分析全称为税源经济数量特征分析，是通过计算总量指标、相对指标、平均指标、趋势变动等税源指标，运用统计分析、相关模型等大数据分析方法，反映评判税源的规模、结构、增减变动及税源质量等方面的数量特征，查找税源管理中存在的问题，为优化营商环境、加强税收征管、完善税制、促进经济税收协调高质量发展提供决策依据。

（三）税源数量特征分析的意义

经济决定税源，税源产生税收。税源是税收的起点，税源的规模、结构、变动及质量直接影响决定税收的规模、结构、变动及质量。因此，税源的数量特征分析是税收大数据分析的起点。开展税源分析的目的，就是要将税收分析的重点前移至税源，加深对税源数量特征的认识。不仅要分析纳税申报表上的应征数，更要深入分析真实税源的规模、结构和质量。通过相应的税源量化指标数据，掌控、了解真实的税源的数量特征及发展状况，分析评判税源的营商环境，对进一步深化税收征管改革、优化营商环境、完善税制、促进经济税收协调高质量发展具有重要的意义。

二、税源总量、结构特征及变动分析方法

（一）税源总量指标与分析方法

税源总量指标是反映税源总体规模或水平的指标。它是分析掌握总体税源的基础，是进行税源监控的依据。在分析税源总体规模及状况时，常用的税源总量的数据指标

有纳税人缴费人户数、主要产品产销量、经营（销售）收入、企业增加值、国内生产总值（GDP）、经营利润、经营成本、工资总额、计税收入等。

1. 主要的税源总量指标

（1）纳税人缴费人户数，是指各级税务部门辖区内注册登记的纳税人缴费人数量。纳税人缴费人户数的多少和构成在一定程度上反映一个地区的税源规模及税费收入潜能，是税源分析的一项重要指标，在税收实践中又称税源监控户数。税源监控户数是指各地区组织实施税源监控工作所能监管到位的纳税人缴费人数量，是体现税源监控总体规模和覆盖范围的指标，也是实现税源监控管理的一项基础指标。其他反映和说明税源规模及状况的税收经济指标，都是在税源监控数量的基础上实现的。

（2）主要产品产销量，是依据企业经济活动中生产与销售的量价关系建立起来的一项税源分析指标，它可以反映企业经济活动的能力和规模。产品产量、销量对从量计征的税种来说是直接税源分析指标，对从价计征的税种来说是一种间接税源分析指标。产品产销量可以从企业纳税申报表取得，也可从企业生产统计报表取得。

（3）经营（销售）收入，又称营业收入，是指反映企业一定会计期间实现的各种生产经营的产品、服务的销售收入及劳务收入。这一指标通常从企业的利润表取得。由于这一指标综合地反映企业各种生产经营活动所取得的收入，并且是企业利润产生的源头，因此这一指标是代表性很强的综合性税源分析指标。

（4）企业增加值，是企业在报告期内以货币形式表现的生产经营活动的最终成果，是企业一定时期内生产经营过程中新增加的价值。企业增加值是国民经济核算的一项基础指标。各部门增加值之和即国内生产总值。

（5）GDP 是指在一定时期内（一个季度或一年），一个国家或地区的经济活动中所生产出的全部最终产品和劳务的价值。GDP 反映一个国家一定时期内经济活动的新创造的价值财富，是国民经济核算的核心经济指标，也是最大口径的税源，因此成为重要的税源分析指标。GDP 主要有三种核算方法：生产法、收入法和支出法。

一是生产法，即从生产过程中产品和劳务价值形成的角度，剔除生产环节中间投入的价值，从而得到新增价值的方法。计算公式为：

$$增加值=总产值-中间投入$$

二是收入法，即从生产经营过程中创造的价值初次分配的角度，对生产经营活动最终成果进行核算的一种方法。计算公式为：

$$增加值=固定资产折旧+劳动者报酬+生产税净值+营业盈余$$

三是支出法，即从产品使用的角度，把核算期内购买的各项最终产品的支出加总计算出最终产品的市场价值。计算公式为：

$$增加值=总消费+总投资+货物和服务进出口$$

（6）经营利润，综合反映企业一定会计期间实现的生产经营成果，包括企业经营收入扣除成本费用支出后的价值，以及各种投资回报或提供服务取得的净收入。它是企业所得税税收收入的直接税源分析指标，通常从企业的利润表或损益表取得。

（7）经营成本，又称营业成本，是与营业收入关联对应的，应当与所销售商品或者所提供劳务而取得的收入进行配比分析，是企业本期已实现销售的商品的成本和已对外提供劳务的成本。营业成本主要包括主营业务成本和其他业务成本。其构成主要包括：直接材料，包括企业生产经营过程中实际消耗的直接用于产品的生产，构成产品实体的原材料、辅助材料、外购半成品、燃料、动力、包装物及其他直接材料；直接工资，包括企业直接从事产品生产人员的工资、奖金、津贴和补贴；其他直接支出，包括直接从事产品生产人员的职工福利费等；制造费用。

（8）工资总额，反映企业在一定会计期间支付给企业职工的劳动报酬，包括发给企业职工的基本工资、各种奖金和各种福利补贴。工资总额是个人所得税工薪所得税目的直接税源分析指标，通常应按企业"应付工资"账户一定会计期间的贷方发生额合计数认定。

（9）计税收入，是根据税法有关规定，按照税收品目要求计算分项税收收入的计税依据，也称税基。它是一种细化的分税种的具体税源分析指标，是构成总体税源的基础指标，是按照税法规定分税种精确计算税收收入的基础依据。计税收入可以从企业纳税申报表取得，也可从企业收入分类核算明细账中取得。

2. 主要税源总量指标关联关系分析

根据营业收入、增加值和利润主要税源分析指标之间的核算特点，税源三大指标分析的基本思路是：确定性的数据相关关系和不确定性的数据相关关系。

（1）确定性的数据相关关系：一定数量的纳税户数产生一定总量的经营收入。从会计核算关系看，经营收入、企业增加值和经营利润三者之间是层层包含的数据相关关系。利润包含于增加值之中，增加值包含于经营收入之中。从核算环节上看，首先计算经营收入，再核算出增加值，最后是核算利润。三者之间有确定性的逻辑计算关系，计算公式如下：

生产法计算：企业增加值=企业总产值-中间投入
　　　　　　实现增加值=销售产值-中间投入
收入法计算：企业增加值=劳动者报酬+固定资产折旧+生产性税金+营业盈余
　　　　　　实现利润=实现增加值-劳动者报酬-固定资产折旧-生产性税金

由于企业总产值是根据市场价格计算的，所以在一定程度上，销售产值就是销售收入或企业的主营业务收入。

（2）不确定性的数据相关关系。经营收入、企业增加值和经营利润三者之间的逻辑关系是确定性的相关关系，但由于宏观经济政策、市场价格、税收政策等多种因素的综合影响，三者之间的相关关系程度又是不确定的。相关程度如何，要结合具体影响因素的变化进行分析。如企业增加值，是否与经营收入相关，要结合销售和中间投入价格指数的变化，如果中间投入的原材料价格上涨幅度高于产品销售价格上涨幅度，企业就没有增加值。同样，经营利润与企业增加值相关程度如何，也要结合具体影响因素的变化来确定。如果诸影响因素均没有相对较大的变化，那么经营收入、企业增加值与经营利润三者之间一定是呈现线性相关关系。

(二) 税源结构特征指标与分析方法

税源结构是国家经济政策、税收政策和税收征管等因素综合作用的结果。税源结构特征指标是指税源总量中各类税源占总税源的比重，反映监控的税源企业在不同地区之间、行业之间、经济类型之间结构分布的数量特征。税源结构特征分析的内容，静态上主要是对各类税源结构比重进行计算、分析和描述；动态上要计算税源结构的变动指标，分析预测税源结构在一定时期内的变动幅度和趋势。在此基础上，查找、分析税源结构变化的原因，并提出相应的对策。

案例分析 4-1

我国重点税源结构特征分析

通过计算某年我国不同行业重点税源纳税户数和经营收入两个税源分析指标分别占总税源户数和总经营收入的比重，反映我国重点税源户数和经营收入在不同行业之间分布的数量结构特征，见表4-1。

表4-1　某年全国重点税源行业结构分布特征

行业分类	纳税户数	比重（%）	经营收入（亿元）	比重（%）
农、林、牧、渔业	21	0.07	711 325	0.04
采矿业	705	2.45	94 880 845	5.20
制造业	10 833	37.66	782 718 799	42.87
其中：化工	981	3.41	45 652 712	2.50
其中：机械	1 393	4.84	57 854 862	3.17
电力、燃气及水的生产供应	2 094	7.28	212 327 031	11.63
其中：电力	1 926	6.69	205 989 425	11.28
建筑业	1 708	5.94	48 753 777	2.67
交通运输、仓储和邮政	1 173	4.08	55 157 345	3.02
其中：交通运输	923	3.21	45 815 790	2.51
信息传输、计算机服务和软件	1 347	4.68	82 246 664	4.50
批发零售业	2 435	8.46	291 089 593	15.94
其中：批发	1 609	5.59	243 436 610	13.33
住宿和餐饮业	772	2.68	5 450 150	0.30
金融、保险业	3 863	13.43	193 110 542	10.58
房地产业	2 683	9.33	31 312 236	1.71
合计	28 768	0.04	1 825 978 169	100.00

根据表 4-1 中的数据分析：制造业的税源户数和经营收入占比最高，分别是 37.66%、42.87%，说明我国重点税源主要集中分布在制造业领域；其次是金融、保险业和批发零售业，户数和经营收入的比重分别是 13.43%、10.58%和 8.46%、15.94%。

案例分析 4-2

某市电力行业税源结构特征分析

某市从事电力生产经营的一般纳税人共计 24 户，其中，清洁能源发电企业 15 户，占比达 62.5%；从销售收入看，2018 年前三个季度某市电力生产业实现销售收入 130.9 亿元，其中，清洁能源发电收入 77.1 亿元，占比达 58.9%；从实现税收看，2018 年前三个季度某市电力生产业共实现税收 7.6 亿元，其中，清洁能源发电实现税收 4.8 亿元，占比达 63.2%（见表 4-2）。无论是户数、销售收入还是实现税收，清洁能源都在某市电力生产中占据优势地位，这主要受益于核电站，反映该市的能源结构比较优化，大力发展清洁能源有利于可持续发展，有利于能源多样化，有利于保护和改善环境。

表 4-2　2018 年前三个季度某市电力行业税源结构分析

项　目	户　数	销售收入（亿元）	销售占全市比重（%）
核力发电	1	71.8	54.9
风力发电	10	3.2	2.4
太阳能发电	2	0.8	0.6
生物质能发电	2	1.3	1.0
清洁能源发电合计	15	77.1	58.9
火力发电	9	53.8	41.1
电力生产行业合计	24	130.9	100.0

（四）税源变动指标与分析方法

分析研究税源规模的大小、结构特征及其发展变化趋势，为分析预测税收收入、更好地组织税收收入提供数据支持。同时，可以进一步分析研究税收经济关系相关性，说明税源分析指标的变化对税收指标的影响及其逻辑关系，因此，税源变动分析是税收经济分析的重要基础。

（1）税源发展速度指标，是指报告期税源分析指标与基期税源分析指标对比计算的动态相对指标，通常用百分数表示。它反映不同会计期间的税源分析指标，如企业的主要产品产销量、经营收入、经营利润等主要指标的变动情况及发展变化趋势。计算公式如下：

$$税源发展速度 = \frac{报告期税源总量}{基期税源总量} \times 100\%$$

（2）税源增减速度指标，是在发展速度基础上计算的税源分析指标的增减速度，包括主要产品产销量、经营收入、经营利润等主要的税源分析指标增减速度。税源增减速度指标分析主要包括两个方面：一是报告期的税源分析指标与前一期环比计算的增减速度指标；二是报告期与基期的同一时期对比计算的同比增减速度指标。

① 税源环比增减速度，是指报告期税源与前一期税源变化情况的比较，是前后两期税源差额与前期税源的百分比关系，计算公式如下：

$$税源环比增减速度 = \left(\frac{报告期税源总量}{前一期税源总量} - 1\right) \times 100\%$$

或

$$税源环比增减速度 = \frac{报告期税源总量 - 前一期税源总量}{前一期税源总量} \times 100\%$$

② 税源同比增减速度。同期比较也常简称为同比。税源同比增减速度是指当年某期税源与上年同期税源变化情况的比较，是前后年度同一期间税源差额与上年同期税源的百分比关系。同期比较又分两种情况，一是当月收入的同期比较，二是累计收入的同期比较，具体计算公式如下：

$$税源同比增减速度 = \left(\frac{报告期税源总量}{基年同期税源总量} - 1\right) \times 100\%$$

或

$$税源同比增减速度 = \frac{报告期税源总量 - 基年同期税源总量}{基年同期税源总量} \times 100\%$$

案例分析 4-3

某市电力行业销售增长变动情况分析

某市 2018 年前三季度清洁能源发电企业销售收入增减速度分析如表 4-3 所示。本案例涉及的清洁能源主要包括风能、核能、生物质能和太阳能。

表 4-3 2018 年前三季度某市电力行业销售收入增减速度

项目	2016 年		2017 年前三个季度			2018 年前三个季度		
	销售收入（亿元）	销售占比（%）	销售收入（亿元）	增减比（%）	销售占比（%）	销售收入（亿元）	增减比（%）	销售占比（%）
风力发电	2.93	3.0	3.0	2.3	2.8	3.2	6.7	2.4
核力发电	48.5	49.0	55.7	14.8	51.2	71.8	28.9	54.8
火力发电	46.2	46.7	48.92	5.9	45.0	53.8	10.0	41.2
生物质能发电	1.28	1.3	1.18	−8.3	1.0	1.3	10.2	1.0
太阳能发电	—	—	—	—	—	0.8	—	0.6
合计	98.9	100.0	108.8	10.0	100.0	130.9	20.3	100.0

根据表 4-3 中的数据分析：某市 2016—2018 年前三个季度，清洁能源发电企业销售收入比重由 2016 年全年的 53.3% 提高到 2018 前三个季度的 58.8%，较 2016 年

全年比重提高5.5个百分点,较2017年前三季度提高3.8个百分点。其中,核力发电2018前三个季度实现销售收入71.8亿元,同比增长28.9%,占比54.8%。反映该市清洁能源发电已超越传统火力发电,成为该市主要电力生产来源,能源产业结构不断优化,能源结构调整取得突出成效,符合国家能源产业结构转型升级的政策要求和发展方向。

二、税源质量指标分析与评价方法

(一) 税源质量的概念

顾名思义,税源质量是对税源优劣程度的度量,不仅反映税源中潜在的税收含量,也反映税源规模和结构的变化情况。在剔除税收政策调整影响的前提下,税源质量越好,潜在的税收含量越高,税收产出效率就越高,税收负担率也越高;反之,税源质量越差,潜在的税收含量越低,税收产出效率就越低,税收负担率也越低。另外,税源的发展变化趋势,预示着税收收入的变化趋势。税源增长意味着潜在税收收入的增长;反之,则意味着潜在税收收入的衰减。

我们经常会看到这样的情况,税源总量相近的地区,或者企业经营收入规模相当的企业,其实际税收贡献差异却很大。这主要是因为不同地区、不同企业税源经济总量中税收含量不同,也就是税源质量不同。所以,要深入分析税收经济关系,必须深入分析税源质量,了解税收经济关系中的税收含量,从不同的角度,以若干税源经济指标对税源质量进行综合分析和评价。

(二) 税源质量指标分析评价方法

依据税源质量的概念,凡是能反映税收与税源之间相互影响关系的经济量及反映税源结构、规模变化趋势的经济量都可以作为衡量税源质量的指标。常用的税源质量指标有计税收入率、增值率、经营(销售)利润率、盈利企业比率、户均盈利额及经济增长率等,对于企业的税源质量还可结合涉税财务指标做进一步的深入分析。

1. 税源质量指标

(1) 计税收入率。计税收入率是地区所属企业计税收入(或计税销售额)总额与地区所属企业收入总额的比率,综合反映该地区所属企业一定会计期间实现的总收入中所包含的税源的比重。计算公式如下:

$$计税收入率 = \frac{地区所属企业计税收入总额}{地区所属企业收入总额} \times 100\%$$

计税收入率越高,税源质量相对越好,税收征管质效越高。但是,由于税收政策因素,不是企业所有的收入都要征税。企业有些收入是征税收入,有些收入可能是免税收入,有些收入可能是不征税收入。因此,在企业的会计核算中,应将计税收入和非税收入分别核算。在税源质量分析时,也要将二者进行区分,"去伪存真",并从二者的比例关系上进一步认识税源质量。

（2）增值率，又称销售增值率。增加值是增值税的计税依据，销售收入中所含的转移中间投入的价值越低，新增价值就越高，增值税的产出就越多。所以，销售收入中的增加值比率是衡量增值税税源质量的重要指标。一个地区企业总体销售增值率越高，表明该地区税源质量越好，增值税的产出相应也越高。计算公式如下：

$$增值率 = \frac{地区所属企业增加值总额}{地区所属企业销售收入总额} \times 100\%$$

$$企业增加值 = 劳动者报酬 + 折旧 + 生产性税金 + 营业盈余$$

（3）经营（销售）利润率。企业利润是企业所得税的计税依据，企业收支相抵结算出的利润越高，企业所得税的产出就越高。所以，企业经营（销售）利润率就成为衡量企业所得税的税源质量的重要指标。经营（销售）利润率越高，税源质量越好。依此类推，某地区某行业或某企业总体经营（销售）利润率越高，该地区、该行业或该企业的税源质量就越好。计算公式如下：

$$经营（销售）利润率 = \frac{地区所属企业利润总额}{地区所属企业经营（销售）收入合计} \times 100\%$$

（4）盈利企业比率。盈利企业比率是指盈利企业户数与调查企业总户数的比率，反映在调查的全部企业中盈利企业所占的比重。只有盈利企业才征收企业所得税，而亏损企业不征收企业所得税。所以，在全部企业中，盈利企业比率越高，税源质量越好，企业所得税的潜在产出就越多，税收负担率相对越高。盈利企业比率也是一个很重要的税源质量指标。计算公式如下：

$$盈利企业比率 = \frac{盈利企业户数}{调查企业总户数} \times 100\%$$

（5）户均盈利额。户均盈利额是盈利企业利润总额除以盈利企业户数所得的平均指标，反映盈利企业户均盈利水平。指标数值越高，税源质量越好。计算公式如下：

$$户均盈利额 = \frac{盈利企业利润总额}{盈利企业户数}$$

（6）经济增长率。经济增长率是税源经济指标的增减速度，如销售收入增长率、企业增加值增长率、经营利润增长率、企业资产增长率等。税源经济指标持续稳定增长，税源质量相应也会持续稳定增长。两者是相辅相成的税收经济关系。

2. 税源质量综合分析与评价

综合上述税源质量指标分析可以明显看出，单一的税源质量指标只是从一个侧面反映税源质量。因此，需要建立多指标综合指数模型，全面分析和评价税源质量，基本步骤为：

（1）确定编制税源质量指数的单项税源质量指标。

（2）计算个体样本各单项税源质量指标的具体数值。

（3）计算样本总体的各单项税源质量指标的平均值，作为各单项税源质量指标的标准值。

（4）个体样本单项税源质量指标的具体数值分别与标准值对比，计算相对值。

（5）分别计算个体样本各单项税源质量指标的相对值的平均值，得出个体样本税源质量综合指数。

（6）根据计算的个体样本税源质量综合指数的具体数值进行排序，指数越高，税源综合质量越高。

应用举例：以表4-4相关数据为例说明税源质量综合指数的计算和分析方法。

表4-4 税源质量综合指数的计算和分析

分 类	指标1（%）	相对值	指标2（%）	相对值	综合指数
总平均	53.107	1	2.137	1	1
样本1	59.94	1.1287	2.29	1.0718	1.1
样本2	55.31	1.0415	2.77	1.2964	1.17
样本3	44.07	0.8298	1.35	0.6318	0.73

税源质量综合指数计算和编制方法如下：

第一，为了简化说明，确定指标1和指标2为编制税源质量综合指数的单项指标。

第二，以样本1为例说明具体方法。一是分别计算指标1和指标2两个单项指标的具体数值，分别为59.94%、2.29%；二是分别用指标1和指标2两个单项指标的具体数值59.94%、2.29%与指标1和指标2的总平均值53.107%、2.137%对比，计算指标1和指标2的相对值为1.1287、1.0718；三是计算相对值1.1287与1.0718的平均值为1.1，则样本1的税源质量综合指数为1.1；四是分析评价样本1的税源质量。样本1的税源质量指数为1.1，高于总平均水平10%，税源质量较高，在三个样本中排第二名。

案例分析4-4

我国商贸零售行业税源质量综合指数分析

根据某年全国税收资料调查数据，测算盈利企业比率、经营（销售）利润率、户均盈利额和增值率四项税源质量指标，计算和编制税源质量综合指数，测算情况如表4-5所示。

表4-5 我国商贸零售行业税源质量综合指数测算

地区	企业户数	盈利企业比率	相对值	经营（销售）利润率	相对值	户均盈利额（万元）	相对值	增值率	相对值	税源质量综合指数
总平均	25 339	46.99%	1.000	2.46%	1.000	173.33	1.000	8.97%	1.000	1.000
华东地区	4 451	64.14%	1.365	3.06%	1.244	350.02	2.019	7.49%	0.835	1.366
西南地区	1 830	55.46%	1.180	2.48%	1.008	148.57	0.857	18.00%	2.007	1.263
东北地区	2 243	38.03%	0.809	1.97%	0.801	182.12	1.051	11.07%	1.234	0.974

续表

地区	企业户数	盈利企业比率	相对值	经营（销售）利润率	相对值	户均盈利额（万元）	相对值	增值率	相对值	税源质量综合指数
中南地区	7 945	42.98%	0.915	2.31%	0.939	156.73	0.904	9.11%	1.016	0.944
西北地区	3 957	39.45%	0.840	1.96%	0.797	68.01	0.392	11.80%	1.315	0.836
华北地区	6 250	47.65%	1.014	1.95%	0.793	118.6	0.684	6.38%	0.711	0.801

根据表 4-5 中的数据分析：

（1）税源质量综合指数最高的是华东地区（1.366），税源质量最好，其他地区的税源质量排序依次为：西南、东北、中南、西北和华北。

（2）华东地区的盈利企业比率、经营（销售）利润率和户均盈利额三指标均排名第一，最大的原因是户均盈利额较高，高于全国总平均水平一倍以上，说明企业的营商环境较好，企业的盈利能力较强，促成了该区税源质量综合指数全国领先的地位。

（3）华北地区的经营（销售）利润率和增值率这两个重要指标均排在最后，将华北地区的税源质量综合指数拉至最低（0.8），其次是西北地区（0.836）。说明华北、西北地区的税源质量及营商环境较差。国家对华北地区在改善企业营商环境、加强政策扶植方面应进一步加大力度，改善和优化营商环境，促进企业生产经营高质量发展，不断提高企业的增值率和利润率水平。

第三节　税收数量特征分析方法

一、税收收入总量指标、相对指标与分析方法

（一）税收收入总量指标

税收收入总量反映一定时期内实现的税收收入的总规模、总水平，通常是指税收收入实际入库数，是以绝对数表示的一定时期内税收的总量，是税收管理的目标，通常是按月度、季度、半年度和年度不同时期核算，一般用绝对数表示。

（二）税收收入相对指标的计算与分析

（1）税收计划完成程度相对指标，计算公式如下：

$$税收计划完成程度 = \frac{报告期累计税收完成数}{报告期税收计划任务数} \times 100\%$$

（2）税收结构相对指标：可按税种、产业、行业、地区和企业经济类型等进行分类，计算不同的税收结构相对指标，反映税收在税种、行业、地区及经济类型等方面结构分布的数量特征。计算公式如下：

$$\text{税收结构相对指标} = \frac{\text{税收总体各部分总量}}{\text{税收总体总量}} \times 100\%$$

案例分析 4-5

某省税收结构分布及变化特征分析

以某省连续 5 年税收地区结构数据为例,说明税收结构相对指标的计算和分析方法,如表 4-6 所示。

表 4-6 某省连续 5 年税收地区结构分布及变化特征

地区	年度 1		年度 2		年度 3		年度 4		年度 5	
	税额(亿元)	比重(%)	税额(亿元)	比重(%)	税额(亿元)	比重(%)	税额(亿元)	比重(%)	税额(亿元)	比重(%)
合计	1 776.9	100	2 223.8	100	2 236.3	100	2 695.9	100	3 038.6	100
地区 1	136.9	7.7	178.5	8.0	213.3	9.5	261.9	9.7	310.5	10.2
地区 2	630.4	35.5	786.4	35.4	953.1	42.6	1 144.8	42.5	1 274.4	41.9
地区 3	1 009.6	56.8	1 258.9	56.6	1 069.8	47.8	1 289.2	47.8	1 453.8	47.8

根据表 4-6 中的数据分析:

第一,地区 3 连续 5 年,税收收入总量在省税收总量中的占比都是最高的,分别是 56.8%、56.6%、47.8%、47.8%、47.8%,在省内是重点税源分布的地区。但随着时间的变化,地区 3 的税收占比呈下降的趋势。

第二,虽然地区 1 的税收总量占省税收总量的比重最低,5 年分别为 7.7%、8.0%、9.5%、9.7%、10.2%,但随着时间的变化,地区 1 的税收占比呈上升的趋势。

第三,随着时间的变化,某省的税收地区分布结构呈现逐步趋于均衡合理的发展变化趋势,税收收入质量有所提高。

(3)比较相对指标。通常用于比较分析两个不同地区税收收入的差异。计算公式如下:

$$\text{比较相对指标} = \frac{\text{某条件下某类税收指标数值}}{\text{另一条件下同类税收指标数值}} \times 100\%$$

(4)比例相对指标。通常用于分析不同税种之间税收收入的比例关系,如增值税与消费税的比例。计算公式如下:

$$\text{比例相对指标} = \frac{\text{税收总量中某部分数值}}{\text{税收总量中另一部分数值}} \times 100\%$$

(5)强度相对指标。强度相对指标是两个不同但有联系的指标对比而成的相对指标,如税收负担率、每百元 GDP 税收含量等。计算公式如下:

$$\text{强度相对指标} = \frac{\text{某一现象税收指标}}{\text{另一有联系而性质不同现象的税收指标}}$$

（6）税收贡献率指标。税收贡献率指标是一定时期某一税种增量占税收总增量的比重，用于描述和反映在税收增长中各税种作用程度的大小。

$$税收贡献率指标 = \frac{一定时期某一税种增量}{同期税收总增量} \times 100\%$$

例如，某年税收收入比上年增加 11 813.1 亿元，其中，增值税增加 2 715.3 亿元，贡献率为 22.99%；企业所得税增加 2 177.8 亿元，贡献率为 18.44%；印花税 1 885.1 亿元，贡献率 15.96%；营业税 1 454.1 亿元，贡献率 12.31%；海关代征税收 1 186.2 亿元，贡献率 10.04%；其他各税 2 394.6 亿元，贡献率 20.27%。

二、税收收入发展速度、平均发展速度指标与分析方法

（一）税收收入发展速度计算与分析

（1）在税收的时间数列中，税收收入发展速度指标是报告期税收收入与基期税收收入对比计算的动态相对指标，反映不同税收会计期间税收收入较基期的发展变动程度和变动趋势，具体分为税收收入发展速度指标和税收收入增减速度指标。税收收入发展速度指标是分析考核税收收入变化情况的重要指标，通常按月度、季度、半年度或年度计算，用百分数表示。计算公式如下：

$$税收收入发展速度 = \frac{报告期税收收入}{基期税收收入} \times 100\%$$

$$税收收入增减速度 = \left(\frac{报告期税收收入}{基期税收收入} - 1\right) \times 100\%$$

（2）税收收入发展速度指标分类。根据对比基期水平的不同，税收收入发展速度指标和税收收入增减速度指标可分为：

① 环比发展速度和环比增减速度。环比发展速度是报告期税收收入与前一期税收收入的比率，环比发展速度减 1 是环比增减速度。计算公式如下：

$$环比发展速度 = \frac{报告期税收收入}{前一期税收收入} \times 100\%$$

$$环比增减速度 = \left(\frac{报告期税收收入}{前一期税收收入} - 1\right) \times 100\%$$

或

$$环比增减速度 = \frac{报告期税收收入 - 前一期税收收入}{前一期税收收入} \times 100\%$$

应用举例：如表 4-7 所示，2009—2018 年，我国一般公共预算收入从 6.85 万亿元增长到 18.34 万亿元，税收收入从 5.95 万亿元增长到 15.64 万亿元，且财政和税收收入连年环比保持较高增长幅度。一方面说明税收为国家提供了充足的财力支持，另一方面也表明现行的税制结构条件下存在一定减税降费空间，应抓住税制改革时机减税降费，进一步降低企业负担。

表 4-7　2009—2018 年我国一般公共预算收入和税收收入环比增长变化特征

项　目	2009	2010	2011	2012	2013	2014	2015	2016	2017	2018
一般公共预算收入（亿元）	68 477	83 080	103 740	117 210	129 143	140 350	152 217	159 552	172 567	183 352
一般公共预算收入增幅（%）	11.70	21.30	24.80	12.80	10.10	8.60	5.80	4.50	7.40	6.20
税收收入（亿元）	59 515	73 202	89 720	100 601	110 497	119 158	124 892	130 354	144 360	156 401
税收收入增幅（%）	9.80	23.00	22.60	12.10	9.80	7.80	4.80	4.30	10.70	8.30

② 同比发展速度和同比增减速度。同比发展速度是报告期税收收入与上一年同期税收收入的比值，同比发展速度减 1 是同比增减速度。计算公式如下：

$$同比发展速度 = \frac{报告期税收收入}{去年同期税收收入} \times 100\%$$

$$同比增减速度 = \left(\frac{报告期税收收入}{去年同期税收收入} - 1\right) \times 100\%$$

或

$$同比增减速度 = \frac{报告期税收收入 - 去年同期税收收入}{去年同期税收收入} \times 100\%$$

③ 定基发展速度和定基增减速度。定基发展速度是报告期税收收入与某一固定时期税收收入的比值，定基发展速度减 1 是定基增减速度。计算公式如下：

$$定基发展速度 = \frac{报告期税收收入}{某一固定时期税收收入} \times 100\%$$

$$定基增减速度 = \left(\frac{报告期税收收入}{某一固定时期税收收入} - 1\right) \times 100\%$$

或

$$定基增减速度 = \frac{报告期税收收入 - 某一固定时期税收收入}{某一固定时期税收收入} \times 100\%$$

（二）税收收入平均发展速度、税收收入平均增减速度的计算与分析

在税收分析中，为了分析研究在较长时期内税收平均发展变化的程度，需要计算平均发展速度和平均增减速度指标。

（1）税收收入平均发展速度。税收收入平均发展速度是指各期税收收入环比发展速度的几何平均数，表明在一个较长时期内，平均单位时间税收收入发展变化的程度，通常用百分数表示。计算公式如下：

设 y_i 代表税收收入，b_i 代表环比发展速度，则：

$$\frac{y_n}{y_0} = \frac{y_1}{y_0} \times \frac{y_2}{y_1} \times \cdots \times \frac{y_n}{y_{n-1}}$$

$$\frac{y_n}{y_0} = b_1 \times b_2 \times \cdots \times b_n = \prod_{i=1}^{n} b_i$$

$$\text{税收收入平均发展速度} \bar{b} = \sqrt[n]{\prod_{i=1}^{n} b_i} = \sqrt[n]{\frac{y_n}{y_0}}$$

式中，$\bar{b}$ 表示税收收入平均发展速度，n 表示环比发展速度的期数或 y_n 与 y_0 的间隔期数。

（2）税收收入平均增减速度。税收收入平均增减速度由税收收入平均发展速度减1计算求得。计算公式如下：

税收收入平均增减速度=（税收收入平均发展速度-1）×100%

应用举例：以某地区 2010—2017 年税收增长情况为例，说明税收收入速度的计算和分析方法，如表 4-8 所示。

表 4-8 某地区 2010—2017 年税收增长情况

年份	税收收入（亿元）	增长量（亿元）		发展速度（%）		增长速度（%）	
		逐期	累计	环比	定基	环比	定基
2010	48.75						
2011	59.16	10.41	10.41	121.35	121.35	21.35	21.35
2012	69.66	10.5	20.91	117.75	142.89	17.75	42.89
2013	80.11	10.45	31.36	115.00	164.33	15.00	64.33
2014	91.33	11.22	42.58	114.01	187.34	14.01	87.34
2015	105.45	14.12	56.7	115.46	216.31	15.46	116.31
2016	122.39	16.94	73.64	116.06	251.06	16.06	151.06
2017	158.74	36.35	109.99	129.70	325.62	29.70	225.62
合计	735.59						

根据表 4-8 中的数据分析：

第一，分别以前一年为基期计算各年税收收入逐期增长量、税收收入环比发展速度、环比增减速度。

第二，分别以最初水平（2010 年税收收入）为固定基期水平，计算各年税收收入累计增长量、税收收入定基发展速度、定基增长速度。

例如，2013 年完成税收收入 80.11 亿元，比 2012 年增长 15%，增收 10.45 亿元。若以 2010 年为基期分析，2013 年完成税收收入 80.11 亿元，比 2010 年增长 64.33%，增收 31.36 亿元。

第三，以 2010 年的数据为基期水平，计算报告期（2017 年）税收平均增长量和税收平均发展速度。

税收平均增长量=（158.74-48.75）÷7=15.71（亿元）

$$税收平均发展速度 = \sqrt[7]{\frac{158.74}{48.75}} \times 100\% = 118.38\%$$

$$税收平均增长速度 = \left(\sqrt[7]{\frac{158.74}{48.75}} - 1\right) \times 100\% = 18.38\%$$

第四，通过上述计算分析可知，2010—2017年，该地区税收收入由48.75亿元增加到158.74亿元，年平均增长量15.71亿元，年平均增长速度为18.38%，8年间累计实现税收收入735.59亿元。

三、税收收入质量指标与分析评价方法

税收收入既有显著的数量特征，也有其质量特征。税收收入质量是指税收的结构、税收产出效益、税收经济协调性、税收遵从风险程度等税收内在品质的综合反映。开展税收收入质量分析和评价，能够从税收的角度反映经济结构转型升级，促进经济发展方式转变，鼓励科技创新，有利于税务部门更好地服务国家治理体系和治理能力现代化建设与发展。

（一）影响税收收入质量的因素

税收收入质量在一定程度上是由税源经济质量决定的，具体主要包括税源经济质量因素、税收结构因素、税收集中度因素、税收经济协调因素和税收征管因素。

（1）税源经济质量因素。税源经济质量因素主要包括税源经济的产业结构、税源质量、经济发达程度、进出口等。税源质量越高，经济越发达，产业结构优化度越高，税收效益越高，税收收入质量越高。

（2）税收结构因素。税收结构因素指税收构成中直接税的比重。直接税（企业所得税和个人所得税）主要来源于企业利润和个人高收入部分。直接税占税收总量的比重越高，税收质量越高。

我国税收结构已形成以流转税和所得税为主的双主体结构，双主体中又以流转税（间接税）为主。近年来，随着我国经济持续高质量发展，企业所得税和个人所得税增幅较大，占税收总额的比重不断上升。直接税占比逐年攀升，表明我国税收质量不断提高。

（3）税收集中度因素。税收集中度是税收收入质量分析评价的反指标。如某一大企业或某一重点行业税收占税收总量的比重越高，则税收集中度越高，税收的均衡性越差，税收遵从风险隐患越大，税收收入质量越低。

（4）税收经济协调因素。税收与经济协调增长，税收收入可以持续稳定增长，反映税收收入质量高。

（5）税收征管因素。一是依法征收，如果在税收收入中存在较多的非即期税收收入，表现为"寅吃卯粮""过头税"，或存在缓征、延压税款现象，说明存在税收

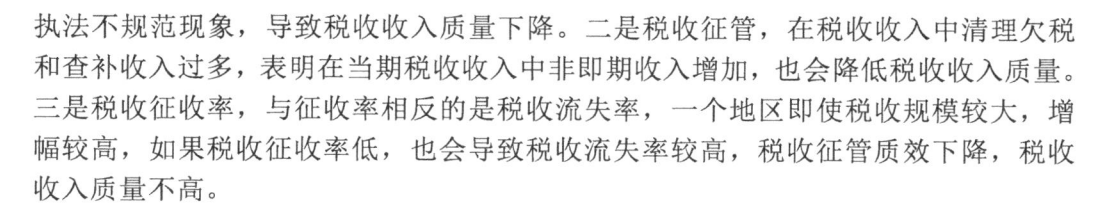

执法不规范现象，导致税收收入质量下降。二是税收征管，在税收收入中清理欠税和查补收入过多，表明在当期税收收入中非即期收入增加，也会降低税收收入质量。三是税收征收率，与征收率相反的是税收流失率，一个地区即使税收规模较大，增幅较高，如果税收征收率低，也会导致税收流失率较高，税收征管质效下降，税收收入质量不高。

（二）税收收入质量指标体系与分析评价方法

基于上述影响税收收入质量的因素，建立税收收入质量指标体系并进行分析评价。税收收入质量指标体系与分析评价方法如表 4-9 所示。

表 4-9 税收收入质量指标体系与分析评价方法

项目	税收收入质量指标	分析评价方法
税收经济协调类	税收负担率	偏离正常税收负担率的幅度越大，税收遵从风险越高，税收收入质量越低
	税收与经济增长弹性	GDP 按现价计算增长率。税收弹性系数与 1 的偏差越大，税收遵从风险越高，税收收入质量越低
税收经济协调类	进项增长与原材料、燃料、动力购进价格指数弹性	与 1 的偏差越大，税收遵从风险越高，税收质量越低
	销项增长与工业品出厂价格指数弹性	与 1 的偏差越大，税收遵从风险越高，税收质量越低
税收效益类	单位资产税收产出	税收产出越高，税源质量越高，税收质量越高
	单位能源（电力）消费的税收产出	税收产出越高，税源质量越高，税收质量越高
税收结构类	第二、三产业税收比重	第三产业税收占比越高，第三产业中的高科技、新业态、互联网、大数据、人工智能等新兴产业税收占比越高，产业结构优化度越高，税收质量越高
	流转类、所得类税收占比，直接税占比	直接税占比越高，税收结构越优化，税收质量越高
税收效能类	税源质量排序与宏观税收负担率排序	税源质量排序-宏观税收负担率排序=税收效能位差 税收效能位差越大，税收遵从风险越高，税收质量越低
税收集中度类	大企业、重点行业税收占税收总量的比重	大企业和重点行业税收占税收总量的比重越大，税收集中度越高，离散度越低，税收遵从风险越大，税收质量越低
税收遵从风险类	税收预测风险	税收预测准确率越高，预测不准确的次数越少，确定性越高，税收质量越高
	偏离风险指标预警值	偏离风险指标预警值的户数越多，税收遵从风险越大，税收质量越低
	进销项增长弹性不协调风险	进销项弹性系数与 1 的偏差越大，税收遵从风险越高，税收质量越低

第四节 税收经济关系分析方法

一、税收经济关系指标

税收经济分析以国民经济核算为基础，以反映税收经济关系为核心，建立税收与经济关系指标及模型，反映和说明税收经济内在互相影响的关联关系，反映和评价税收经济运行状况、质量和发展态势，为在宏观上把握税收经济形势，促进税收经济协调高质量增长提供决策依据和数据支持。其主要的核心分析指标是税收负担率和税收弹性系数。

为了深入分析税收经济关系，首先需要计算宏观税收负担率、宏观税收弹性系数；其次需要将宏观税收负担率、宏观税收弹性系数公式中的税收收入分解为不同产业、不同行业、不同税种、不同经济类型税收收入总量，与相关联的经济指标对比，从不同层面和视角计算和分析税收负担率及税收弹性系数。

（一）宏观税收负担率与宏观税收弹性系数指标

（1）宏观税收负担率是从静态角度描述和反映税收经济关系的重要指标，指一个国家或地区的税收负担率总水平。宏观税收负担率是以一定时期（通常为一年）的税收收入总量与地区生产总值的比值表示的税收强度相对指标，反映在一定的经济总量下税源依法形成税收的程度和税收的实际负担强度，同时反映税务部门的税收征收（缴）力度。在税收实践中通常分析的是实际税收负担率，用百分数来表示，所以宏观税收负担率也称宏观实际税负。计算公式如下：

$$宏观税收负担率 = \frac{税收收入总量}{地区生产总值} \times 100\%$$

2019年1月1日，社保费及非税收入划归税务局征收后，需要根据一定时期内纳税人缴费人缴纳的税费总量与地区生产总值对比计算宏观税费负担率。计算公式如下：

$$宏观税费负担率 = \frac{一定时期纳税人缴纳的税费总量}{地区生产总值} \times 100\%$$

一定时期内纳税人缴费人缴纳的税费，是指该纳税人缴费人在此期间向税务部门缴纳的全部税收收入、非税收入、社会保险费等。

（2）宏观税收弹性系数是从动态角度描述和反映税收收入的变动与经济指标变动相互协调关系的重要指标，是税收收入增减速度与地区生产总值增减速度的比值形成的一个相对指标，反映和说明税收增减与地区生产总值增减变动的相互关系，以及税收与经济发展是否具有协调性、一致性。计算公式如下：

$$宏观税收弹性系数 = \frac{税收收入增减速度}{地区生产总值增减速度}$$

（二）产业（行业）与企业税收负担率、税收弹性系数指标

（1）$产业（行业）税收负担率 = \frac{某产业（行业）税收收入}{该产业（行业）增加值} \times 100\%$

（2）$产业（行业）税费负担率 = \frac{某产业（行业）税费总量}{该产业（行业）增加值} \times 100\%$

（3）$产业（行业）税收弹性系数 = \frac{某产业（行业）税收收入增减速度}{该产业（行业）增加值增减速度}$

（4）$企业税收负担率 = \frac{企业税收收入}{企业营业收入} \times 100\%$

（5）$企业税费负担率 = \frac{企业税费总量}{企业营业收入} \times 100\%$

（6）$企业税收弹性系数 = \frac{企业税收收入增减速度}{企业营业收入增减速度}$

（三）税种税收负担率与税收弹性系数指标（以主体税种为例）

（1）$工业增值税宏观税收负担率 = \frac{工业增值税}{全部工业增加值} \times 100\%$

（2）$工业增值税弹性系数 = \frac{工业增值税增长率}{全部工业增加值现价增长率}$

（3）$商业增值税宏观税收负担率 = \frac{入库商业增值税}{批发零售业增加值} \times 100\%$

（4）$商业增值税弹性系数 = \frac{入库商业增值税增长率}{批发零售业增加值增长率}$

说明：根据实际分析的需要，增值税可以替换为报告期实现的增值税。如果要分析房地产、邮电通信业行业增值税的税收负担率和弹性系数，那么工业增加值可以相应地替换为房地产业、邮电通信业的增加值，以此类推。

（5）$企业所得税宏观税收负担率 = \frac{报告期企业所得税}{当期地区生产总值 - 第一产业增加值} \times 100\%$

二、税收经济关系指标分析方法

（一）税收负担率比较分析方法

由于税收负担受经济结构、税收政策和征管因素影响，要深入分析税收负担率，

通常采用分类比较的分析方法。

1. 地区宏观税收负担率差异比较分析

地区间税收负担率水平，由于受地区资源、经济结构及税收政策的影响，税收负担率差异较大。这种差异是地区经济结构及税收政策的体现，并不意味着税赋不公。分析地区间税收负担率水平差异，一方面需要分析地区经济结构及税收政策的特点，另一方面要分析地区间税收贡献的不同。分析的目的一是加强征管，二是为调整和完善税收政策、充分发挥税收的调控治理作用、促进发挥地区经济优势、促进地区之间经济结构优化升级、促进税收经济高质量协调发展提供决策参考依据。

2. 行业税收负担率差异比较分析

由于行业间的市场环境不同，适用的税收法律及税收优惠政策也不同，行业间的税收负担率差异可能会较大。分析不同行业间的税收负担率差异，目的是为税收政策的调整和完善、发挥税收的调控治理作用、促进产业结构优化升级、促进税收经济高质量协调发展提供决策参考依据。

3. 经济类型税收负担率差异比较分析

不同经济类型的企业，受其规模和市场竞争地位的影响制约，经营水平和盈利能力有所不同，因而会导致其税收负担率水平不同。分析的目的是为税收政策的调整和完善、发挥税收的调控治理作用、改善和优化市场竞争环境、促进企业公平竞争和协调发展提供决策参考依据。

案例分析 4-6

某年我国中部地区宏观税收负担率差异比较分析

根据某年我国中部地区和邻省的税收收入及其GDP总量数据计算宏观税收负担率并进行比较分析，如表4-10所示。

表4-10 某年我国中部地区及邻省的宏观税收负担率计算分析

地区	税收收入		税收增长幅度		GDP总量		宏观税收负担率	
	总额（亿元）	位次	增幅（%）	位次	总量（亿元）	位次	税收负担率（%）	位次
山东	1 840.64	6	28.6	6	21 846.71	2	8.33	18
河北	806.17	9	19.6	20	11 613.70	6	6.94	25
黑龙江	664.25	11	19.5	22	6 216.80	14	10.69	10
河南	650.11	12	26.2	8	12 464.09	5	5.22	31
湖北	602.86	13	20.1	14	7 493.17	13	8.04	21
山西	598.70	14	21.9	23	4 746.50	18	12.61	7
湖南	509.16	17	18.4	26	7 493.17	13	6.79	26
安徽	448.22	18	24.6	2	6 141.91	15	7.18	24

续表

地区	税收收入		税收增长幅度		GDP 总量		宏观税收负担率	
	总额（亿元）	位次	增幅（%）	位次	总量（亿元）	位次	税收负担率（%）	位次
陕西	441.28	19	32.4	15	4 383.91	20	10.22	13
吉林	401.39	20	29.4	5	4 249.23	22	8.17	20
江西	347.06	22	16.5	28	4 618.77	19	5.59	30
内蒙古	258.00	24	25.7	9	4 790.00	17	10.49	17

根据表 4-10 中的表数据分析：

第一，某年我国中部及邻省 12 个地区中，总体税收负担率最高的地区税收负担率高达 12.61%，总体税收负担率最低的地区税收负担率只有 5.22%。最高、最低两者之间税收负担率差异为 7 个多百分点。

第二，总体税收负担率地区分布表现出明显的经济结构特色，其具体特点是：

（1）宏观税收负担率较低的 5 个地区全部为经济较不发达地区，分别是河南、江西、湖南、河北和安徽。这些地区农业产业比重较高，农业增加值占 GDP 的比重相对较高，产业结构因素影响较大。国家应加大对这些地区的产业政策和税收政策的扶持，促进产业结构调整和不断优化升级，促进税收经济良性循环发展。

（2）宏观税收负担率较高的几个地区分别为山西、黑龙江、陕西、内蒙古和山东，多为烟、酒、煤炭和石油产地。这几个地区的税收政策涉及消费税和资源税，同时由于产业、行业的增值率、利润率较高，使得增值税税收负担率和企业所得税税收负担率较高，造成整体税收负担率较高。

（3）为了保证宏观税收负担率差异比较分析的客观性和合理性，应该剔除农业产业结构因素对宏观税收负担率的影响，在数据处理时应按下列公式进行调整。

$$宏观税收负担率 = \frac{税收收入总量}{国内生产总值 - 第一产业增加值} \times 100\%$$

（二）税收负担率变动分析方法

税收负担率变动分析，就是历史地观察分析税收负担率在时间上的发展变化，解析经济因素、税收政策因素以及税收征管对税收负担率变化的影响。具体计算是用报告期税收负担率除以基期税收负担率减 1，以此反映税收负担率的发展变动情况，通常用百分数表示。计算公式如下：

$$税收负担率变动率 = \left(\frac{报告期税负率}{基期税负率} - 1\right) \times 100\%$$

或

$$税收负担率变动率 = \frac{报告期税负率 - 基期税负率}{基期税负率} \times 100\%$$

根据分析需要，可选择不同的基期水平计算税收负担率环比变动率和税收负担率同比变动率。税收负担率环比变动率对比的基期是报告期的前一期，税收负担率同比变动率对比的基期是去年同期。

2019年1月1日，社保费划归税务局征收后，需要在计算税收负担率基础上计算税收负担率的变动率。计算公式如下：

$$税收负担率变动率 = \left(\frac{报告期税收负担率}{基期税收负担率} - 1 \right) \times 100\%$$

或

$$税收负担率变动率 = \frac{报告期税收负担率 - 基期税收负担率}{基期税收负担率} \times 100\%$$

案例分析 4-7

某市 2019 年减税降费后行业税收负担率变动情况分析

某市税务局税收经济分析部门通过抽样调查的方式选择样本企业测算分析减税降费后部分行业税收负担率的变动情况，如表 4-11 所示。

表 4-11 2018—2019 年某市部分行业税收负担率变动情况

行业门类	2019			2018			税收负担率增减变化	
	销售收入（万元）	税费（万元）	税收负担率（%）	销售收入（万元）	税费（万元）	税收负担率（%）	差率（%）	增减比率（%）
采矿业	129 834.82	13 301.49	10.24	97 451.41	10 807.5	11.09	-0.85	-7.62
电力、热力、燃气及水生产和供应业	2 444 659.9	116 186.4	4.75	2 431 646	120 656.3	4.96	-0.21	-4.22
建筑业	13 584 409	312 539.3	2.30	11 509 367	280 224.5	2.43	-0.13	-5.50
交通运输、仓储和邮政业	2 292 487	159 825.4	6.97	2 041 294.3	127 053.7	6.22	0.75	12.01
教育业	261 640.02	31 212.18	11.93	201 402.3	25 324.39	12.57	-0.64	-5.13
金融业	2 916 916.7	173 835.1	5.96	1 849 546.9	166 802.6	9.02	-3.06	-33.92
居民服务、修理和其他服务业	4 034 591.4	25 682.65	0.64	3 226 672.1	29 794.66	0.92	-0.29	-31.06
科学研究和技术服务业	3 038 833	212 891.3	7.01	2 602 727.4	228 696.7	8.79	-1.78	-20.27
批发和零售业	79 878 355	917 807.7	1.15	71 480 363	940 983.8	1.32	-0.17	-12.72
水利、环境和公共设施管理业	205 000.03	12 490.3	6.09	182 804.75	15 095.89	8.26	-2.17	-26.22
卫生和社会工作	171 127.44	16 059.68	9.38	172 045.78	13 124.45	7.63	1.76	23.02
文化、体育和娱乐业	126 551.42	8 830.68	6.98	118 802.22	8 911.45	7.50	-0.52	-6.97
信息传输、软件和信息技术服务业	18 953 263	1 115 628	5.89	13 680 693	1 019 620	7.45	-1.57	-21.02

续表

行业门类	2019			2018			税收负担率增减变化	
	销售收入（万元）	税费（万元）	税收负担率（%）	销售收入（万元）	税费（万元）	税收负担率（%）	差率（%）	增减比率（%）
制造业	77 662 546	5 818 785	7.49	69 799 255	5 809 720	8.32	-0.83	-9.98
住宿和餐饮业	63 283.49	8 320.11	13.15	71 572.43	10 295.79	14.39	-1.24	-8.60
租赁和商务服务业	6 147 126.5	270 597.1	4.40	5 425 695.4	288 673.6	5.32	-0.92	-17.26
总计	211 910 624	9 213 992	4.35	184 891 339	9 095 786	4.92	-0.57	-11.62

根据表4-11中的数据分析：

（1）税收负担率变动总体情况分析。2019年，某市样本企业销售收入21 191.06亿元，比2018年增长了14.61%；入库税费合计921.4亿元，比2018年增长了1.3%；税收负担率为4.35%，比2018年的税收负担率4.92%降低了0.57个百分点，同比降低11.62%。

（2）分行业税费变动情况分析。2018年税收负担率较高的行业分别是住宿和餐饮业、教育业、采矿业、金融业等。这些行业一般人工成本较高，进项抵扣较少，增值税税收负担率偏高。增值税作为我国第一大税种，本身权重较大，导致行业税收负担率较高。2019年，绝大多数样本企业所处行业的税收负担率均有所下降。

第一，金融业税收负担率同比降低了33.92%，降幅在各行业中最高。虽然金融业享受的税收优惠较少，主要是金融机构小微企业贷款利息收入免征增值税政策，但是由于该政策自2018年9月1日起开始执行，因此在2019年有三个季度的翘尾因素，导致金融业样本企业税收负担率降幅最高。

第二，居民服务、修理和其他服务业，信息传输、软件和信息技术服务业等行业的税收负担率分别同比降低了31.06%和21.02%，降幅非常明显。这些行业在2019年减税降费政策中受益较大，可以享受进项税额加计抵减政策。特别是居民服务、修理和其他服务业，自2019年10月1日起，可以按照当期可抵扣进项税额加计15%抵减应纳税额。

第三，信息传输、软件和信息技术服务业是某市数字经济产业的重要组成部分，该行业样本企业税收负担率的降低，充分体现了加计抵减政策的导向作用。该政策将长期利好信息技术服务业，与发展数字经济的导向高度一致。

第四，制造业、批发和零售业的税收负担率也分别同比降低了9.98%和12.72%。这两大行业一向是某市保障财政税收、解决劳动就业的最关键行业，降低税收负担率有利于减轻企业负担，增强企业发展能力，增加劳动者就业，涵养长期税源。

第五，交通运输、仓储和邮政业，以及卫生和社会工作的税收负担率分别同比提高了12.01%和23.02%，是样本企业中仅有的两个税收负担率提高的行业。从深化增值税改革的减税效应来看，在2019年增值税改革中，原适用16%税率行业的增值税税率下降了3个百分点，原适用10%税率行业的增值税税率仅下降了1个百分点，而原适用6%税率行业的增值税税率没变。因此，本次深化增值税改革对不同行业的影响有明显差异。部分交通运输业、卫生业企业因增值税税率下降带来的进项税额降幅超过了销项税额的降幅，税收负担率出现了不同程度的提高。

（三）税收弹性系数分析方法

1. 剔除价格因素的影响

计算税收弹性系数时需要剔除价格因素的影响。在我国现行核算体系下，GDP的增长速度是按可比价（不变价）计算的，而税收的增长速度是按现价计算的，所以在运用税收弹性系数进行税收经济分析时要统一价格口径，把经济指标统一调整为按现价计算增长速度，或把税收调整为按不变价计算。现价调整为不变价是用现价计算的数值除以价格综合变动指数。

2. 确定分析评价的标准

剔除价格因素的影响，理想状态下税收弹性系数应等于1，即标准值是1。系数等于或趋近于1，体现了税收增长与经济增长的相关性和一致性，反映了税收增长与经济增长是同步协调发展的。系数大于1，则说明税收增长快于经济增长，税收负担率有上升的趋势；系数小于1，则说明税收增长滞后于经济增长，税收负担率有下降的可能。

例如，国家统计局公布的2017年经济数据显示，2017年全年我国GDP达827 122亿元，按可比价计算，比2016年增长6.9%。财政部于2018年1月25日举行发布会，发布2017年财政收支情况，全国一般公共预算收入中的税收收入144 360亿元，同比增长10.7%。据此计算，宏观税收负担率为17.45%，与2016年同口径宏观税收负担率17.52%相比，宏观税收负担率继续下降。表面看，税收增长快于GDP增长，宏观税收负担率也应该增加才对，但宏观税收负担率没有增加反而下降，主要是因为GDP的增长率是按不变价计算的。如果统一口径，GDP按现价计算，增长率是11.15%，用税收增长率10.7%除以11.15%，可知税收弹性系数为0.96，小于1，说明经济增长是快于税收增长的，宏观税收负担率略有下降就有了数据支持。

考虑到经济结构、国民收入分配环节变化、税收政策调整及税收征管强度等因素的影响，税收弹性系数不可能等于1，更多情况下是围绕1上下波动。其合理的区间为0.8~1.2。如果波动偏离合理区间的幅度过大，说明税收收入未能与经济发展同步变化，税收与经济发展相对脱节，需要进一步深入分析具体的影响因素。

例如，国家统计局公布的2018年经济数据显示，2018年全年我国GDP按可比价计算同比增长6.6%。国家税务总局公布的数据显示，2018年我国税收收入按现价计算同比增长9.5%，税收增速高于GDP增速。弹性系数为1.44，反映税收增长快于GDP的增长。但是，税收增速是按照名义值，也就是现价计算的，将GDP增速和税收增速进行比较时，都应调整为按现价计算才具有可比性。以此口径计算，2018年GDP增速为9.7%，2018年税收增速9.5%，税收增速略低于GDP增速，弹性系数是0.98，趋近于1，税收增长与经济增长基本是同步协调发展的。背后的主要原因是2018年下半年以来增值税和个税减税效应逐步显现。2018年税收增速呈明显的"前高后低"特征，到年底时，累计税收增速已开始慢于GDP增速，一定程度上体现了"十八大"提出的"减税降负"精神。仅从这一口径的税收负担率看，与国际数据相比，我国企业税收负担也不算重，所以减轻企业负担，主要措施不是减"税"，而是降"费"。

案例分析 4-8

我国工业增值税税收经济分析

根据我国某时期连续7年工业增加值和工业增值税计算工业增值税税收负担率和弹性系数，分析我国工业增值税税收经济，如表4-12所示。

表4-12　连续7年间我国工业增值税税收经济分析

项目/年度	第一年	第二年	第三年	第四年	第五年	第六年	第七年
工业增加值（亿元）	40 033.59	43 580.62	47 431.31	54 945.53	65 210.03	76 912.90	91 310.90
增幅（%）		8.86	8.84	15.84	18.68	17.95	18.72
工业增值税（亿元）	3 755.20	4 437.68	5 166.22	6 066.70	7 367.38	8 843.26	10 678.07
增幅（%）		18.17	16.42	17.43	21.44	20.03	20.75
税收负担率（%）	9.38	10.18	10.89	11.04	11.30	11.50	11.69
弹性系数		2.05	1.86	1.10	1.15	1.12	1.11

根据表4-12中的数据分析：

第一，我国工业增值税税收负担率从第一年的9.38%增至第七年的11.69%，呈现逐年提高的发展变化趋势，反映我国工业生产制造企业的生产经营效益不断提升，增值率不断提高；另外，反映我国税收征管质效不断提高，税收流失减少。

第二，工业增值税的弹性系数从第二年的2.05逐步发展调整至第七年的1.11，逐步趋近于合理的标准值1，反映我国工业增值税的增长与工业增加值的增长日趋同步，税收经济关系日趋协调。

（四）税收经济相关分析与回归分析

1. 税收经济相关分析

税收经济相关分析是对税收与经济之间所具有的相互依赖、相互依存、相互影响的关系的密切程度进行分析，是回归分析与预测的前提条件。只有税收与经济之间具有高度的相关关系，才能进一步进行回归分析与预测。两个变量之间的相关关系称为单相关，三个及以上变量之间的相关关系称为复相关。在大部分情况下，税收与经济之间的相关关系通常是单相关。

税收经济相关分析的关键是计算相关系数，然后做进一步的分析判断。计算公式如下：

$$相关系数 r = \frac{\frac{1}{n}\sum(x-\bar{x})(y-\bar{y})}{\sqrt{\frac{1}{n}\sum(x-\bar{x})^2}\sqrt{\frac{1}{n}\sum(y-\bar{y})^2}}$$

式中，r 代表相关系数；x 通常代表经济变量；y 通常代表税收变量$\sqrt{\frac{1}{n}\sum(x-\bar{x})^2}$ 代表自变量的标准差；$\sqrt{\frac{1}{n}\sum(y-\bar{y})^2}$ 代表因变量的标准差；$\frac{1}{n}\sum(x-\bar{x})(y-\bar{y})$ 代表协方差。

r 可以大于 0，表示正相关，也可以小于 0，表示负相关。其取值范围是 $-1 \leqslant r \leqslant 1$。

相关关系的密切程度：$|r|$ 小于 0.3 表示不相关；$0.3 \leqslant |r| < 0.5$ 表示低度相关；$0.5 \leqslant |r| < 0.8$ 表示显著相关；$|r|$ 大于 0.8 表示高度相关。

在实际工作中，我们通常用 Excel 图表公式计算相关系数，更加高效、快捷。

应用举例：以某地区 2010—2020 年连续 11 年税收收入和 GDP 相关数据为例，说明相关系数的计算和分析方法，如表 4-13 所示。

表 4-13　某地区连续 11 年税收收入和 GDP 相关数据

年　　度	GDP（亿元）	税收收入（亿元）	宏观税收负担率（%）
2010	2 793.37	222.53	7.97
2011	3 157.69	234.21	7.42
2012	3 582.46	249.16	6.95
2013	3 881.73	265.51	6.84
2014	4 171.69	277.01	6.64
2015	4 669.06	323.75	6.93
2016	5 033.08	384.82	7.65
2017	5 458.2	411.01	7.53
2018	6 002.5	466.52	7.77
2019	6 872.7	557.26	8.11
2020	8 005	696.29	8.70
合计	53 627.48	4 088.07	7.62

根据表 4-13 中的数据，对某地区连续 11 年 GDP 与税收收入进行相关分析。因税收收入是随着 GDP 变动而变动的，因此设 GDP 为自变量 x，设税收收入为因变量 y，应用 Excel 图表公式求得两变量的相关系数为：$r=0.9873$，说明 GDP 和税收收入之间是高度的正相关关系。

2. 常用的税收经济关系相关系数

经大数据测算分析和验证，常用的反映各税种税收经济关系的相关系数如下所示。

(1) 增值税税收经济关系相关系数如表 4-14 所示。

表 4-14 增值税税收经济关系相关系数

相关指标	相关性分析	相关系数
GDP	增值税作为国内第一大税种,税收涉及行业广泛,税率稳定,所以和 GDP 具有密切联系	0.997
资本形成总额	资本形成总额包括固定资本形成总额和存货增加,该指标反映了一定时期内的企业生产水平和再投资规模。增值税是对企业的生产活动征税,所以该指标和增值税有很大关系	0.998
第二产业工业 GDP	在第二产业中,工业所占的比重很大,大部分的第二产业 GDP 都是与工业领域有关的,国内几乎所有销售的最终消费品都或多或少跟工业有关,而增值税是针对于货物的生产和销售进行征收的,所以同工业 GDP 的关系非常密切	0.998
房地产业 GDP	房地产业在第三产业中所占的比例较大,并且对国民经济中的多数行业具有很大的拉动作用,因此会对增值税的征收造成很大的影响	0.997
电力消费量	电力属于二次能源,由于各企业的生产经营活动需要消耗一定的电力,所以电力消费情况在一定程度上反映了经济活动的活跃度,因此也和增值税的征收间接相关	0.999
批发零售业 GDP	批发零售业 GDP 代表了全社会商品的流通情况,也反映了产品的生产和销售情况,这就使得批发零售业 GDP 与增值税存在内在联系	0.986
职工工资总额	职工工资总额是企业根据劳动者工作的数量和质量支付给劳动者个人的劳动报酬总和。职工工资总额从两个方面同增值税的征收相关:一是职工工资总额的数据可以反映企业总的生产经营成果;二是职工工资总额是社会消费的一个重要来源,而增值税属于间接税,消费额的一部分是需要当作增值税进行缴纳的,所以职工工资总额实际上有一部分就是要被当作增值税上缴的	0.997
沿海主要港口货物吞吐量	沿海主要港口货物吞吐量是指进出沿海主要港口范围并经过装卸的货物数量,是衡量对外贸易和国内贸易的一个重要指标。这个指标可以看作国内生产或消费的货物的指示指标,因此和增值税的征收有紧密的联系	0.998
邮电业务总量	邮电业务总量是以价值形式表现的邮电通信企业为社会提供的各类邮电通信服务的总数量。该指标反映了社会中不同个体(包括企业和个人)之间交换的信息量。由于各种经济活动都离不开通信联络,邮电业务总量也可以作为各种生产经营活动活跃程度的一个指标,因此增值税的征收和邮电业务总量间存在着紧密的内在联系	0.997
交通运输、仓储和邮政业 GDP	交通运输、仓储和邮政业产值占第三产业的比重比较大,挑选交通运输、仓储和邮政业 GDP 作为相关指标是因为其为增值税的来源之一	0.992
金融业 GDP	金融业 GDP 和增值税密切相关	0.983
住宿和餐饮业 GDP	住宿与餐饮业 GDP 值和增值税密切相关	0.994
其他服务业 GDP	其他服务业在第三产业中所占比重最大,和增值税密切相关	0.980

(2) 消费税税收经济关系相关系数如表 4-15 所示。

表 4-15 消费税税收经济关系相关系数

相关指标	相关性分析	相关系数
国民总收入	国民总收入是衡量居民收入情况的一个相对指标，一般认为收入增加会造成居民消费的增加，因此该指标可以作为居民消费情况的指示指标（间接影响），所以国民总收入和对居民征收的消费税有很强的关联性	0.998
职工工资总额	职工工资总额是企业根据劳动者工作的数量和质量支付给劳动者个人的劳动报酬总和。工资总额是个人消费的重要基础，因此和消费税具有很强的内在联系	0.994
最终消费支出	最终消费支出包括居民消费和政府消费。消费税是对特定的消费品和消费行为征收的一种税。最终消费支出中的一部分消费是需要缴纳消费税的，最终消费支出作为消费税的来源和消费税密切相关	0.991
批发零售业 GDP	批发零售业 GDP 是全社会商品流通和最终消费情况的一个重要指标，因此和消费税的征收具有很强的内在联系	0.991
交通运输、仓储和邮政业 GDP	各种消费的流通和交通运输等行业关系密切，因此可以利用交通运输、仓储和邮政业 GDP 来衡量商业的活跃程度，在一定程度上和商品的消费（消费税）相关	0.993

（3）企业所得税税收经济关系相关系数如表 4-16 所示。

表 4-16 企业所得税税收经济关系相关系数

相关指标	相关性分析	相关系数
GDP	GDP 的增长速度在一定程度上可以反映所有经济主体的发展情况。企业作为主要的经济活动主体，其盈利状况和总的宏观经济发展密切相关，这也会影响企业所得税的征收	0.977
工业企业利润总额	企业所得税主要是针对企业经营的利润进行征收的，由于工业企业在整个国民经济中所占的比重较大，工业企业利润总额具有一定代表性，所以同企业所得税相关	0.982
第二产业工业增加值	工业增加值是工业企业全部生产活动的总成果扣除了生产过程中消耗或转移的物质产品和劳务价值后的余额，是工业企业生产过程中新增加的价值。可以看出，如果工业企业创造的工业增加值比较多，企业所得税自然也会缴纳的比较多，所以工业增加值和企业所得税之间存在明显的内在联系	0.981
全社会固定资产投资（设备、工器具购置）	企业经营活动创造的利润一般都会有一部分用于企业的再生产投资，利润多，企业再生产投资就大，反之，企业再生产投资就小，所以全社会固定资产投资同企业所得税有很大的关联	0.986
固定资本形成总额	固定资本形成总额指常住单位购置、转入和自产自用的固定资产，扣除固定资产的销售和转出后的价值。企业盈余可用于分红、追加投资等方面，其中将企业利润用于再投资跟固定资本形成有紧密联系，所以固定资本形成总额和企业所得税有关联	0.982

（4）个人所得税税收经济关系相关系数如表 4-17 所示。

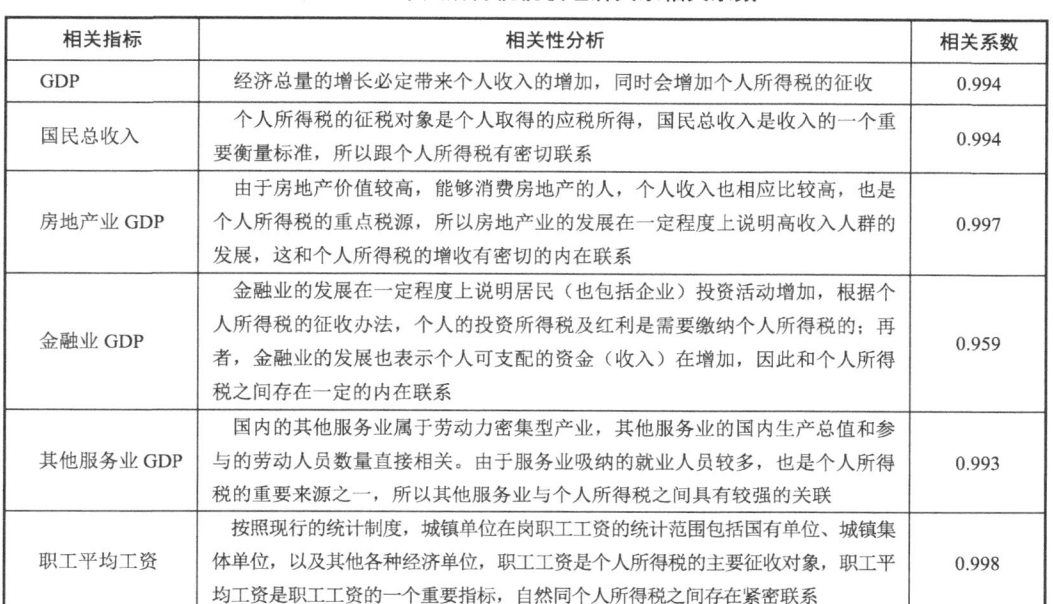

表 4-17 个人所得税税收经济关系相关系数

相关指标	相关性分析	相关系数
GDP	经济总量的增长必定带来个人收入的增加，同时会增加个人所得税的征收	0.994
国民总收入	个人所得税的征税对象是个人取得的应税所得，国民总收入是收入的一个重要衡量标准，所以跟个人所得税有密切联系	0.994
房地产业 GDP	由于房地产价值较高，能够消费房地产的人，个人收入也相应比较高，也是个人所得税的重点税源，所以房地产业的发展在一定程度上说明高收入人群的发展，这和个人所得税的增收有密切的内在联系	0.997
金融业 GDP	金融业的发展在一定程度上说明居民（也包括企业）投资活动增加，根据个人所得税的征收办法，个人的投资所得税及红利是需要缴纳个人所得税的；再者，金融业的发展也表示个人可支配的资金（收入）在增加，因此和个人所得税之间存在一定的内在联系	0.959
其他服务业 GDP	国内的其他服务业属于劳动力密集型产业，其他服务业的国内生产总值和参与的劳动人员数量直接相关。由于服务业吸纳的就业人员较多，也是个人所得税的重要来源之一，所以其他服务业与个人所得税之间具有较强的关联	0.993
职工平均工资	按照现行的统计制度，城镇单位在岗职工工资的统计范围包括国有单位、城镇集体单位，以及其他各种经济单位，职工工资是个人所得税的主要征收对象，职工平均工资是职工工资的一个重要指标，自然同个人所得税之间存在紧密联系	0.998

（5）资源税税收经济关系相关系数如表 4-18 所示。

表 4-18 资源税税收经济关系相关系数

相关指标	相关性分析	相关系数
GDP	GDP 是经济总量的一个衡量指标，各项经济活动需要耗费自然资源，资源税的征收同 GDP 之间有很强的内在联系	0.944
第二产业 GDP	资源税是针对各种自然资源的开采进行征收的，第二产业作为自然资源的直接消费者与资源税的征收存在紧密联系	0.958
交通运输业货运量总计（公路）	资源开采到消费过程需要交通运输业的协助，因此交通运输业货运量总计在一定程度上反映了资源的开采和运用情况。现行的资源税大部分都是从量增收的，这在统计口径上和交通运输业货运量基本一致，所以交通运输业货运量总计和资源税之间存在很强的相关性。此外，选择公路货运量总计而不是其他货运量总计是因为铁路运输的发展受制于现有的铁路网络，不能很好地反映货运量的变化情况，而公路由于建设周期短，运输方式灵活，所以对货运量的变化比较敏感	0.970
工业增加值	工业增加值是工业企业生产各种产品的新增加值，由于工业企业对各种自然资源和初级产品的消耗量比较大，所以同资源税的征收有很大关系	0.984
房地产业 GDP	房地产业因为直接消费大量的钢铁、水泥等工业产品，和资源消费间接相关	0.945
沿海主要港口货物吞吐量	选取该指标的理由和交通运输业货运量总计（公路）指标的理由相似，主要是各种重要自然资源如煤、铁矿石、原油等在进入生产过程前需要在各大港口转运，所以该指标在一定程度上反映了资源（也包括其他工业产品）的分配过程，因此与资源税的征收有关	0.944

（6）契税税收经济关系相关系数如表 4-19 所示。

表 4-19 契税税收经济关系相关系数

相关指标	相关性分析	相关系数
其他服务业 GDP	对于不动产交易来说，契税和房产税是对不动产交易双方征收的税，契税是对不动产的承让方征收的，而房产税是针对出让方征收的 其他服务业中的企业多为私营企业，并且多数规模较小，发展较快，这些企业发展的一个直接结果就是需要更多的营业场所，这会促进商业物业的交易行为，从而增加契税的征收；同时，企业的发展会给企业主带来较多的个人财富，这会促进房屋等不动产的交易，从而增加契税的征收	0.967
GDP	由于契税是针对土地、房屋等不动产的转让进行征收的，GDP 的增长会带来全社会的土地开发以及建筑面积的增长，因此和契税有很大的关系 此外，由于契税属于地方税种，契税也可以作为地方经济发展的一个重要衡量指标，因此和 GDP 有很大关联	0.991
全社会在建总规模	全社会在建总规模表示正在新增的全社会不动产规模，这些新增的建筑（交易时）及其使用的土地都需要缴纳契税	0.998
第二产业 GDP	第二产业主要包括重工业在内的企业，这些企业的发展需要建造大量的厂房，对土地及不动产的需求较大，因此同缴纳契税关系密切	0.995
房地产业 GDP	契税主要针对不动产和土地的转让，房地产业使用土地和买卖房产是契税的直接来源，和契税有很强的相关关系	0.990

（7）房产税税收经济关系相关系数，见表 4-20。

表 4-20 房产税税收经济关系相关系数

相关指标	相关性分析	相关系数
城镇固定资产投资额（国有经济）	城镇固定资产投资会增加房屋等不动产的交易，所以会对房产税的征收产生影响	0.993
房地产业 GDP	房地产业的产品是各种商用或民用建筑，这些不动产的交易行为都需要缴纳房产税，所以房地产业和房产税有着本质的联系	0.994
住宿和餐饮业 GDP	住宿和餐饮业的行业特点决定了其扩大经营规模需要租赁或建设更多的营业场所，所以跟房产税密切相关	0.997
其他服务业 GDP	其他服务业中的企业多为私营企业，企业规模较小，属于劳动力密集型企业，吸纳劳动力较多，这些企业发展会带来以下结果： 营业规模扩大造成对房产或租房的需求增大，从而增加房产税的征收 行业就业人数快速增加（包括外来务工人员），新增的人口需要住所，会刺激租房市场及房地产交易，增加房产税的征收	0.997
城镇总人口	城市化的一个直接结果就是城市人口增加，城市规模扩大，同时意味着更多的城市房产和房屋租赁交易需要缴纳房产税，因此，城镇总人口与房产税之间存在紧密的联系	0.969
GDP	由于房产税属于地方税种，房产税的征收在一定程度上反映了城市的发展情况（城市规模及建设情况），所以 GDP 同房产税相关	0.995

(8) 车船税税收经济关系相关系数如表 4-21 所示。

表 4-21　车船税税收经济关系相关系数

相关指标	相关性分析	相关系数
GDP	GDP 与车船税相关联，主要表现在以下两个方面： GDP 的增长造成国内企业和个人对汽车的需求，从而增加车船税的征收 汽车行业作为国民经济中的重要行业，对整个国民经济有着十分重要的拉动作用，从而使汽车的产量、使用量同整个国民经济联系起来	0.948
职工平均工资	车辆对于居民属于高消费商品，只有居民收入（工资薪金）到了较高水平，才能消费车辆，因此，平均工资决定了私人车辆的消费水平	0.948
城镇居民消费支出	城镇居民消费支出与车船税的相关关系主要是因为车辆的消费门槛较高，只有可支配收入到了一定水平才会有车辆等商品的消费需求	0.946
交通运输、仓储和邮政业 GDP	交通运输、仓储和邮政业由于其行业特点，对车辆、船舶的消费和使用是本质需求，因此也直接成了车船税的缴纳人	0.945
民用汽车拥有量	车船税是针对企业和个人拥有的各种车辆、船舶进行征收的税种。民用汽车是车船税的重要来源，因此民用汽车拥有量和车船税之间存在直接联系	0.946

3. 税收经济关系回归分析预测

（1）回归分析预测。就是对具有相关关系的两个或两个以上的税收经济变量的一般关系进行测定，通过确定一个数学函数表达式（回归方程），进行税收经济回归估计和预测的方法。研究两个变量的回归分析称简单回归分析，研究三个及以上变量的回归分析称多元回归分析。根据变量之间关系不同，回归分析可能是直线回归分析，也可能是曲线回归分析。在税收实践中，大部分是建立简单的一元线性回归方程进行税收经济回归分析和预测。如果存在多维影响因素，通常需要建立多元直线回归方程开展税收经济分析和预测。

（2）简单线性回归方程。进行线性回归分析时，首要前提是两个变量之间有显著的相关关系，且大体呈直线变动趋势，这时可配合简单线性回归方程：

$$y=a+bx$$

式中，x 为自变量，通常是经济指标变量；y 为因变量，或称趋势值，通常是税收指标变量；a 为直线的纵轴截距；b 为回归系数，代表自变量每增加一个单位时，因变量的平均增加值。

$$a=\frac{1}{n}\sum(x-\overline{x})(y-\overline{y})$$

$$b=\frac{\sum xy-\frac{1}{n}\sum x\sum y}{\sum x^2-\frac{1}{n}(\sum x)^2}$$

仍以表 4-13 税收收入与 GDP 相关数据为例，因二者的相关系数为高度正相关，且其回归趋势呈直线形式，故可配合一元线性回归方程：$y=a+bx$。

通过计算求得，式中 $a=-81.1447$　　$b=0.0929$

则回归方程为：$y=-81.1447+0.0929x$

分析说明：

第一，回归系数 b：GDP 每增加 100 元，税收收入平均增加 9.29 元。

第二，预测 2021 年税收收入：经过预测，某地区 2021 年的 GDP 是 8 890 亿元，代入方程自变量 x，可得该地区的税收收入的预测值为 744.74 亿元。

三、影响税收经济关系的因素分析

（一）经济决定税收，经济因素是根本影响因素

经济因素具体包括 GDP 结构、城市化水平、价格、总部经济和进出口等。

1. GDP 结构因素

从 GDP 构成和税制设计看，并不是所有 GDP 都可以作为税基产生税收。依据 GDP 核算范围与方法，相当一部分 GDP 无法作为税基产生税收收入，如政府等非营利性生产和服务的价值、未进入流通的库存产品价值、税收优惠免税的增加值和非货币化的 GDP。按生产法计算的 GDP 在剔除这四部分的增加值之后的余额部分才是可以征税的"可税 GDP"。在 GDP 总量不变的情况下，这四部分的增减变化会带来税收的变化，决定税基的大小。另外，按三次产业划分，税收收入主要来源于第二、三产业，第二、三产业的 GDP 是可以产生税收的"可税 GDP"。因此，"可税 GDP"在 GDP 总量中所占的比重与"可税 GDP"的增幅，将直接影响一个区域宏观税收负担率水平和宏观税收弹性系数。另外，GDP 的质量也是影响税收经济关系指标的重要因素。

2. 城市化水平因素

经济发展水平、发达程度会对税收产生直接的影响。反映一个国家或和地区经济发展水平和发达程度的重要指标就是城市化水平，又称城市化率，通常用一个国家或地区城市人口占总人口的比重表示。城市化进程包括两个方面：一是城市的工商业发展，创造大量的就业机会，吸引农村人口陆续向城市迁移；二是大量农村年轻劳动力、剩余劳动力进入城市，从事市场经营活动，会促进城市人口和城市经济的快速发展。城市经济的发展又会吸引更多的劳动力、资本、技术和人才向城市集聚。因此，按照城市发展规律，城市化水平越高，城市发展速度越快，经济发展速度相应也越快，经济发展水平和发达程度就越高。经济决定税收，一个国家或地区的经济发展速度越快，发达程度越高，税收能力越强。城市化水平高、经济发达程度高的地区，会影响税收指标相应也较高；城市化水平低、经济发达程度低的地区，会影响税收指标相应也较低。城市化水平与税收呈高度正相关关系。例如，2020 年全国税收收入数据排行前四名的城市分别为上海（13 052.7 亿元）、北京（12 805.9 亿元）、深圳（7 177.3 亿元）、广州（4 460.5 亿元）。

3. 价格因素

在现行税制下,价格对流转税、所得税等主体税种的拉动影响作用十分明显。当企业销售的产品价格指数上涨幅度大于购进的原材料、辅助材料、燃料动力等价格指数上涨幅度时,在其他因素不变的情况下,企业增值税、所得税会相应增长。反之,当企业销售的产品价格指数上涨幅度小于购进原材料、辅助材料、燃料动力等价格指数上涨幅度时,企业增值税、所得税会相应下降。

4. 总部经济因素

在进行地区税收经济分析时,还应考虑地区总部经济状况。通常有两种情形:一是总部在本地,当经济指标统计在本地而税收缴纳在外地(非总部所在地)时,会拉低本地税收负担率;当经济指标统计在外地(非总部所在地)而税收缴纳在本地(总部所在地)时,则拉高了本地税收负担率。二是总部在外地,当经济指标统计在外地而税收缴纳在本地(非总部所在地)时,将拉高本地税收负担率;当经济指标统计在本地(非总部所在地)而税收集中向总部缴纳时,则必然拉低本地税收负担率。

5. 进出口因素

进出口贸易对税收收入的影响和对经济增长的影响是不同的。GDP 核算的是进出口净值,进出口贸易的高速增长和低速增长的净值对 GDP 的影响是一定的,也就是说,不管是大进大出,还是小进小出,只要其进出口结构一定,其净值都是一样的,对 GDP 增长的贡献也是一样的。而对税收收入来说则不相同,有进口则征收进口环节税,同时,税收规模中也不扣减出口退税,出口增长越快,带来的税收收入增长越多,对税收增长的拉动作用越大。

(二)税收政策因素是调节因素

从税制设计中各税种的计税依据来看,各税种对各产业、行业和产品的覆盖情况不同。有多个主要税种覆盖,或对产值、增加值、产品产销量进行重复征税的产业、行业和产品,其税收的产出效率较高,理论和实际税收负担率均较高;覆盖税种较少或依法享受减免税较多的产业、行业和产品,其税收的产出效率较低或不实际产出税收,理论和实际税收负担率均较低。不同产业、行业和产品在国民经济中的比重差异,在一定程度上影响一个区域宏观、产业、行业的税收负担率和税收弹性。

从税种的地域分布看,存在以下情况:车辆购置税应税车辆和进口应税产品的税收实现在上牌照地和报关进口地;证券交易印花税实现在上海和深圳;大型企业、集团公司通过汇总纳税,统一供货、统一定价等纳税和经营策略,利润和税收由分支机构(生产地)转向总部所在地。这种税收的转移使 GDP 实现地和税收实现地出现了较大的差异,在一定程度上影响了不同区域的宏观税收负担率和宏观税收弹性。

(三)税收征管因素是关键因素

近年来,税务系统通过深化税收征管改革与税收现代化建设,依法加强税收征管,通过开展税收遵从风险管理，运用税收大数据分析等技术手段，及时发现税收征管中的漏洞和薄弱环节，通过风险分析发现企业的税收遵从风险点，有效开展税收遵从风险应对，充分挖掘税收征管潜力，优化征管资源配置，防控税收流失风险，征管质效不断提高，使实际税收负担率水平逐步接近法定税收负担率水平。

（四）口径因素

无论是税收负担率还是税收弹性都是反映税收与经济的对比的数量关系，这个比值能否客观反映一个地区的经济税收协调发展程度，地区间能否进行合理的比较分析，关键是比值中分子、分母统计的范围是否具有实际意义和可比性。其中，分子的统计范围就是税收指标的口径问题，而分母的统计范围就是经济指标的口径问题。

1. 税收指标的选择和口径确定

从税收收入的实现情况看，有两种基本口径：应征税收和入库税收。应征税收是指根据税法规定，应当向国家缴纳的税金，是税收收入取得和形成的主要来源。由于应征税收不是反映税收最终成果的指标，一般不对外公布。入库税收是指经征收、入库、提退（不包括出口退税）后的净入库税额。由于入库税收直接反映中央和地方政府的实际入库的税收收入情况，因此备受社会各界关注，自然也成为税收分析研究的重点。

2. 经济指标的选择和口径确定

鉴于 GDP 是目前我国国民经济核算的核心经济指标，同时又是最大口径的税源，因此，确定 GDP 为宏观税收负担率和宏观税收弹性分析的基本经济指标。除了 GDP，还有很多经济指标既是 GDP 的组成部分，又与税收指标高度相关，如行业产值和增加值、固定资产投资、社会消费品零售总额、进出口贸易额、储蓄存款余额、主要产品产销量、劳动者报酬、营业盈余、经营利润、人均收入水平和价格指数等。

3. 税收经济对比口径的一致性问题

从税收的所属时期看，当期实现的税收中存在稽查收入、免抵调、预缴税款、跨时期退税等非即期收入，直接影响 GDP 实现和税收实现的对应关系，在一定程度上影响一个区域不同时期的宏观税收负担率和宏观税收弹性。另外，国民经济核算中当年 GDP 的总量核算采用当年现行价格，增幅计算采用剔除物价指数变化影响的可比价格，而税收收入无论是总量还是增幅均按当年现行价格核算，包括了价格因素的影响。所以，如果价格口径没有统一，在通常情况下，税收增长要快于 GDP 增长。

由于国民经济核算的口径与税收收入核算的口径不完全对应，在进行税收经济关系对比分析时，要运用合理的方法进行调整，分为四种情况：一是 GDP 增长率由可比价换算为现价；二是把部分企业数据换算为全部企业数据；三是对某些经济指标进行分解，将其中不含税部分或不适宜对比分析的部分剔除，以便与税收收入口径更为接近可比；四是对比的时期要一致，对税收收入中的稽查、评估查补以前年度税款、企业所得税汇算清缴、当年新增税源等非即期因素，要进行相应的剔除，以便与当期的经济指标相对应。

第五节 税收经济分析报告解析

一、企业总体成本稳中有降 营商环境逐步改善

税收大数据显示，随着"放管服"改革的不断推进，"降成本"效应逐步显现，经济运行过程中营商环境逐步改善和优化。国家税务总局管理服务的大型企业集团中，实体经济企业总体成本稳中趋降，企业利润呈现恢复性增长态势，实体经济发展势头企稳向好。后续应继续深化"放管服"改革，进一步落实减税降费政策，严格落实《降低实体经济企业成本工作方案》的各项措施，进一步降低企业成本，助推企业转型升级，改善和优化大企业的营商环境，促进大企业税收经济持续高质量发展。

（一）营业成本总体有所下降，企业盈利水平企稳回升

据统计，某年前三季度，大型企业集团中实体经济企业营业成本呈现小幅下降态势，其中工业企业实现营业收入 22.7 万亿元，营业成本 19.4 万亿元，每百元营业收入的成本为 85.4 元，同比减少 0.15 元。

一是从结构上看，税收、财务和物流等成本均出现一定程度的下降，而能耗成本和劳动力成本减负效果尚不明显。二是受成本下降等多重因素影响，实体经济企业的利润平稳增长。据国家统计局数据显示，某年前三季度规模以上工业企业利润总额同比增长 8.4%，较上年同期提高 10.1%，成本利润率为 6.1%，同比增长 0.3%。同期，大型企业集团中实体经济企业净利润增长 2.4%，占营业收入的比重增加 0.06%。

（二）税收成本呈下降态势，多项优惠政策效果显现

（1）大型企业集团税收数据显示，某年前三季度实体经济企业纳税总额为 2.3 万亿元，占营业收入的比重为 3.7%，同比降低 0.14%，实体经济税收负担略有减轻。

（2）全面推行"营改增"政策以来，企业增值税税收负担率明显降低，较上年同期下降了 15.9%，企业税收成本下降明显。增值税一般纳税人抵扣链条趋于完整，进项抵扣更加充分，相关税收负担实现一定程度的减轻。截至某年 10 月底，纺织服饰业、通用设备制造业和电气机械器材制造业增值税税收负担较上年同期分别降低 0.36%、0.36%和 0.18%。

（3）科技创新税收优惠政策持续发力，企业所得税税收负担率稳步下降。近年来，为了促进科技创新，国家出台了高新技术企业、软件和集成电路企业、科技成果转让、设备加速折旧、研发费用加计扣除等一系列税收优惠政策，减轻了企业所得税税收负担。某年前三季度，大型企业集团企业所得税纳税额同比增长 1.8%，低于同期企业利润增

长 0.6%。用友、慧与和华为等技术密集型企业的税收成本下降较为明显，某年前三季度税收负担分别下降 5.7%、3.1% 和 1%。

（三）企业财务成本平稳下降，结构性不均衡现象依然突出

近年来，央行分 6 次下调了贷款基准利率，某年 3 月再次下调金融机构人民币存款准备金率，企业融资环境逐步改善，企业财务成本呈下降态势。某年前三季度大型企业集团中实体经济企业财务成本同比降低 5%，占营业收入比重为 2.3%，同比降低了 0.14%。

分地区和企业类型分析，结构性不均衡现象依然突出。一是经济发达地区财务成本低于经济欠发达地区。大型企业集团税收数据显示，上海、浙江等东部经济发达地区金融行业发展较为充分，实体经济财务成本相对较低。某年前三季度，财务成本占营业收入的比重均为 1.2%，同比分别降低了 0.47% 和 0.24%。但是，在山西、河南等经济欠发达地区，企业财务成本占营业收入的比重较高，均超过 3%，同比分别增长了 0.64% 和 0.31%。二是国有企业财务成本降幅高于民营企业。大型企业集团中，国有企业财务成本有效降低，某年前三季度财务成本同比下降了 5.9%，占营业收入的比重降低 0.15%；而同期民营企业财务成本出现小幅增长，同比增长 9.9%，占营业收入的比重较上年同期增长 0.03%。民营企业的融资环境仍需进一步改善和优化。

（四）物流网络愈加完备，相关成本明显降低

随着我国交通基础设施及互联网电子商务的飞速发展，物流网络体系不断完善。我国大型企业集团着力发展自身的物流体系。以京东集团为例，截至某年 6 月，其在全国范围内拥有七大物流中心，运营 234 个大型仓库，超过 6 700 个配送站和自提点，覆盖全国 2 639 个区县，物流运输能力有效提升。受此影响，实体经济企业物流运营效率大幅度提升，运输成本逐步降低。增值税专用发票数据显示，某年前三季度全行业物流成本占销售收入的比重为 2.1%，同比降低了 0.9%，其中采矿业和制造业运输成本占销售收入的比重分别为 6.9% 和 2%，较上年同期降低了 1.7 和 0.1%。

（五）企业营商环境逐步优化，降低制度性交易成本初见成效

国家税务总局统计数据显示，"十三五"时期全国新办涉税市场主体年均增加超千万户，总体呈现活跃度高、生命力强、成长性好的特点，有力推动了经济社会可持续发展。随着"放管服"改革的不断深入，企业实行"五证合一""一照一码"，行政审批办理时限进一步压缩，制度性交易成本有效降低，企业的市场活力得到了更有效的激发，企业的营商环境逐步优化。

世界银行发布的《2020 年营商环境报告》显示，由于大力推进"放管服"改革，我国连续两年成为全球营商环境改善最大的经济体，总排继续获得大幅提升，由 2019 年的 46 位上升至 31 位。其中，在获得信贷、保护中小投资者和开办企业等方面尤为

明显。营商环境的优化，在一定程度上提升了我国大型企业集团的投资意愿。大型企业集团税收数据显示，某年前三季度实体经济企业固定资产投资同比增长 3.4%，较上年同期增长了 0.5%。

（六）能源等材料价格普遍上涨，但用电成本呈小幅下降趋势

近年来，全球能源市场出现回暖，国际大宗产品价格普遍上涨。在煤炭市场，2020 年 11 月环渤海动力煤综合价格指数达 606，较上年同期增长 62.7%；在钢铁市场，2020 年 11 月全国钢材综合价格指数达 124.8，较上年同期上升 51.8%。上游原料价格上涨导致下游行业营业成本有所上升，汽车制造、房屋建筑及铁路船舶、航空航天运输设备制造等行业营业成本分别增长 13.4%、10.4% 和 8.7%，均高于营业收入增长幅度。

与此同时，电力体制改革试点加快推进，企业用电成本有效降低。企业用电增值税专用发票数据显示，某年前三季度，全国实体企业用电成本为 2.5 万亿元，占销售收入的比重为 4%，用电成本同比下降 0.5%，较早进行综合试点的贵州、云南、山西三省企业的用电成本降幅分别为 6.8%、2.5% 和 0.2%。

（七）劳动力成本居高不下，技术密集型产业劳动力成本增幅较大

大型企业集团税收数据显示，实体经济企业的劳动力成本始终处于高位。前三季度劳动力成本占营业收入的比重为 34.1%，较去年同期上涨 2%。受国家陆续下调失业保险费率、工伤保险平均费率、生育保险费率、基本养老保险单位缴存比例等政策因素影响，某年 1—9 月大型企业集团实体经济企业劳动力成本增速有所放缓，同比增长 7.2%，增速比上年同期回落 5.4%。

分产业看，现代装备制造、软件信息技术服务和医药制造等技术密集型产业的劳动力成本增长速度较快，增幅分别为 32.2%、13.5% 和 11.7%；而煤炭、石油化工和钢铁等资源密集型产业劳动力成本相对较为平稳，增幅分别为 3.7%、0.4% 和 0.4%。

二、某市宏观税收负担率的比较与分析

近年来，某市经济总量连续攀升，在全省 11 个地市中仅次于省会城市，跃居全省第二。在经济总量较快增长的同时，全市国税收入也加速增长，平均每年增长 10 亿元。2018 年全市国税收入首次突破 60 亿元，比 2008 年增加 47.9 亿元，增长 3 倍，成为全省的经济税收大市。在全国税收收入与经济基本保持同步增长的表象下，宏观税收负担率同全省相比却一直偏低。产生这种现象的原因是什么？税收收入究竟还有多大的增长潜力？本文以某市与全省及相关地市宏观税收负担率进行比较分析，分析挖掘内在成因，为促进经济发展、提高宏观税收负担率、挖掘税收征管潜力寻找有效途径。

(一) 某市宏观税收负担率的基本特点

1. 宏观税收负担率与经济总量、全国税收收入增长态势一致

从 2006—2018 年各年宏观税收负担率的变动情况看，2006 年，某市宏观税收负担率仅为 4.83%，到 2018 年已上升至 10.81%，提高了 5.98 个百分点，平均每年提高 0.5 个百分点，如表 4-22 所示。

表 4-22　2006—2018 年某市与全省宏观税收负担率比较

年度	全省			某市		
	GDP（万元）	税收收入（万元）	税收负担率（%）	GDP（万元）	税收收入（万元）	税收负担率（%）
2006	8 266 600	656 979	7.95	821 400	39 692	4.83
2007	10 760 300	825 526	7.67	993 034	53 503	5.39
2008	12 921 100	921 136	7.13	1 249 187	61 867	4.95
2009	14 760 000	998 789	6.77	1 479 277	66 627	4.50
2010	16 110 800	1 115 705	6.93	1 679 828	74 434	4.43
2011	16 671 000	1 019 941	6.12	1 739 639	77 564	4.46
2012	18 457 200	1 175 132	6.37	1 908 074	89 924	4.71
2013	20 295 300	1 442 916	7.11	2 191 699	125 994	5.75
2014	23 248 000	1 753 446	7.54	2 588 376	160 052	6.18
2015	28 552 200	2 350 626	8.23	3 380 330	242 975	7.19
2016	35 714 000	3 405 130	9.53	4 487 398	403 604	8.99
2017	41 795 200	4 960 926	11.87	5 231 628	533 680	10.20
2018	47 465 000	5 923 282	12.48	5 916 018	639 250	10.81

2. 宏观税收负担率与全省相比始终偏低

从 2006 年至 2018 年连续 13 年，某市宏观税收负担率没有达到全省总平均水平。某市经济发展连续多年超过全省，税收负担率却保持低于全省 1～3 个百分点。2011 年某市宏观税收负担率为 6.18%，在全省 11 个地市中排在最后一位。2018 年上升至 10.81%，在全省居第 9 位，仅高于样本 8 和样本 11，仍居下游较低水平，如表 4-23 所示。

表 4-23　某市与全省其他地市宏观税收负担率比较分析

项目	2011			2018		
	GDP（万元）	全国税收收入（万元）	税收负担率（%）	GDP（万元）	全国税收收入（万元）	税收负担率（%）
全省合计	23 248 000	1 753 446	7.54	47 465 000	5 923 282	12.48
样本 1	5 031 377	463 688	9.22	10 134 000	1 238 569	12.22
样本 2	2 266 996	176 112	7.77	4 059 000	697 384	17.18

续表

项目	2011			2018		
	GDP（万元）	全国税收收入（万元）	税收负担率（%）	GDP（万元）	全国税收收入（万元）	税收负担率（%）
样本 3	1 178 278	110 749	9.40	2 321 000	292 586	12.61
样本 4	2 150 010	162 300	7.55	4 604 000	507 253	11.02
样本 5	1 804 226	139 105	7.71	3 644 000	434 704	11.93
样本 6	1 028 679	77 551	7.54	2 324 000	361 414	15.55
样本 7	989 800	64 568	6.52	1 939 000	242 657	12.51
样本 8	1 865 053	116 179	6.23	3 853 000	400 377	10.39
样本 9	1 379 170	103 234	7.49	3 824 000	547 245	14.31
样本 10（某市）	2 588 376	160 052	6.18	5 916 000	639 252	10.81
样本 11	2 592 500	179 908	6.94	5 568 000	561 841	10.09

（二）影响宏观税收负担率的成因分析

根据税收经济关系的基本原理，地区经济发展水平与税源质量的高低对税收能力的强弱有决定性的影响，进而会影响一个地区的宏观税收负担率水平。经济发展水平、发达程度和税源质量越高，税收能力越强，宏观税收负担率的实际水平相应也越高。另外，税收政策和税收征管因素对宏观税收负担率也会产生影响。

1. 城市化水平

近年来，随着改革开放速度的加快，各地城市化进程也在不断加速。2018 年，某省城市化的总平均水平为 43.01%，而某市仅为 35.76%，低于全省 7.25 个百分点，排在全省倒数第 4 位，仅略高于样本 9、样本 7 和样本 11。从近年来某市的城市化水平来看，平均低于全省 8 个百分点，一直排徊在第 8、9 位的水平，与其宏观税收负担率水平的位序基本是匹配的，如表 4-24 所示。

表 4-24　2018 年某市与全省城市化水平比较

项目	总人口（人）	城镇人口（人）	城市化水平（%）	税收负担率（%）
全省合计	33 745 538	14 513 932	43.01	12.48
样本 1	3 442 663	2 790 612	81.06	12.22
样本 2	3 140 704	1 541 754	49.09	17.18
样本 3	1 308 655	735 576	56.21	12.61
样本 4	3 251 792	1 250 634	38.46	11.02
样本 5	2 214 463	934 519	42.20	11.93

续表

项　　目	总人口（人）	城镇人口（人）	城市化水平（%）	税收负担率（%）
样本 6	1 517 268	650 460	42.87	15.55
样本 7	3 056 676	1 057 577	34.60	12.51
样本 8	3 095 078	1 257 577	40.63	10.39
样本 9	3 554 382	1 181 010	33.23	14.31
样本 10（某市）	4 147 043	1 483 100	35.76	10.81
样本 11	5 016 814	1 631 113	32.51	10.09

通过观察表 4-24 中城市化水平与宏观税收负担率数据，不难发现一个新的规律：城市化水平与宏观税收负担率关联度很高，城市化水平高的地区宏观税收负担率也高，城市化水平低的地区宏观税收负担率也相对较低，两者呈正相关关系。

2. 规模以上工业企业比重

产业规模决定了税源结构，进而决定税收的规模和结构。由于企业的边际收益通常随企业规模的扩大而递增，因而企业的规模越大，税收的贡献率越高，税收负担率也越高。

某市与某省一样，作为全国的能源重化工基地，经济结构以能源、原材料工业为主体，第二产业比重明显偏大。当年全国三大产业比重为 11.7∶49.2∶39.1，全省为 5.5∶59.6∶34.9，而某市为 6.2∶59.4∶34.4，第二产业比重偏大且比较突出。理论上，某市整体宏观税收负担率也应该偏高。但进一步分析可以发现，某市虽然第二产业比重较大，但规模以上工业企业比重偏低，即可征税或税收负担率较高的规模大的企业比重较低，这个因素直接影响工业增值税税收负担率，进而导致了宏观税收负担率的降低。

（1）不同规模增值税税收负担率差异测算。

为了分析规模以上工业企业与规模以下工业企业的税收负担率差异，将规模以上和规模以下工业企业的工业增加值税收负担情况进行了测算分析。

第一，2019 年某市直接监控年纳税 500 万元以上的规模较大企业 205 户，其 2019 年 1—10 月总体增值税与销售收入的比率为 6.23%，由于难以取得规模以上工业企业增值税税收负担率，可以用 6.23% 作为规模以上工业企业增值税代表性税收负担率。

第二，2018 年某市规模以上工业企业主营业务收入为 7 965 955 万元，按照 6.23% 的税收负担率测算应实现增值税 496 279 万元，与当年规模以上工业增加值 2 812 748 万元相比，得出工业增加值税收负担为 17.64%。从某市 2018 年度增值税中剔除规模以上工业企业增值税，推算出某市规模以下工业企业实现增值税 90 170 万元，与全市规模以下工业增加值 744 253 万元相比，得出工业增加值税收负担为 12.12%。

第三，通过上述对比分析可以发现，规模以上工业企业增值税税收负担率要比规模以下工业企业增值税税收负担率高出约 5.52 个百分点。也就是说，规模以上工业企业每万元生产总值可实现增值税 1 764 元，而规模以下工业企业每万元生产总值可实现增值税 1 212 元，两者相差 552 元。由此可见，研究分析地区之间的宏观税收负担率差异仅仅考虑产业结构因素是不够的，还需要对可税企业规模做进一步比较分析。

（2）规模以上工业企业增加值占全部工业增加值比重差异测算。

规模以上工业企业增加值占全部工业增加值比重越大，说明一个地区规模大的工业企业占的比重越大。从规模以上工业企业增加值占全部工业增加值比重可以看出，某市规模以上企业特别是大中型企业的增加值占全部工业增加值的比重大大低于全省水平，进而拉低了某市的宏观税收负担率，也拉大了某市宏观税收负担率与全省宏观税收负担率的差距。

2016—2018 年某市及全省各样本市的规模以上工业企业增加值占全部工业增加值的比重如表 4-25 所示。

表 4-25 某市规模以上工业增加值比重与全省比较

项目	2016			2017			2018		
	全部工业增加值（万元）	规模以上增加值（万元）	占全部工业增加值比重（%）	全部工业增加值（万元）	规模以上增加值（万元）	占全部工业增加值比重（%）	全部工业增加值（万元）	规模以上增加值（万元）	占全部工业增加值比重（%）
全省合计	9 914 400	6 329 929	63.85	21 176 800	17 566 980	82.95	24 851 000	20 862 000	83.95
样本 1	1 579 489	1 204 840	76.28	3 260 172	2 921 100	89.60	3 786 000	3 415 903	90.22
样本 2	994 300	795 600	80.02	1 820 436	1 546 099	84.93	1 931 000	1 670 518	86.51
样本 3	597 438	436 239	73.02	1 070 878	994 990	92.91	1 256 000	1 043 633	83.09
样本 4	962 000	556 695	57.87	2 071 435	1 794 573	86.63	2 452 000	2 161 784	88.16
样本 5	865 127	513 051	59.30	1 849 249	1 582 500	85.58	2 139 000	1 680 129	78.55
样本 6	433 986	350 500	80.76	569 846	—	—	1 338 000	1 197 667	89.51
样本 7	274 240	141 100	51.45	613 706	462 600	75.38	771 000	600 295	77.86
样本 8	764 647	457 700	59.86	1 511 144	1 243 047	82.26	1 835 000	1 447 654	78.89
样本 9	641 161	351 600	54.84	1 849 534	1 406 700	76.06	2 511 000	1 825 344	72.69
样本 10（某市）	1 278 685	654 200	51.16	3 196 525	2 424 100	75.84	3 557 000	2 812 747	79.08
样本 11	1 227 190	867 900	70.72	2 472 576	1 830 800	74.04	2 853 000	2 360 244	82.73

根据表 4-25 中的数据分析：

第一，2016 年、2017 年和 2018 年某市规模以上工业增加值占全部工业增加值的比重比全省分别低 12.69、7.11 和 4.87 个百分点。与其他地区相比，2016 年某市规模以上工业企业增加值的比重为 51.16%，居全省倒数第一。

第二，2017 年，某市规模以上企业比重提高较快，但仍居全省第 9 位，仅高于样本7和样本11。

第三，2018年，某市规模以上企业比重进一步提升到79.08%，排在第7位，位于中下游水平。显然，规模以上企业增加值在全部工业中的比重偏小，是影响宏观税收负担率的重要因素。

3. 税源质量

（1）税源质量分类。

反映地区税源的重要经济指标是GDP，按收入法计算的GDP在理论上包括工资、折旧、生产税净额和利润（营业盈余）。在此基础上我们对税源经济指标GDP的质量进行分类分析：

一是我们把运行正常、效益较好的企业产生的增加值称为"良性增加值"，它应包括工资、折旧、生产税净额和利润。这类企业能正常发工资，正常计提折旧，正常纳税，其后还有利润留存。

二是经营情况稍差于前一种企业的企业，我们把其产生的增加值称为"中性增加值"，它包括工资、折旧、生产税净额，但无利润。

三是情况较差的企业的。我们把其增加值称为"劣质增加值"，它只包括工资、折旧或部分折旧，无税无利。工资和部分折旧计入GDP，但实际上无税无利。

由此可见，税源质量是影响税收变化的内在因素。增值税由企业的增值率高低决定；企业所得税的多少由企业利润率决定。根据年度全省税收资料调查取得的海量信息数据，对某市及其全省其他地区的税源质量进行了对比分析。全省税收资料调查所覆盖的9 003户企业，实现计征增值税销售收入8 113亿元，实现工业增加值2 258亿元，占当年全省全部工业增加值2 485亿元的90.87%；实现增值税410.6亿元，占当年全部增值税477.8亿元的85.93%；实现税收总额705.8亿元，占当年国税、地税收入之和835.8亿元的84.45%。其中11个地区的调查企业税收占当地税收总额比重均在70%以上。可以说，年度全省税收资料调查数据对全省税源质量具有很强的代表性。

（2）税源质量测算与实证分析。

测算税源质量综合指数，首先确定税源质量指标：增值率、盈利企业比例、户均盈利、利润率和城市化水平。

依据税源质量分析指标体系及税源质量综合指数的编制方法，我们对某省及各地区的税源质量综合指数进行了测算分析，如表4-26所示。

表4-26 2018年某市税源质量指数与省及其他地区比较

项 目	增值率（%）	相对值	盈利企业比例（%）	相对值	户均盈利（万元）	相对值	利润率（%）	相对值	城市化水平（%）	相对值	税源质量综合指数	排序
全省合计	26.09	1.00	44.84	1.00	1 908	1.00	8.90	1.00	43.01	1.00	1.00	
样本1	20.47	0.78	41.77	0.93	2 637	1.38	8.30	0.93	81.06	1.89	1.18	2

续表

项 目	增值率(%)	相对值	盈利企业比例(%)	相对值	户均盈利(万元)	相对值	利润率(%)	相对值	城市化水平(%)	相对值	税源质量综合指数	排序
样本 2	42.33	1.62	36.94	0.82	5 416	2.84	16.67	1.87	49.09	1.14	1.66	1
样本 3	30.24	1.16	46.44	1.04	826	0.43	6.16	0.69	56.2	1.31	0.93	4
样本 4	30.19	1.16	48.19	1.07	1 622	0.85	8.71	0.98	38.46	0.89	0.99	6
样本 5	43.20	1.66	51.18	1.14	2 298	1.20	13.74	1.54	42.2	0.98	1.31	3
样本 6	19.46	0.75	50.68	1.13	2 452	1.29	5.47	0.61	42.87	1.00	0.95	5
样本 7	26.69	1.02	51.53	1.15	771	0.40	8.70	0.98	40.63	0.94	0.90	8
样本 8	16.48	0.63	38.96	0.87	576	0.30	4.59	0.52	32.51	0.76	0.62	11
样本 9	28.94	1.11	42.02	0.94	984	0.52	6.40	0.72	34.59	0.80	0.82	10
样本 10（某市）	20.70	0.79	55.27	1.23	1 170	0.61	6.40	0.72	35.76	0.83	0.84	9
样本 11	25.92	0.99	42.23	0.94	2 515	1.32	10.61	1.19	33.22	0.77	1.04	7

根据表 4-26 中的数据分析：

一是从与增值税关系最密切的增值率分析，各地区差距不大，其中某市为 20.7%，居全省第 8 位，高于样本 1、样本 8 和样本 6。

二是从盈利企业比例分析，某市为 55.27%，居全省第 1 位；但某市盈利企业户均盈利 1 170 万元，比全省平均水平 1 908 万元低了 738 万元，位居全省第 7 位，高于样本 3、样本 8、样本 8 和样本 9。

三是从利润率来看，某市盈利企业利润总额占主营业务收入的比重为 6.4%，明显低于全省水平 8.9%，居全省第 9 位，高于样本 3、样本 6 和样本 8。

四是从城市化水平看，某市为 35.76%，居全省第 8 位。

总体分析，某市除盈利企业比例位居全省第 1 外，其余指标均居全省下游水平，说明某市盈利企业数目多、户均盈利额低，尤其是规模企业中盈利企业少。将以上 5 项指标全部计算出相对值后，再汇总相对值求平均数，计算税源质量综合指数。某市税源质量综合指数为 0.84，比全省平均水平低 16%，在全省居第 9 位，仅高于样本 8 和样本 9。数据分析表明，某市虽然经济规模总量位居全省前列，但经济运行质量不高，税源质量较差，这是导致宏观税收负担率较低的重要影响因素。

4. 税收优惠政策

民政福利企业退税政策、经济技术开发区和高新技术企业等减免税优惠政策也是影响宏观税收负担率的重要因素。某市地处内陆省份，对高新技术企业的税收优惠和对经济特区、经济技术开发区等区域性税收优惠享受的很少，税收优惠主要以企业所得税的减免和福利企业的先征后退为主，尤其是近年来某市煤焦铁产业发展迅速，集中在洗煤、生铁行业的福利企业退税高速增长，退税规模在全省首屈一指，如表 4-27 所示。

表 4-27　2014—2018 年某市减免与先征后退税金占全省比重情况　　　　单位：万元

项目	2014		2015		2016		2017		2018	
	减免	先征后退	减免	先征后退	减免	先征后退	减免	先征后退	减免	先征后退
全省合计	88 900	32 343	144 703	59 247	251 460	76 824	260 365	80 276	398 634	75 021
某市		8 814	23 753	15 620	33 164	24 452	37 147	21 236	53 541	5 105
占全省比重（%）		27.25	16.42	26.36	13.19	31.83	14.27	26.45	13.43	6.80

根据表 4-27 中的数据分析：

在 2014—2018 年的 5 年间，某市减免税金均占到全省 13%以上，先征后退税金除 2018 年外均占到 25%以上，最高的 2016 年达 24 452 万元，占到全省 31.83%，无论是绝对额还是比重，均远远高于其他地区。2014—2018 年某市的先征后退税金占当年全部增值税的比重分别为 5.51%、6.43%、6.06%和 4.26%。由于先征后退税金数额巨大，导致全市宏观税收负担率降低 0.2~0.5 个百分点。

综合上述分析，某市宏观税收负担率偏低是多种因素综合作用的结果。城市化水平、规模以上工业企业比重、税源质量和税收优惠政策等诸多方面的因素，导致了某市宏观税收负担率低于全省平均水平。

（三）依法组织收入的建议和措施

首先，在国家现行税制下，提高某市宏观税收负担率的有效途径是优化产业结构，不断加快新旧产能置换、淘汰落后产能的步伐，积极培育新经济增长动能，促进经济持续稳定健康发展。

其次，要加快基础设施投入和建设步伐，加强固定资产投资建设，加快推进城市化发展进程；进一步加大投资力度，培养和支持企业上规模、上档次，扩大规模以上企业在经济中的比重，特别要注重不断提高企业的整体规模和经济效益水平。

最后，进一步推进结构性减税，在不折不扣地落实税收优惠政策的同时，进一步加强税收征管，加强对民政福利企业退税的税收遵从风险管控，及时开展税收遵从风险分析识别，有效防控民政福利企业退税风险。

第五章

税收数据挖掘在税收遵从风险分析中的应用

税收大数据作为重要资产，要对其价值进行深度挖掘和分析利用。通过有效获取税收大数据，综合运用更便捷、有效的数理统计学、机器学习、人工智能技术等数据挖掘技术方法，从无序、大量的税收数据中比对、挖掘、提炼，从而发现税收数据的关联规则、风险特征规律及税收风险点，并对未来发展趋势进行预测、预警和识别研判，进而有效提升大数据税收风险分析的科学性和精准性。

第一节 税收数据挖掘方法

一、税收数据挖掘的意义

税收数据挖掘（Data Mining）是税收大数据分析技术中的关键环节。税收数据的深度挖掘利用，是运用计算机信息技术，从海量的、非结构化的、半结构化的税收大数据中，获取和发现隐含的、具有潜在价值的税收信息的知识管理过程。它主要是基于人工智能技术、数理统计学、机器学习、模式识别、数据库等大数据分析技术在税收领域的应用，高度智能化深度分析税收大数据，做出归纳性的推理、识别和判断，从中挖掘出税收征管中存在的问题及税收遵从风险，并对未来发展趋势进行预测、研判和预警，进而提升税收管理人员的科学决策水平。

税收大数据是税收知识管理的源泉，金税系统中原始的税收数据可以是结构化的，如关系数据库中的数据；也可以是半结构化的，如文本、图形和图像数据；甚至可以是非结构化的或分布在互联网上的异构型数据。税收大数据既包括税务系统内部大数据，又包括来自其他政府部门、互联网、企业、居民等的外部大数据。税收数据挖掘就是运用更新的、更便捷的、更有效的税收数据挖掘技术和方法，对大量的涉税数据进行获取、提取，挖掘其隐藏在海量信息数据中的有潜在价值的税收信息，在一个无序的海量数据集中过程中找到有潜在价值的税收数据项，从无序的、不完全的税收大数据集中发现税收数据的关联规则及特征规律的过程，通过总结归纳提炼，提升知识管理能力，有效降低征纳成本，有针对性地开展纳税服务和税收遵从风险管理。

传统税收实践中比较常见的数据分析主要有报表审核、简单查询、复杂查询、税源分析、税收经济分析、税收预测、税收遵从风险分析监控等。税收数据应用的一般特征是基于汇总、分类、计算基础之上的原始税收数据的"复制式"展现和对税收现象的"陈列式"反映与描述。互联网、大数据、人工智能技术的飞速发展，为税收数据挖掘提供了更广阔的应用前景，一般表层分析利用已经远远不能满足税收现代化发展的需求，税收大数据的深度挖掘和分析利用应提到重要的议事日程上来。

税收数据挖掘以统计学为理论基础，将数据库技术、人工智能技术、数理统计技术、可视化技术相结合，综合应用各种数据挖掘技术。方法可以是数学的，也可以是统计学的；可以是关联的、演绎的，也可以是归纳的。发现的知识可以应用于税收信息化管理、查询系统优化、管理决策支持和税收遵从风险监管，还可以用于税收数据自身的应用和维护等。因此，税收数据挖掘技术是一门交叉学科技术，把管理人员对税收大数据的分析应用从低层次的简单查询、描述，提升到从数据中挖掘知识，提升知识管理能力，使管理人员具有更高的洞见和更科学的决策能力。

二、常用的税收数据挖掘技术与方法

税收数据挖掘的方法有很多种，按照不同的分类有不同的具体方法。常用的税收数据挖掘方法一是统计分析方法；二是机器学习方法，包括人工神经网络模型方法及数据库方法等；三是 Web 页涉税数据挖掘分析。

（一）统计分析技术与方法

1. 分类分析

分类分析在数据挖掘中是一个非常重要的方法。分类的目的是通过统计分类方法、决策树法、人工神经网络模型方法等构造分类模型，把数据库中的数据映射到给定类别中的某一个分类中。分类分析首先为每一个观测赋予一个标记，然后检查这些被标记的观测，描述这些观测的特征。这种描述可以是一个数学公式或模型，利用它可以分类新的观测，得到判别的结果。分类分析是一种数据挖掘方法，通过确定一组数据所属的类别以实现更准确的预测和分析。分类分析有时候也称决策树分类分析模型，是对大型数据集进行分析的利器之一。常用的分类方法有两种：逻辑回归和判别分析（Discriminant Analysis）。常用的几种典型的分类模型有线性回归模型、决策树模型、基于规则模型和人工神经网络模型等。

2. 聚类分析

聚类分析也是一种分类分析方法，与前面介绍的分类分析不同之处在于，聚类所要求划分的类是未知的，是把一组未标定的数据或个体按照相似性归成若干类型，将数据分类到不同的类或簇中的一个过程,按照它们在性质上的亲疏、相似程度进行分类,即"物以类聚"。所谓类,即相似元素的集合。它的目的是根据一定的规则,使同一类别之内的相似性尽可能大,相异性尽可能小,而不同类别之间的相异性尽可能大,相似性尽可能小。

聚类分析是一种探索性的数据挖掘分析,在分类的过程中,不必事先给出一个分类的标准,能够从样本数据出发,自动进行分类。不同研究者对于同一组数据进行聚类分析,所得到的聚类数未必一致,且聚类分析所使用的方法不同,常常会得到不同的分析结论。从统计学的角度,聚类分析是通过数据建模减少分析研究对象、简化数据的一种方法。传统的统计聚类分析方法包括系统聚类法、分解法、动态聚类法、有序样品聚类法等。采用相关算法的聚类分析工具已被加入许多统计分析软件包中,如 SPSS、SAS 等。从机器学习的角度,聚类分析是观察式无监督学习,是搜索相似簇进行分类的无监督学习过程,它们对贮存的数据信息进行分类,并能识别出各信息源之间的相似之处、不同之处,基于此,可用聚类分析的方法找出数据知识库中各知识结构间隐含的关系及规律。

3. 关联指标识别分析

数据之间的关联是数据挖掘中的一类重要的、可被发现的知识。两个或两个以上税收指标的取值之间存在某种内在规律性,就称为关联。例如,商贸企业的毛利率与增值税税负率的具体数据之间存在关联关系,企业的毛利率越高,增值税税负就相应较高。关联分析规则挖掘就是分析发现大量税收数据项之间有趣的潜在关联关系及关联程度,找出数据之间的关联网开展深度挖掘。关联分析规则根据所处理值的类型分为布尔关联规则与量化关联规则;根据涉及的属性维数分为单维关联分析规则和多维关联分析规则;根据内在关联关系分为简单逻辑关联和因果关联。一般用支持度和可信度的阈值来度量关联规则的相关性,通过不断引入兴趣度、相关性等参数,使数据挖掘的关联规则更符合实际的涉税业务需求。

案例分析 5-1

某市税务局运用关联规则分析的数据挖掘方法深挖增值税升级版数据,采用增值税发票升级版数据和互联网大数据有机相结合的方法,结合企业的供应链、互联网税收大数据,分析增值税发票升级版数据的流向,建立增值税发票风险监控指标模型,精准定位企业涉税风险点,有效防控了出口骗税税收遵从风险。

某市税务局在对某网络科技有限公司 A 公司开展出口退税风险管理时发现,A 公司增值税专用发票与出口货物名称比对不符,存在出口退税的税收遵从风险隐患。税务人员展开一系列数据关联比对分析,采集了 A 公司相关出口货物报关单数据、出口退税申报数据和上游供货企业相关数据,同时通过增值税发票升级版采集 A 公司增值税销项数据和进项数据,发现以下风险点。

风险点一:A 公司进项税额数据结构比率指标显示异常,进项税率 13% 的涉税金额占比较高,为 99.86%,税率 3%、6% 和 11% 涉税金额占比很少。企业存在虚抵进项税额,骗取出口退税的情况。

风险点二：税务人员运用关联分析的思路，结合企业供应链理论，向上游进一步追踪，从增值税发票升级版系统获取了上游 5 家关联供货企业的进销项数据。经核实，供货企业一方面向 A 公司提供出口货物，另一方面又向其购买技术服务。税务人员进一步分析判断进销企业可能受一人或一伙人控制，相互虚开发票迹象明显。据此判断双方是否存在真实货物、劳务交易，营改增后是否存在变名销售，将实际销售货物改成销售服务，以期达到隐瞒真实出口货物价格、低价申报少计收入、少缴企业所得税的目的。最终，通过一系列关联数据的深入分析，税务人员认为 A 公司存在通过业务关联、低报出口货物等手段骗取出口退税、转让定价、少计收入、少缴企业所得税的可疑情况，于是将该案移交稽查部门进一步实施风险应对。

税务部门利用出口货物报关单数据、出口退税申报数据和上游供货企业相关数据、增值税发票升级版数据的相互关联性开展数据挖掘分析，为纳税人提供便捷服务的同时，将税收遵从风险拒之门外，为防范出口骗税风险开拓了新思路和新方法。

4. 时间序列分析

时间序列分析又称时序关联分析，与关联指标分析类似，但时间序列分析更侧重于挖掘数据在时间上的先后因果关联关系，目的也是挖掘数据之间在时间上的联系，进而更好地分析判断税收遵从风险指标在时间上的变化是否正常，是否存在涉税风险。

5. 偏差分析

在数据挖掘中，偏差分析是探测税收数据现状、历史记录与标准值之间的显著变化和偏离。偏差包括很多潜在的有趣知识，如企业实际的税收数据与预警值的偏离，分类中的异常实例、模式的例外等。在税收遵从风险分析监控项目中，偏差分析指实际的税收指标数据与标准值、预警值或第三方数据之间的偏离。偏离的系数越大，税收遵从风险越高。在收入核算分析中，实际完成的税收收入与计划的税收收入之间的偏差越大，组织税收收入的风险越高。

6. 相关分析与回归分析

一是相关分析（Analysis of Correlation），是研究两个或两个以上处于同等地位的随机变量间的相关关系及密切程度的统计分析方法，通过相关图或相关系数反应变量之间关系密切程度。相关系数的取值区间为 $-1 \sim 1$。1 表示两个变量完全正相关，-1 表示两个变量完全负相关，0 表示两个变量不相关。数据越趋近于 0，表示相关关系越弱；相关系数绝对值大于 0.8，表示两个变量高度相关；数据越趋近于 1，说明两个变量间相关密切程度越高。例如，企业利润的增长和所得税的增长、销售收入的增长和增值税的增长之间的相关系数都是大于 0.8，呈高度正相关关系。

二是回归分析（Regression Analysis），是在相关分析基础上，确定两个或两个以上变量间相互依赖的定量关系的一种统计分析方法。回归分析不仅可以揭示自变量 x 对因变量 y 的影响大小，还可以由回归方程进行数量上的预测、估算和控制。回归分析按照自变量的多少，可分为一元回归分析和多元回归分析；按照自变量和因变量之间

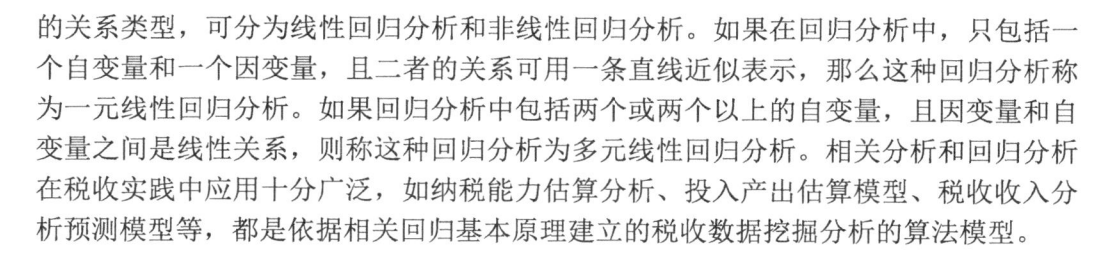

的关系类型，可分为线性回归分析和非线性回归分析。如果在回归分析中，只包括一个自变量和一个因变量，且二者的关系可用一条直线近似表示，那么这种回归分析称为一元线性回归分析。如果回归分析中包括两个或两个以上的自变量，且因变量和自变量之间是线性关系，则称这种回归分析为多元线性回归分析。相关分析和回归分析在税收实践中应用十分广泛，如纳税能力估算分析、投入产出估算模型、税收收入分析预测模型等，都是依据相关回归基本原理建立的税收数据挖掘分析的算法模型。

（二）机器学习

机器学习主要是运用互联网计算机信息技术手段，综合运用数据挖掘分析、情报管理技术和技能、信息系统设计和运行的技术和技能、应用数学、数理统计学、应用统计技术和技能等进行数据综合开发利用的过程。根据训练样本是否带有类别标记的信息，可以把机器学习方法分为有监督学习和无监督学习。

1. 有监督学习技术

对于给定的训练样本，通过对带有类别标记特征的样本的学习过程，确定模型结构及参数，通过检验确定其科学有效后推广应用，对其他未知类别的样本进行识别、判断和分析，这类方法称为有监督学习技术方法，也称为有参数的监督训练法、类比学习法等。常用的有监督学习技术方法有判别函数法、决策树模型、人工神经网络模型、支持向量机及遗传算法等。

正如人们通过已知病例的学习经验，来诊断其他病人病情的技术一样，计算机要通过学习训练才能具有识别其他样本的分析能力。例如，纳税人是否存在税收流失风险、有哪些风险指标特征、风险程度高低、如何化解排除等，金税工程决策二包风险管理系统需要通过学习训练得到税收遵从风险的特征参数，才能具有识别其他纳税人税收遵从风险的分析能力。在数据分析挖掘算法中，有很多统计和智能的方法都属于有监督学习技术方法，如在税收大数据挖掘中常用的决策树技术方法，就是一种常用于预测分析模型的算法，它通过将大量数据有目的分类，从中找到一些有潜在价值的信息。它的主要优点是描述简单，分类速度快，特别适合大规模的数据挖掘处理。

有监督学习技术在国际税收遵从风险管理实践中应用比较广泛。例如，德国在增值税的遵从风险管理中，首先建立了一个增值税欺诈案件在线数据库，即一个循环骗税的重大骗税案件数据库，同时建立了一个覆盖全国的增值税信息系统，并在此基础上利用人工神经网络模型等智能分析技术方法开发了增值税骗税的风险管理信息化系统，建立了增值税骗税指标参数的模型数据库，自动比对识别与其诈骗风险特征类似的增值税纳税人，以系统化的信息技术方式自动识别高风险的增值税纳税人实施重点监控。这里的增值税欺诈案件数据库所运用的就是有监督学习技术方法，是结合有增值税风险类别特征标记的样本及有关参数，有效运用了人工神经网络模型技术。

2. 无监督学习技术

与有监督学习技术方法借助有类别标记的样本训练学习确定模型参数相反，当没有类别标记样本可以使用时，就必须根据总体未知样本特征类别数据集内部的特征，利用分析模型算法自动进行分类，寻找类别规律特征并进行分析和识别，这类方法称为无监督学习技术方法。常见的无监督学习技术有各种聚类分析算法、自组织特征映射算法、主成分分析方法及综合分析评价方法等。

在同等条件下，对于这两类学习方法，如果有类别标记的样本及参数可用，有监督学习技术的分析识别精度和准确性要高于无监督学习技术。但是，我国税收遵从风险分析识别的实践探索还处于起步阶段，至今没有建立欺诈案件数据库用于智能分析识别方法的学习训练。随着互联网信息技术的发展和税收大数据的广泛应用，我们可以综合借鉴国际上先进的税收遵从风险分析识别的技术和经验，结合德国、美国的经验和做法，把有监督学习技术和无监督学习技术有机结合运用，探索综合运用有监督学习技术中的决策树、人工神经网络等智能技术方法和判别函数分析方法，通过无监督学习技术中的聚类分析方法进行综合验证，进而提高税收遵从风险分析识别的科学性、精准性和有效性。

（三）Web 页涉税数据挖掘分析

随着互联网信息技术的迅速发展，网络上的涉税数据信息量越来越丰富，Web 页涉税数据挖掘分析，是通过对互联网上海量的涉税信息数据进行获取、存储、传递、识别、分析，发现企业管理过程中存在的各种涉税问题，利用数据挖掘分析方法进行比对分析，识别企业涉税风险，并将其转化为有价值的涉税信息，提升税收管理人员的知识管理水平，进而提高管理的决策能力。

通过 Web 页获取的涉税数据五花八门，包括文本、图像、音频、视频等各种类型的涉税数据，涉及 Web 技术、网络爬虫技术、数据挖掘技术、计算机语言学、信息学等多个领域，是一项综合的数据挖掘技术。近年来，利用 Python 爬虫进行 Web 数据挖掘已经越来越普遍。从目标上看，Web 数据挖掘分析分为三类，最常见的一是对于网站内容的爬取和挖掘分析，包括文本、图片和文件等；二是对于网站结构的爬取和挖掘分析，包括网站目录、链接之间的相互跳转关系、二级域名等；三是对于 Web 应用数据的挖掘，包括获取网站 CMS 类型、Web 插件等。

第二节 决策树挖掘分析在税收遵从风险分析中的应用

一、决策树（Decision Tree）挖掘分析法

决策树挖掘分析法是机器学习中主要的数据挖掘分析方法，是将构成税收遵从风

险的有关因素，以树状图的关联关系规则方式表现出来，利用图解的形式将税收遵从风险事件分类分解成若干具体的影响因素，对各种引起税收遵从风险事件的具体因素通过构建风险指标体系模型及相应算法进行层层分解，逐级细化，抽茧剥丝，逐步过滤筛查，发现税收遵从风险，最终指向锁定税收遵从风险疑点，并据此进行决策，实施风险应对的系统分析方法。这种把税收遵从风险影响因素分解后形成的分支图形很像一棵树的枝干，因而又称为决策树风险分析识别法。特点是直观明了、思路清晰、层次分明、逻辑关联性强、指向分析明确，能够使税收管理人员有步骤地分析和决策，在复杂税收遵从风险管理决策上能进行系统、周密、深入的分析思考，避免单纯凭经验、凭想象而导致的决策上的失误，提高税收遵从风险管理决策的科学性和有效性。

决策树挖掘分析法是税收遵从风险管理的决策支持工具，在税收遵从风险管理中的应用基于决策树风险诊断的基本原理，是税收遵从风险管理中广泛使用的一种有效的风险分析识别技术方法，基于决策树挖掘分析的原理构造税收遵从风险识别器，通过决策树分类进行税收遵从风险分析识别，可以清楚地看到税收遵从风险识别器内部具体分类构造及税收遵从风险识别的整个过程，更好地理解输入量与输出量之间的数量模型关系，通过基于决策树算法的税收遵从风险分析识别，可以有效提高税收遵从风险识别的有效性和精准性。

在税收遵从风险分析识别中，如果一棵决策树只在树的根部有一个决策点，即一个关键的税收遵从风险指标，则称为单级决策，如企业所得税风险分析决策树就是一个单级决策；若一个决策不仅在树的根部有决策点，在树的中间也有决策点，则称为多级决策，如增值税风险分析涉及虚假登记风险、虚开发票风险及逃避缴纳税款风险就是多级决策。本节主要以所得税为例来说明决策树挖掘分析方法在税收遵从风险分析中的应用。

二、所得税决策树风险分析识别模型

（一）所得税决策树风险分析识别模型图解

在分析识别所得税风险时，决策树法可以将所得税主要的税收遵从风险通过税收遵从风险指标分层级构建分解成若干细分指标的方法，以树状图的关联关系规则的方式表示所得税风险指标的层级影响关系及数据之间的关联规则，利用图解的形式将所得税的风险事件分类分解成若干具体的影响因素指标，进行深入分析识别，最终找到产生所得税税收流失风险的风险源、漏洞环节及具体的税收遵从风险点，采取有效措施堵塞漏洞，防控税收流失风险。以某企业申报数据为例，已知其所得税贡献率是0.55%，则所得税决策树风险分析识别模型图解如图 5-1 所示。

说明：第一，图中实际税负是指企业所得税实际税负为企业所得税法定税率，一般企业所得税的法定税率为 25%，此处的实际税负即为 0.25，但是根据国家相关所得税优惠政策，有些企业享受企业所得税减免政策，因此，此处的实际税负也可能为其他数据。第二，利润率是反映企业一定时期利润水平的相对指标，可选用成本利润率或销售利润率。

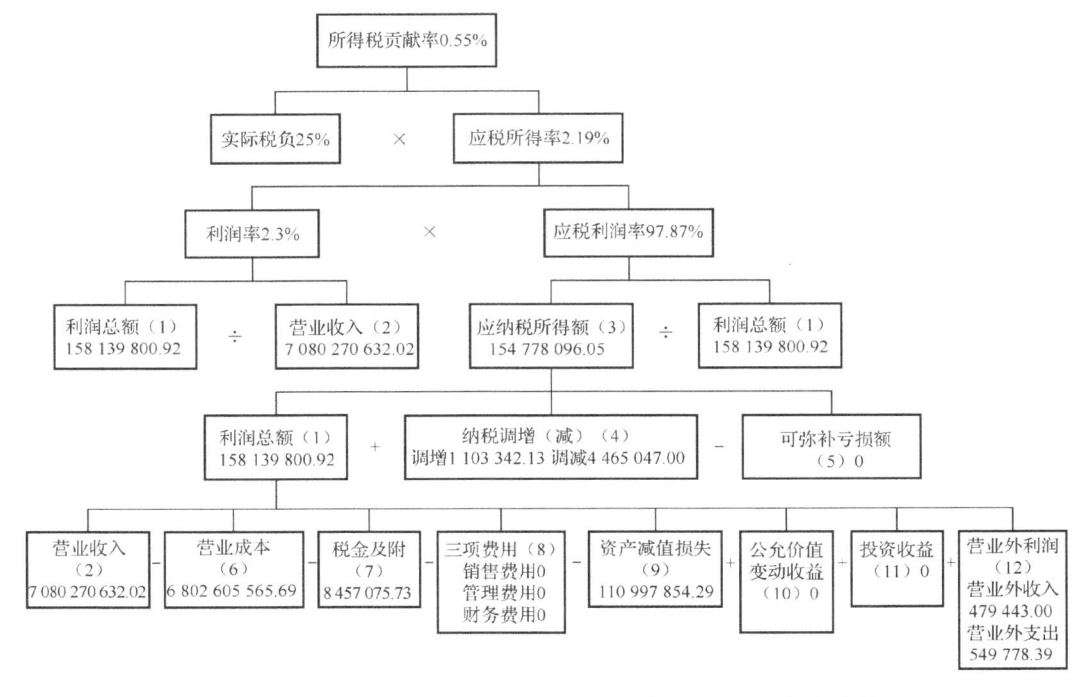

```
                    所得税贡献率 0.55%
                    ┌──────┴──────┐
              实际税负 25%  ×  应税所得率 2.19%
                              ┌──────┴──────┐
                        利润率 2.3%  ×  应税利润率 97.87%
              ┌──────┴──────┐              ┌──────┴──────┐
        利润总额(1)      营业收入(2)    应纳税所得额(3)   利润总额(1)
        158 139 800.92 ÷ 7 080 270 632.02  154 778 096.05 ÷ 158 139 800.92
                          ┌──────────────┬──────────────┐
                    利润总额(1)    纳税调增(减)(4)      可弥补亏损额
                    158 139 800.92 + 调增 1 103 342.13  −  (5) 0
                                     调减 4 465 047.00
     ┌────────┬────────┬────────┬────────┬────────┬────────┬────────┐
   营业收入  营业成本  税金及附  三项费用(8) 资产减值损失 公允价值   投资收益   营业外利润
   (2)       (6)       (7)      销售费用 0   (9)        变动收益    (11) 0    (12)
   7 080     6 802     8 457    管理费用 0   110 997    (10) 0                营业外收入
   270 632.02 605 565.49 075.73 财务费用 0   854.29                            479 443.00
                                                                              营业外支出
                                                                              549 778.39
```

图 5-1 某企业所得税决策树风险分析识别模型图解（不完全列举）

（二）所得税决策树风险分析识别模型指标层级关系与分析识别方法

1. 所得税决策树风险分析识别模型指标层级关系模型

在图 5-1 所示的所得税决策树风险分析识别模型中，主要风险指标大致可分为四层。

第一层指标包含：

企业所得税贡献率 = 实际税负 × 应税所得率

应税所得率 = 利润率 × 应税利润率

即 企业所得税贡献率 = 实际税负 × 利润率 × 应税利润率

第二层指标包含：

利润率 = 利润总额 ÷ 营业收入

应税利润率 = 应纳税所得额 ÷ 利润总额

应纳税所得额 = 利润总额 + 纳税调增额 − 纳税调减额 − 可弥补亏损额

应纳税所得额变动率 = 报告期应纳税所得额 ÷ 基期应纳税所得额 − 1

第三层指标包含营业成本、税金及附加、三项费用：

主营业务收入变动率 = 报告期主营业务收入 ÷ 基期主营业务收入

成本费用变动率=报告期成本费用÷基期成本费用

成本费用率=成本费用总额÷营业收入

第四层指标包括收入货物流、资金流分析；收入与成本、费用的趋势配比分析；收入与工资薪酬趋势配比分析；收入与水电等消耗趋势配比分析；收入与贷款余额增长的配比分析；销售费用率及销售费用变动率；管理费用率及管理费用变动率；财务费用率及财务费用变动率。

逐级分解到最下一层，分析识别出具体的税收遵从风险点。

2. 所得税决策树风险分析识别方法

在图 5-1 所示的所得税决策树风险分析识别模型中，反映了所得税决策树风险指标体系之间的存在的内在层级关联关系，在此基础上深入分析识别所得税的税收遵从风险，最终锁定具体的税收遵从风险疑点。

第一，对第一层级关键指标企业所得税税收贡献率有较大影响的指标为企业实际税负，即反映所得税税收遵从风险状况的关键指标所得税贡献率如果出现问题，呈现偏低的税收遵从风险特征，是所得税实际税负率影响的。

第二，进一步分析影响实际税负率的第二层级指标利润率和应税利润率，包括利润总额、营业收入、应纳税所得额；导致第二层级指标利润率偏低的原因是第三层级指标，包括营业成本、税金及附加、三项费用，进一步深入分析主营业务收入变动率、收入成本率、收入费用率等。

第三，通过逐级过滤筛查，如果排除营业收入和收入成本率指标的影响，指向收入费用率偏高导致所得税贡献率偏低，则需要进一步分析第四层级指标，即费用率的分解指标销售费用率、管理费用率和财务费用率等，以此类推，层层分解，逐级递进，深入挖掘分析，直至找到导致所得税风险贡献率偏低的具体风险点。

（三）所得税决策树风险分析识别模型案例分析

税收实践中通常以所有企业总体分析为主，结合行业的特定风险预警指标数据以单户企业分析为辅。以某市某港口航运有限公司单户企业的实例分析，论证决策树关联分析模型在所得税风险分析识别中的应用。具体步骤如下：

1. 测算当年全省港口航运行业各项指标的预警值

（1）平均所得税税收贡献率为 3.84%。

（2）平均应税所得率为 15.37%。

（3）平均利润率为 29%。

（4）平均应税利润率为 53%。

2. 所得税决策树风险分析识别模型的应用

（1）该企业的关键风险指标"所得税税收贡献率 2.61%""应税所得率 10.45%""利润率 8.7%"与行业预警值的偏离度较大，反映了该企业"所得税税收贡献率、应税所得率、利润率"的关联规则。

（2）其中第二层级指标企业的利润率低于行业利润率预警值70%，偏离幅度最大，均达较高风险评估预警程度，进一步深入挖掘分析第三层级指标企业的三项费用和营业收入对比计算的费用率指标数据，发现其费用率高于行业预警值40%。

（3）由上述分析得出初步分析识别判定结论："所得税税收贡献率、应税所得率、利润率、费用率"相互影响的关联规则，企业所得税贡献率偏低的具体风险点指向了企业的利润率偏低、费用率偏高，需要结合企业的费用明细深入分析具体的税收遵从风险疑点。该企业所得税决策树风险分析识别模型及相关数据如图5-2所示。

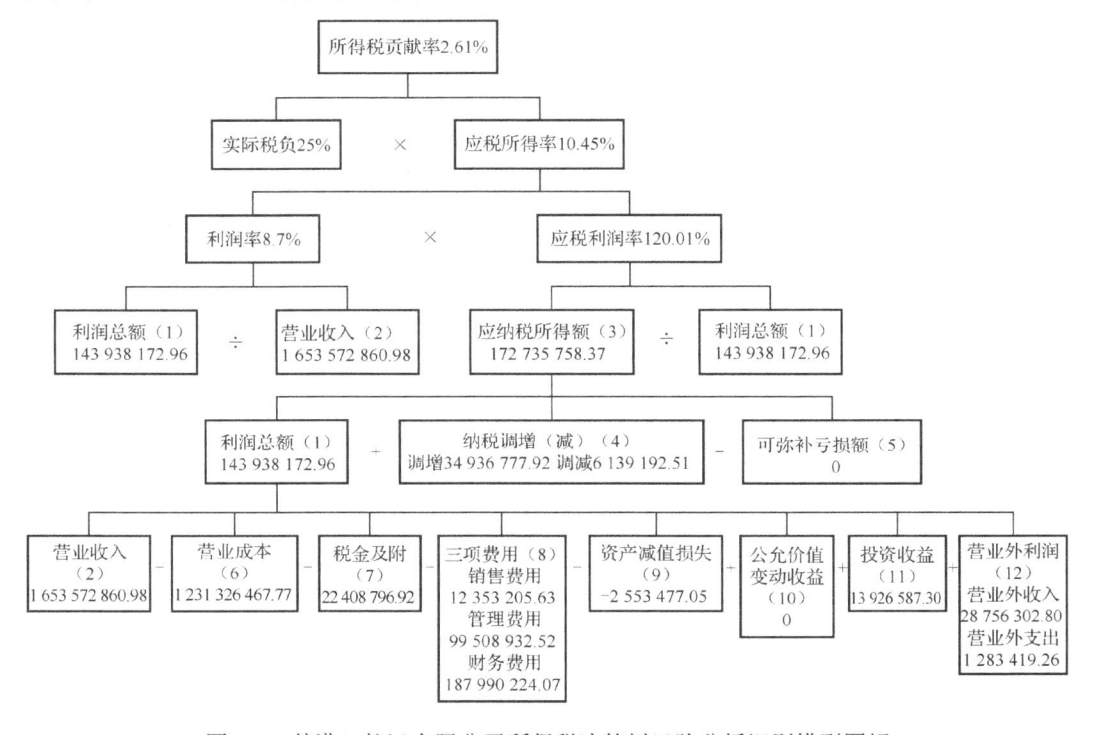

```
                          所得税贡献率2.61%
                          ┌──────┴──────┐
                    实际税负25%    ×    应税所得率10.45%
                    ┌─────┴─────┐      ┌──────┴──────┐
              利润率8.7%   ×   应税利润率120.01%
              ┌────┴────┐          ┌──────┴──────┐
        利润总额（1）  营业收入（2）  应纳税所得额（3）  利润总额（1）
        143 938 172.96 ÷ 1 653 572 860.98  172 735 758.37 ÷ 143 938 172.96
                                    │
                    ┌───────────────┼───────────────┐
              利润总额（1）    纳税调增（减）（4）    可弥补亏损额（5）
              143 938 172.96  调增34 936 777.92      0
                              调减6 139 192.51
```

| 营业收入（2）1 653 572 860.98 | 营业成本（6）1 231 326 467.77 | 税金及附（7）22 408 796.92 | 三项费用（8）销售费用12 353 205.63 管理费用99 508 932.52 财务费用187 990 224.07 | 资产减值损失（9）-2 553 477.05 | 公允价值变动收益（10）0 | 投资收益（11）13 926 587.30 | 营业外利润（12）营业外收入28 756 302.80 营业外支出1 283 419.26 |

图5-2 某港口航运有限公司所得税决策树风险分析识别模型图解

第三节 基于回归分析的纳税能力估算法在税收遵从风险分析中的应用

纳税能力估算法是现代计量经济分析方法。该方法基于回归分析的基本原理，在宏观层面主要是用于一定时期的纳税能力估算，在中观及微观层面的应用称为投入产出估算分析法，主要是用于对企业的纳税风险评估。通过将回归分析估算的纳税能力与实际申报或实际征收进行差异比对分析，测算征收率，可以反映税务部门的征管质效；测算出的差异数值可用于税收流失的测算，防控税收流失风险。

一、纳税能力估算法

（一）纳税能力估算法的含义和特点

纳税能力估算法也称税收流失估算法，是指应用各种涉税经济数据及方法估算一定的经济总量、经济结构和一定税收制度所决定的潜在的、最大的税收能力，即根据国家、地区、行业或纳税人一定时期涉税经济指标，按照现行的税收制度，估算一定时期内由一定的经济总量和经济结构决定的理论税收收入。将理论税收收入与实现的税收收入进行差异比较分析，实际税收收入和理论税收收入之间确认的差额即为税收流失额，也称税收缺口，缺口越大，税收流失的风险越高。以此查找某地区、某行业及某企业税收征管中可能存在的税收流失风险及其变动趋势，采取有效的风险应对措施。通过纳税能力估算税收流失的方法称为纳税能力估算法。

（二）纳税能力估算分析方法

纳税能力估算法按照估算的程序和路径可分为自上而下和自下而上两种不同的方法。宏观层面通常是采取自上而下层层估算的方法，而微观层面更多的是采用自下而上的方法。当前用于估算我国税收流失的模型主要有投入产出模型和随机边界模型，根据各税种潜在纳税能力结合实际申报征收数据分析税收流失状况、风险程度及其变动趋势。纳税能力估算的结果不仅可以应用于税收风险识别，还可以应用于税收收入预测、税收政策效应风险评估等不同方面。

1. 自上而下的估算方法

（1）含义和特点。该方法是利用国民经济核算的宏观经济数据，根据现行税收制度和政策，应用税收经济学、统计学和国民经济核算的相关原理、模型及方法，按照从国家到地区再到行业和纳税人的层级关系，自上而下估算理论税收收入，根据不同层级的实际税收收入测算税收流失量，理论税收收入与实际税收收入的差额即为税收流失的估算值。该方法主要用于增值税、消费税等税制设计相对简单、与税基对应的宏观经济数据及有关涉税经济指标比较全面且容易获取的间接税的税收流失估算。英国、瑞典等国家近年来对增值税等间接税的税收流失估算都是采用自上而下的估算方法。

自上而下估算方法以宏观经济统计数据为基础，其优点在于数据收集整理成本较小，操作上相对简单，时间、人力、物力消耗较少。其主要缺点是：第一，很难确定是否包括了地下经济和非法经济活动，通常是不包括的；第二，假设条件较多，有些税收政策无法体现，估算的准确度会受到一定的影响；第三，无法提供比较详细的信息。

（2）估算思路。自上而下法主要有两种估算思路：第一，寻找宏观统计数据中与税基比较接近的指标数据（称为代表性税基），根据税收政策规定的抵免、优惠情况调整数据,进而估算税收能力。当前用于估算我国税收流失的模型主要有投入产出模型和随机边界模型。常用的模型方法主要有投入产出法、增加值法和可计算一般均衡(CGE)模型法等。这些方法应用的经济指标与税收政策对应关系比较明确、紧密,也比较容易理解,主要应用于对国家或地区或某行业的税种税收能力的估算,我国已经应用投入产出法和增加值法开展对增值税税收能力的估算。第二,根据税收经济关系,运用税收经济模型,利用宏观经济面板数据或时间序列数据估算税收能力,常用的方法主要有随机边界模型法、数据包络模型法及税柄法等,这几种方法主要应用于对国家或地区总体税收能力的估算。

(3) 估算的步骤和方法。第一,代表性税制法 (Representative Tax System,RTS)。代表性税制法也称为 RTS 法,由美国政府间关系咨询委员会首创,旨在比较各州间的纳税能力。借鉴国外 RTS 法体系,我国 RTS 法也由五个基本要素组成:一是收入覆盖范围,二是税源分类,三是标准税基的定义,四是标准税率的定义,五是对标准税基按标准税率测算所得纳税收入汇总计算。估算公式如下:

$$TC = \sum_{i=1,n} SR_i \times SB_i$$

其中 TC 表示某地区标准税收收入或理论税收收入,SR_i 表示第 i 个税种的标准税率,SB_i 表示第 i 个税种的标准税基。

第二,估算税收流失。估算公式如下:

税收流失的估计值=TC-实际征收的税收收入

这种方法步骤可以用于国家或地区的总体税收流失估算,也可以用于税种或行业税收流失估算。

(4) 纳税能力和税收流失估算方法的应用。

应用案例一:增值税纳税能力和税收流失估算的方法及应用。

第一,增值税纳税能力的估算思路。以法定税率为标准税率,利用代表性税基和法定税基的关系,将代表性税基调整为法定税基,并将法定税基作为标准税基,最后估算增值税纳税能力。增值税的法定税基为行业的增加值,即行业的总产值扣除中间投入。因此,核定增值税标准税基的具体方法一是可直接获取行业总产值和中间投入;二是如果没有可直接利用的数据,则以行业的增加值作为代表性税基。

第二,数据准备和处理。各行业的标准税率根据相关税法可以轻易得到,标准税基或代表性税基数据可从国家或地区相关统计年鉴中获取。以某市某年的数据资料为例,说明具体计算和应用过程。某市某年各行业增值税纳税能力估算见表5-1。

表5-1 某市某年各行业增值税纳税能力估算

项 目	增加值(亿元)	增值率(%)	税率(%)	纳税能力(亿元)
建筑业	317.50		9	28.58
交通运输业	265.74	51.52	9	23.92

续表

项　目	增加值（亿元）	增值率（%）	税率（%）	纳税能力（亿元）
金融保险业	122.54	74.4	6	7.35
房地产业	196.78		9	17.71
住宿和餐饮业	91.85	43.4	6	5.51
其他服务业	704.85	47.8	6	42.29
合计				125.36

第三，估算结果分析。从上表中可以清晰地看出，该市某年增值税纳税能力估算为 125.36 亿元，在此基础上测算该市某年实际入库增值税，就可以估算出当期增值税的税收流失额。在对各税种纳税能力的估算中，应尽可能地对行业进行细分，并对各子行业逐个估算之后进行汇总。行业划分越细，纳税能力估算的结果就越准确，税收流失估算结果也越准确。

应用案例二：消费税的纳税能力和税收流失的估算方法及应用。

由于消费税是按产品品目征税，不同产品适用的税率不同，同一产品不同种类的税率也不同。因此，需要分别计算消费税纳税能力和入库税收。表 5-2 是通过计算某年某省消费税各品目的征收率反映征收力度和税收流失的情况。

表 5-2　某年某省消费税纳税能力估算

项　目	代理税基（万元）	法定及代表税基	纳税能力（万元）	入库税收（万元）	征收率（%）
烟	1 052 046	38.3（%）	402 934	385 621	95.7
酒及酒精	560 224	11.1（%）	62 187	47 522	76.4
护肤、护发品	97 217	6.9（%）	6 708	5 628	83.9
贵重首饰及珠宝玉石	37 868	5（%）	1 546	1 492	96.5
鞭炮、焰火	433	15（%）	65	62	95.4
汽油（万吨）	87	0.2（元/升）	24 151	22 318	92.4
柴油（万吨）	181.4	0.1（元/升）	21 333	17 998	84.4
汽车轮胎	116 756	10（%）	11 676	9 769	83.7
小汽车	1 329 724	3.91（%）	51 992	43 216	83.1
合计			582 592	533 626	91.6

从表 5-2 中可以看出，消费税各品目的征收率各不相同，征收率的反向指标就是流失率。征收率越低，流失率就越高。进一步分析识别流失率高的品目纳税人税收遵从风险及税收征管问题，发布预警信息，采取有效措施加强风险管控。

2. 自下而上的方法

（1）含义和特点。自下而上的方法是利用微观层面纳税人的涉税经济数据，主要是税务部门掌握的纳税申报数据和税收专项调查、检查等信息数据，以及从政府或专业机构采集的第三方涉税信息数据，运用统计学相关原理测算样本潜在的理论税收收入，再根据潜在的理论税收收入与实际税收收入的差额测算样本税收流失量，运用数理统计推断技术和调整方法，根据样本税收流失情况自下而上地对总体税收流失情况进行推断和估计的一种方法。

该方法主要应用于税制设计较为复杂、税基对应的宏观经济数据不易取得的所得税等直接税的税收流失的估算。国际上有很多国家应用自下而上法估算个人所得税和企业所得税，进而估算税收流失情况。例如，美国在20世纪60年代启动的"税收遵从评估项目（TCMP）"和后来改进的估算税收流失情况的"国家研究项目（NRP）"，以及英国估算直接税的税收流失都主要使用这种方法。

自下而上法能够根据微观数据从不同的维度发现税收流失的规律，刻画有逃税和欺诈嫌疑的纳税人行为特征，这一点弥补了自上而下法的不足，但其最大的缺陷在于获取真实的微观数据较为困难，且估算的周期较长，估算成本较高。另外，由于税务审计过程中人为因素影响较大，有时难以发现所有逃税和欺诈问题，因此可能出现低估的情况。

自下而上法的优点是通过随机抽样及细致的审计工作使估算结果更可靠，对税基的直接分析要优于自上而下法，能够提供较详细的估算信息及有关资料。缺点是对样本抽样方法的选择不能完全遵循随机原则，抽样调查中还有可能出现无响应或低报等情况，以及账证不健全或灰色交易的存在也会影响测算的准确程度，而且数据收集、整理、计算量较大，成本比较高。

自上而下法和自下而上法各有利弊，在实践中不能绝对地使用某种方法，而是应将两者相互补充使用，有机结合起来。

（2）基本步骤。第一，科学抽取样本。根据税收流失估算的目标，在遵循随机原则的基础上，考虑不同地区、不同规模、不同行业、不同纳税人及不同管理方式等情况设计抽样方案；同时还可以结合税收遵从情况，对于一些高风险区域、行业的纳税人加重抽样的权重和次数。第二，由技术熟练和经验丰富的税务人员对样本进行全面审计、观察，发现样本企业的逃税和欺诈问题并记录；或者基于匹配比对的原理，利用税务部门现有的征管和稽查历史数据、典型案例，采取统计插值计算的办法，估算样本逃税和欺诈的数据。第三，多渠道获取第三方信息，确定放大乘数，将审计出的税收流失通过放大乘数进行放大，得到总体税收流失的估计值。

3. 结合运用两种方法

综上所述，自上而下法和自下而上法的优缺点都比较明显，各有利弊。国际上对这两种方法的争论仍在继续，基本形成的统一认识是：在实践中不能绝对地使用某种方法，而是要将两种方法有机结合。

美国和瑞典等国家的税收能力估算经验表明：一是个人所得税的风险高于企业所得税；二是对企业所得税来说，大企业、特别是跨国大企业的税收流失较严重，风险较高;三是对个人所得税来说,工资薪金及投资收入税收流失较少,自我雇佣收入税收遵从风险较高;四是有第三方数据比对验证的收入税收流失风险较小;五是微型企业由于不申报造成税收流失风险的比重较大;六是增值税流失约占总体税收流失的四分之一。

二、投入产出估算模型

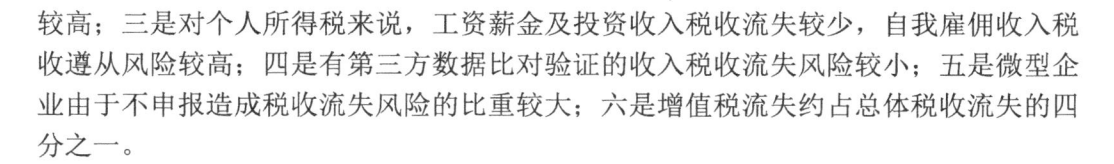

(一)投入产出模型基本原理

涉税生产经营活动都有投入和产出两大部分,投入是指人力、物力、财力在生产经营过程中的消耗;产出是指生产经营活动的成果,即一定时期生产出一定数量和种类的产品或提供劳务服务的价值。在涉税生产经营活动中投入和产出之间具有一定的内在数量关联的比例关系,因此可以建立两个变量之间的相关回归方程,即投入产出模型进行回归分析、预测和估算。

投入产出法,就是根据企业一定时期实际投入原材料、辅助材料、包装物等的数量,按照确定的投入产出比(定额)测算出企业相应时期的产品产量,结合库存产品数量及销售量、销售单价测算分析纳税人理论上的产销量、销售收入,并与实际申报数据进行差异对比的分析方法。

(二)投入产出模型算法及应用案例

投入产出法主要适用于产品较为单一的工业企业。由于测算、分析侧重的内容和角度不同,不同的行业适用的投入产出测算指标和模型不同,投入产出表现形式不同,分析的方法也不尽相同。如按其表现形式可分为投入产出比、单位产品定耗的分析;按其侧重角度的不同可分为原材料投入产出比、废料的产出比及再利用率、单位产品辅助材料(包装物)耗用定额的分析等。

该模型的分析重点是根据已确定的行业或产品的投入产出比及企业评估期原材料的耗用数量,测算出产品生产数量,与企业账面记载产品产量相比对,同时结合产品库存数量及销售单价等信息进行关联测算,并与企业实际申报的应税销售收入进行对比,进而精准查找企业可能存在的风险点。主要步骤如下:

1. 测算投入产出比

(1) 单位产品原材料消耗定额 = $\dfrac{\text{投入原材料(辅料、包装物)}}{\text{产品产量}}$

(2) 产出率 = $\dfrac{\text{产品产量}}{\text{投入原材料(辅料、包装物)}}$

2. 测算的产品产量

(1) 产品产量 = $\dfrac{\text{当期原材料(辅料、包装物)投入量}}{\text{单位产品原材料(辅料、包装物)消耗(测算值)}}$

（2）产品产量=当期原材料（辅料、包装物）投入量×产出率

（3）应税销售收入估算值=（期初结存的库存产品+测算期的产品产量-期末结存的库存产品）×同期的商品平均销售价格

（4）估算与实际申报的差异值=（应税销售收入估算值-实际申报应税销售收入）×适用税率（征收率）

例如，某酒厂用玉米生产粮食白酒，当月实际消耗玉米原材料10吨，出酒率一般为60%，测得该厂当期应生产粮食白酒6吨（10吨×60%）。如测算的产量与账面记录产量差异较大，则需要重点核实企业是否将完工产品不通过存货账户核算直接进行销售，进而漏记产品销售收入。

（三）能耗测算法投入产出模型及应用案例

能耗测算法主要是根据纳税人评估期内水、电、煤、气、油等能源、动力的生产耗用情况，利用单位产品能耗定额测算实际生产、销售数量，并与纳税人申报信息对比、分析的一种方法。其中耗电、耗水等数据可从电力部门、自来水公司等共享、取得核实，也可以通过水、电、煤、气增值税发票获取。该分析方法广泛应用于工业企业。对账务核算不健全、材料耗用情况难以估算，但可从第三方取得客观能耗信息的小规模企业或个体工商户同样适用。此法是根据生产耗用的电力、水、煤、气等能量耗用定额指标数据，测算产品产量，进而测算其销售额和应纳税额，与申报信息进行对比分析，查找企业税收风险点和线索的方法。主要步骤如下。

1. 测算耗电投入产出比

（1）单位产品耗电定额 = $\dfrac{\text{估算期耗电量}}{\text{产品产量}}$

（2）单位电费产值 = $\dfrac{\text{估算期产值}}{\text{耗电费用金额}}$

2. 估算期生产耗电量

估算期生产耗电量=估算期耗电量-估算期非生产耗电量

3. 估算产品产量

估算产品产量 = $\dfrac{\text{估算期实际生产耗电量}}{\text{单位产品耗电量}}$

4. 估算销售数量

估算销售数量=期初库存产成品数量+估算产品产量-期末库存产成品数量

5. 估算应税销售收入

（1）应税销售收入估算值=估算销售数量×平均销售单价

（2）应税销售收入估算值=企业的耗电费用金额×单位电费产值-库存产成品价值

6. 估算与实际申报差异值

估算与实际申报差异值=Σ（应税销售收入估算值-实际申报应税销售收入）×适用

税率（征收率）

📎 案例分析 5-2

某工业企业在正常情况下，单位产品耗电 15 度，通过增值税发票系统测算企业 3 月份实际生产耗电量 45 000 度，月末增加库存商品 500 件，当月申报的销售量为 2 000 件。据此相关涉税资料估算企业的实际产量。

估算企业实际产量=45 000÷15=3 000（件）

估算的实际销量=估算企业实际产量-期末库存商品量=3 000-500=2 500（件）

估算与实际申报销售量差异值=2 500-200=500（件）

综上，企业可能存在少申报销售量 500 件，少计销售收入少缴增值税和企业所得税的风险点，需要与企业进一步核算相关情况，帮助企业自查补报相应税款，规避税收遵从风险。

📎 案例分析 5-3

某企业的单位电费产值行业标准值是不低于 21.5 元，即 1 元电费费用可以产出 21.5 元的产值。根据企业某月耗电费用的增值税发票获取该企业当月实际生产耗电费用 90 000 元，企业月末增加库存商品价值 58 000 元，当月申报的销售收入为 160 万元，企业适用的增值税税率为 13%，据此相关涉税资料估算分析企业增值税申报的税收遵从风险点。

应税销售收入估算值=企业的耗电费用金额×单位电费产值-库存产成品价值
=90 000×21.5-58 000=1 935 000-58 000=1 877 000（元）

估算与实际申报差异值=（应税销售收入估算值-实际申报应税销售收入）×适用税率（征收率）=（1 877 000-1 600 000）×13%=277 000×13%=36 010（元）

依照行业规律，企业增值税申报可能存在少计销售收入 277 000 元左右的情况，涉嫌少缴增值税 36 010 元左右，需要和企业进一步核算确认，帮助企业合理进行纳税调整，规避被加收滞纳金或税务行政处罚的税收遵从风险。

（四）投入产出回归逆估法模型及应用案例

投入产出回归逆估法是基于相关回归分析的逆估法，以产定耗，即以当期的合理产出的产量、产值和耗料定额分析测定投入的材料消耗数据，识别判断原材料消耗是否正常，是否存在多列成本费用、多抵扣进项税额的一种估算分析方法。

1. 估算应消耗的原材料数量（辅料、包装物）

应消耗的原材料数量（辅料、包装物）=Σ当期某产品产量（产值）×该产品耗料消耗定额

2. 估算应消耗的原材料

应消耗的原材料估算值=Σ当期某产品产量（产值）×原材料单价

3. 估算与实际申报差异值

与实际申报差异值=∑（实际申报消耗的原材料成本费用-应消耗的原材料估算值）×适用税率（征收率）

案例分析 5-4

某公路货运企业全年油耗成本 243 万元，按照市场平均油价 5.3 元/升折算出当期耗油量为 46 万升，按照油耗消耗定额 26 升/百公里，折算出满负荷运输的行程公里数为 176.92 万公里。结合车管部门车辆登记情况，以及实地考察车辆行程里程数据等，测算出其实际运输能力为 120 万公里，两者偏离系数为 0.47，该企业很可能存在取得虚开油票发票、虚抵虚扣油耗进项税额、多计油耗成本、少缴增值税和企业所得税的风险点。

（1）估算应消耗的油耗量=∑当期某产品产量（产值）×该产品耗料消耗定额
=120 万公里×26 升/百公里=312 000 升

（2）应消耗的油耗成本金额量的估算值=∑当期某产品产量（产值）×油料平均价格=312 000 升×5.3 元/升＝1 653 600（元）

（3）实际申报消耗的油耗量=17 600.92 百公里×26 升/百公里=457 623.92 升

（4）实际申报消耗的油耗成本金额=457 623.92 升×5.3 元/升＝2 425 406.776（元）

（5）估算与实际申报进项税额差异值=∑（实际申报消耗的原材料成本费用-应消耗的原材料成本费用估算值）×适用税率（征收率）
=2 425 406.776-1 653 600=771 806.776×13%=100 334.89（元）

依照行业规律，企业的纳税申报可能存在多计油耗成本 771 806.776 元，涉嫌多抵扣进项税额 100 334.89 元左右，存在少缴增值税和企业所得税的风险。需要和企业进一步核实确认，帮助企业合理进行纳税调整，防被加收滞纳金或税务行政处罚的税收遵从风险。

三、投入产出估算模型案例分析

以农副产加工行业中的面粉加工企业增值税风险分析典型案例解析投入产出估算模型应用方法。案例主要内容如下。

某市税务局风控部门决定重点开展对农副产品加工行业的税收遵从风险管控专项行动，2018 年 7 月，税收遵从风险管理人员对当地面粉加工行业增值税风险集中开展风险管控。风控部门在税收遵从风险分析识别过程中，审核企业的纳税申报资料及相关涉税数据，发现某企业 6 月份有留抵税额 17 552.8 元。但是，该行业 2018 年上半年的增值税平均税负率为 2.41%，风险指标比对偏差较大，于是对该企业实施预警，将其作为较高风险户推送至基层税务局重点开展税收遵从风险应对。

税收管理人员调取了金三系统"一户式"企业全景涉税风险信息，包括纳税申报数据、增值税专用发票数据、其他日常管理的涉税数据、信息情报等,对该企业开展案头风险分析识别。

(一) 企业涉税数据采集与案头初步审核分析

增值税申报数据、涉税信息数据采集与审核分析——企业基本情况分析

1. 企业基本情况及日常管理的信息分析

(1) 认定和登记信息:该企业 2013 年被认定为增值税一般纳税人,私营企业,主要从事面粉的加工和销售业务;该企业注册资本 600 万元,从业人数 190 人,在当地面粉加工行业中属于较大规模的企业。

(2) 市场供求信息:该企业主要产品为面粉,面粉出厂价为 5 元/千克(不含税),按每袋 25 千克包装,主要销售给当地的居民和其他经销公司。

(3) 日常管理信息分析:通过调查了解到,由于面粉的消费对象主要是居民个人,通常不开发票。根据以往企业的销售合同及发票开具情况推算,销售给当地居民的面粉约占全部销售额的 20~30%,因此得出风险特征经验值(参考值),即企业不开票收入通常占全部收入的 25%左右。

(4) 企业生产经营特征信息:第一,该企业副产品为麦麸,属于免税饲料,主要销售给当地的养殖场。

第二,该企业主要生产原材料小麦购自当地农民和粮食销售企业;企业建有一座小麦存储仓库,最大存储量为 250 吨。

第三,通常情况下,小麦的出粉率(产出率)为 75%,该企业生产部门与内部的福利部门耗用水电的比例为 4:1,也就是说加工生产用电、水占全部用电、水的 80%左右。

第四,由于面粉加工工艺比较简单,一般不存在在产品。

2. 企业增值税税负及行业增值税税负数据

(1) 该企业 2017 年(基期)增值税平均税负率为 2.23%。

(2) 该企业 2018 年 1—5 月增值税平均税负率为 2.12%。

(3) 2018 年上半年面粉加工行业的平均税负率约为 2.41%。

2018 年 6 月增值税申报表主、附表及利润表相关数据汇总如表 5-3 所示。

表 5-3 某面粉加工企业增值税申报表主、附表及利润表相关数据汇总

项目	金额(元)
应税货物销售额	337 000
免税货物销售额(麦麸销售额)	39 500
销项税额	33 700
进项税额	51 252.8
期末留抵税额	17 552.8

续表

项 目	金额（元）
进项税额转出	4 867.96
开具专用发票的销售额	337 000
开具其他发票的销售额	0
未开具发票的销售额	0
（一）认证相符的增值税专用发票抵扣的税额	4 852.8
其中：电力公司增值税专用发票抵扣的税额	4 400
自来水公司增值税专用发票抵扣的税额	452.8
（二）其他扣税凭证抵扣的税额	46 400
其中：农产品收购凭证及销售发票	46 400
本期进项税转出额	4 867.96
其中：免税货物用	4 867.96
非应税项目	0
主营业务收入	337 000
主营业务成本	310 040
待处理财产损益-流动资产损益借方发生额	0
其他业务收入贷方发生额（本期实现的收入）	0

企业相关会计科目明细账（附报资料）数据如表 5-4 所示。

表 5-4　某面粉加工企业相关会计科目明细账数据

会 计 科 目	金额（元）	数量（千克）
原材料-小麦借方	417 600	200 000
原材料-小麦贷方（减少车间领用生产消耗了）	288 000	120 000
原材料-小麦期末数（库存数）	660 000	300 000
库存商品-面粉期初数	1 000	250
库存商品-面粉借方（本期生产数）	345 000	75 000
库存商品-面粉期末数	1 836.84	400
包装物-面粉袋 贷方数（减少 领用数 出库）	720	1 800

（二）案头风险分析识别——综合深入分析

依据上述涉税数据资料，分析识别该企业在增值税纳税方面存在的税收遵从风险点，并列出相关的分析依据。

风险点一：该企业增值税税负率异常——风险指向企业可能存在少计收入，多抵、虚抵进项税额，少缴增值税的风险。

（1）静态数据风险分析识别：企业数据与同行业数据比对分析。该企业 6 月份增值税税负率为零，低于 2018 年上半年同行业平均税负率 2.41%。

（2）动态数据风险分析识别：企业数据与企业历史数据比对分析。该企业 6 月份增值税税负率为零，低于 2017 年和 2018 年 1—5 月份的该企业平均税负率 2.23%、2.12%。

风险点二：销售额风险分析识别——该企业存在向当地居民销售面粉时不开具发票，导致销售收入没入账、少交税款的风险点。

（1）正常生产经营逻辑分析。根据日常管理的经验信息，企业销售对象包括当地居民和企业两种，其中销售给当地居民的面粉销售额约占全部销售额的 25%。通常情况下，向居民个人销售面粉开具增值税普通发票，或者不开票。但是，从本月纳税申报数据来看，企业当月销售面粉开具的发票全部是增值税专用发票，没有普通发票。而且根据上述资料显示，未开具发票的销售额是 0，这表明企业 6 月份没有发生向当地居民个人销售面粉的业务，这与企业以往的经营及销售情况不符。

（2）销售额差异分析。依据企业相关科目明细账资料中面粉的发出数及单价进行测算，计算企业销售额的差异额。测算的本期销售额应为：

（期初余额+本期借方发生额-期末余额）×面粉单价
=（250+75 000-400）×5=374 250（元）

销售额测算与实际申报差异额=374 250-337 000 =37 250（元）

实际申报的销售额与用明细账资料测算的销售额相差 37 250 元。

（3）投入产出法模型估算分析。用投入产出法分析估算销售收入，发现企业存在产品账外销售、隐瞒销售收入的风险点。

① 面粉生产加工工艺简单，通常没有在产品，根据小麦的贷方发生额，按照面粉行业的投入产出比（产出率）的经验值 75%，估算完工面粉的数量。

估算完工面粉数量=小麦领用数量（投入量）×出粉率
=120 000×75%=90 000（千克）

差异量=90 000（估算完工面粉数量）-75 000（面粉本期产量）=15 000（千克）

账面面粉入库数 75 000 千克与估算数量 90 000 千克相差 15 000 千克。

面粉销售差异额=15 000×5=75 000（元）

同时本月"待处理财产损溢"账户没有借方发生额，表明企业没有产品损失（如下雨淋湿等）。

风险指向企业可能存在面粉销售（售给当地居民）不开票、不入账、隐匿销售收入 75 000 元左右的风险点。

② 将本月实际领用的包装袋与测算的包装袋进行差异比对验证。

本月领用出库的包装袋数量为 3 600 个，根据面粉入库数量测算包装袋数量。

测算的包装袋数量为=75 000÷25 =3 000（个）

包装袋差异量=3 600-3 000=600（个），实际领用量与测算量相差 600 个。

面粉差异量=600×25 =15 000（千克）

面粉销售差异额=15 000×5=75 000（元），与方法①估算的差异额验证一致。

同时"其他业务收入"账户没有贷方发生额，表明企业没有发生包装物的其他业务销售收入。

风险指向：进一步验证后，初步锁定企业可能存在 600 袋面粉账外销售、隐匿销售收入 75 000 元左右的风险点。

风险点三：进项税额风险分析

（1）依据库存能力测算采购的真实性。该企业存在虚开农产品收购凭证，存在自开、虚开、虚抵扣进项税额的风险点。

6 月份末小麦实际库存量为 300 吨，超过小麦仓库的最大库存量 250 吨。

风险指向：结合当月小麦全部购自当地农民，企业自行开具收购凭证的情况，该企业存在虚开收购小麦发票、虚抵农副产品进项税额，逃避缴纳增值税的风险点。

（2）按照常规的外购水电的分配比例测算应抵扣的进项税额，发现企业存在非应税项目进项税额未转出，扩大抵扣进项金额的风险点。

依据按照生产部门和福利部门用水电比例为 4∶1 计算：

允许抵扣的水电进项税额=4 852.8×80%=3 882.24（元）

实际记入进项税额的数据=4 852.8（元）

差异额=4 852.8-3 882.24 =970.56（元）

风险指向：该企业多抵扣水电进项税额 970.56 元。

（3）存在麦麸的进项税额未足额转出风险点。

估算麦麸进项税额转出额=全部进项税额×麦麸免税货物销售额比率

=(4 852.8×80%+46 400)×39 500÷(337 000+39 500)

=5 275.3（元）

依据企业实际申报数据，如表 5-3 所示，企业实际进项税额转出额为 4 867.96 元。

进项税额转出差异额=5 275.3-4 867.96=407.34（元）

风险指向：麦麸的进项税额未足额转出，与实际转出额 4 867.96 元相比差异额是 407.34 元，少转出进项税额 407.34 元。

第四节 基于关联分析的风险画像在税收风险分析中的应用

一、税收遵从风险画像概述

税收风险画像又称 360 度全方位税收风险画像分析方法，是指多渠道全面获取税收大数据，将涉税生产经营活动行为全过程、各环节及交易链条的税收大数据进行系统关联,并进行"一户式""一人式"智能化归集,从多维视角,综合运用多种类型的数据挖掘分析技术方法,有效运用机器学习、人工智能等,系统全面地勾勒出纳税人缴费人涉税生产经营活动及交易行为全过程的数据轨迹及税收风险特征规律,还原真实的生产经营业务逻辑,描述出 360 度全方位立体的税收风险"画像",锁定其税收风险点,有针对性地采取有效措施实施风险提醒或风险控制,进而有效防范和规避税收遵从风险。

一方面,税收风险画像需要的税收大数据获取渠道更加广泛和多样化。从技术层面,通过多渠道获取涉税生产经营活动行为的"数据脚印",把散落在纳税人端、税务端及互联网其他部门领域的碎片化信息数据有机关联、系统集成。一是反映纳税人缴费人采购、生产、销售生产经营全过程的税务系统内部数据,主要包括税务登记、企业基本经营状况、发票信息数据、税费申报数据、财务数据、无形资产等。二是反映市场供求变动的、来自政府和行业监管、互联网及第三方的外部数据,主要包括市场监管、法院、环保、海关、金融等部门的涉税数据。三是互联网门户网站信息、企业信用信息、上市公司动态公告、舆情数据、来自"天眼查""启信宝"等 App 的涉税大数据。数据获取的渠道广、类型多、体量大。

另一方面,税收遵从风险画像是多维度、多种类型数据挖掘分析技术方法的综合运用,包括投入产出估算分析、决策树深度数据挖掘分析、发票数据关联风险分析、财务指标涉税关联分析识别、税种指标关联配比分析识别、与第三方信息比对分析识别、企业内部流程风险画像分析识别、典型案例分析识别等多种数据挖掘分析方法的综合运用。近年来,税收遵从风险画像技术运用税收大数据的处理和数据挖掘技术更加智能化和精准化,利用人工智能技术搭建税收遵从风险监控预警平台,结合税务登记数据、个人征信数据等税收大数据,运用机器学习的算法建模为企业画像,涉及企业涉税生产经营的全过程及企业并购重组、境外投资、境外付汇、关联交易等复杂涉税业务,对企业的税收遵从风险进行全面分析识别诊断、评估预判、探究挖掘,根据画像结果精准识别税收遵从风险点,提高了税收风险分析识别命中率,提出有效规避和控制、排查税收遵从风险的建议措施。

例如,企业所得税智能化申报系统广泛获取企业的各项涉税业务信息,逐一关联对比各项业务流程、会计核算与税收政策之间的差异,分析各税种之间的口径差异,实现对潜在税收遵从风险的梳理、模拟和排查。例如,在某年度企业所得税汇算清缴中,L 银行在依托企业所得税智能化申报系统预填报企业所得税年度申报表时,发现贷款损失准备金纳税调整可能存在税收遵从风险。根据税务部门的风险提示,L 银行对当年贷款损失准备会计科目的发生情况进行了重新梳理,及时对收回核销的 1 200 万元呆账作了纳税调增处理,有效避免了企业的税收遵从风险。

二、税收遵从风险画像分析技术方法

（一）税收遵从风险指标关联分析识别

税收遵从风险指标关联分析识别是通过主要的税收经济关系指标、税收收入指标、涉税财务指标关联比对分析，通过比对差异或异常变动判断识别税收遵从风险的一种风险画像分析方法，又称关键风险指标判别法。关键指标包括税负率、弹性系数、计税收入变动率、利润率、成本费用率、物耗率、投入产出率、能耗率等。主要包括两种分析方法：

1. 静态分析

又称横向对比分析，是在同一时间条件下，即时间不变，用纳税人的实际指标与同行业风险指标预警参数进行比对分析，也可以与同行业纳税信用等级比较高的标杆企业指标进行横向比对分析，通过比对的差异分析判断指标数据的异常程度，分析识别税收遵从风险的一种分析方法。

（1）正指标的税收遵从风险分析识别方法。在通常情况下，正指标数值越高，税收遵从度越高，而实际纳税申报数据往往偏低，所以不能低于预警下限，税收遵从风险预警参数值是下限值。正指标数据低于预警下限则显示异常，说明存在税收遵从风险的可能性较大。如计税收入和收益类指标、毛利率指标、税收收入增长率指标等。

（2）逆指标的税收遵从风险分析识别方法。在通常情况下，逆指标数值越低，税收遵从度越高，而实际纳税申报数据往往偏高，所以不能高于预警上限，税收遵从风险预警参数值是上限值。输入的逆指标数据高于预警上限则显示异常，说明存在税收遵从风险的可能性较大。如投入类指标、成本费用率指标、单位产品能耗指标等。

（3）适度指标的税收遵从风险分析识别方法。在通常情况下，适度指标的数值适中合理为好，过高或过低都会显示异常。如公路货物运输企业油耗的成本率在30~40%之间是合理的，过高或过低都会显示异常；税收弹性系数指标数值接近1是合理的，阈值区间为0.8~1.2相对正常合理，过高或过低都会显示异常。企业实际税负率、税收弹性系数这类指标数据在税收实践中，往往也是偏低的，所以在税收遵从风险分析识别时通常也把一部分适度指标视为正指标处理，即用企业实际指标数据与预警下限值进行比对计算偏离值，低于预警下限则显示异常，说明存在税收遵从风险较高。

2. 动态分析

动态分析又称纵向对比分析，是用纳税人不同时间的风险指标数据进行纵向比对计算的变动率指标进行动态分析，反映税收遵从风险指标数据在一定时间内的增减变动及发展趋势的一种分析方法。该方法还可以反映相关联的税收遵从风险指标在变动过程中相互影响和彼此制约的关联关系，分析识别纳税人的风险指标是否正常。如计算的税负变动率、计税销售额变动率、税收关联弹性系数、涉税财务指标变动趋势分析等。动态分析法的重要特点是考虑时间因素的影响,并将税收遵从风险指标的变化当作一个连续的过程分析。

因为动态分析需要考虑各种税收遵从风险指标随时间延伸变化对税收遵从风险的系统性影响,因而难度较大,因此在税收遵从风险画像分析方法中是将静态分析与动态分析有机结合,以静态分析为主,动态分析为辅。但是在周期比较长的风险分析中,如企业所得税风险分析、个人所得税风险分析,动态分析则占有重要的地位。

(1) 关键税收遵从风险指标动态分析法。

例如,税负变动率分析的计算公式为:

$$税负变动率 = \frac{本期税负 - 基期税负}{基期税负} \times 100\%$$

$$税负 = \frac{应纳税额}{应税收入} \times 100\%$$

预警参考:-30%

税负变动率分析识别:税负变动率下降幅度如果超过 25%,则反映纳税人自身税负下降变动较大,剔除税收政策、价格指数变化影响,风险指向企业可能存在账外经营、已经实现纳税义务未及时结转确认收入,或者取得的进项税额不符合规定、接受虚开发票等风险点。

风险应对建议:审核纳税人销售业务,包括原始凭证、记账凭证、销售合同、应收账款、货币资金、存货等本期实际情况;与其他时期进行比对分析,核实是否存在漏记、隐瞒、虚计销售收入的行为;审核进项抵扣是否合理,有无将外购存货用于职工福利、个人消费、对外投资、捐赠等情况。

(2) 财务指标涉税动态配比分析法。是通过建立企业生产经营的财务指标变动与税收变动的关联影响分析识别税收遵从风险的一种方法。包括收入、成本、费用相互之间变动的配比分析,资产、存货周转率、利润率之间的配比分析。例如,库存产成品减少,相应的销售成本上升,销售费用上升,反映企业的销售业务量增加,因而销售收入也应该增加,由此引发相关销项税额上升,增值税应该增长。具体分析方法包括:

一是正相关分析,是指两个关联的财务指标数据同方向、同幅度变动。通常情况下企业的获利能力与纳税能力是正相关分析,企业的获利能力越强,纳税能力越强。例如,企业的增值率与增值税税负率,利润率与企业所得税贡献率之间的关联影响分析;偿债能力与纳税能力是正相关分析,企业的偿债能力越强,纳税能力越强。例如,资产运营效率提升、销售收入增长与增值税、所得税增长之间的关联影响分析;营运能力与纳税能力是正相关分析,企业的营运能力越强,纳税能力越强。如总资产周转率、流动资产周转率、存货周转率、应收账款周转率、净资产收益率、利润率与增值税、所得税增长的关联影响分析。

二是负相关分析,是指两个关联的财务指标数据呈相反方向变化。例如,原材料价格上升、能耗增加、利润下降、应纳税所得额减少之间的关联影响分析是负相关分析；资产负债率上升、费用上升、利润下降、税负降低、税收遵从风险升高之间的关联影响分析，是负相关分析。

案例分析 5-5

以某企业 2018 年、2019 年涉税财务指标关联变动率为例，如表 5-5 所示。

表 5-5　某企业 2018 年、2019 年涉税财务指标关联变动率

项目	2018 年	2019 年
主营业务利润	278 745.67 元	200 447.25 元
主营业务利润变动率	28%	-28%
主营业务收入	2 552 279 111 元	3 400 918 606 元
主营业务收入变动率	34%	33%
主营业务成本	25 140 403.50 元	33 752 446.79 元
主营业务成本变动率	33%	34%
主营业务费用	656 197.06 元	713 815.99 元
主营业务费用变动率	30%	8%
存货	10 508 919.04 元	21 677 275.41 元
存货变动率	28%	58%
预收账款	1 577 216 807 元	1 502 588 372 元
预收账款变动率	14.1%	-4.73%

根据表 5-5 涉税财务指标关联变动情况进行风险分析识别：

第一，主营业务收入变动率、主营业务成本变动率与主营业务利润变动率配比均异常。

正常情况下，主营业务收入变动率、主营业务成本变动率与主营业务利润变动率是正相关关系，应基本上呈同方向同幅度增长变动，相互的配比系数应当接近 1。但该企业主营业务收入变动率为 33%，主营业务利润变动率为-28%，比值为-1.18，两者呈反方向变动，显示异常；主营业务成本变动率为 34%，主营业务利润变动率为-28%，比对系数为-1.12，两者呈反方向变动，显然不符合逻辑，显示异常。

风险指向：该企业可能存在隐匿销售收入、多列成本费用、扩大税前扣除范围等问题。

第二，主营业务收入变动率、主营业务成本变动率与主营业务费用变动率配比均异常。

企业在正常的情况下，三者应该基本上呈同方向、同幅度增长变动，相互的配比值（弹性系数）应当接近 1。

该企业的主营业务收入变动率与主营业务成本变动率基本配比，属于正常情况。

但主营业务收入变动率、成本变动率与费用变动率不配比，配比值分别为 4.12 和 4.25，明显高于正常值 1，且均为正数。有待于进一步核实。但费用变动与应纳税额变动是负相关关系，费用上涨幅度低，不会导致应纳税额减少，税收遵从风险点暂时可以排除。

第三，2018 年该企业预收账款较上年增长 14.1%，2019 年与 2018 年比对略有下降，但是该企业 2019 年底预收账款比率高达 44%（预收货款余额占销售收入的比率）。超过 20% 预警值的幅度较大，同时，该企业 2018 年存货上升 28%，2019 年存货上升 58%，配比系数为 2.07，与 1 的偏差较大，应予重点关注。

风险指向：该企业可能存在商品货物已发出，预收了货款，但挂预收账款科目，未及时确认销售收入申报纳税的风险点。

3. 纳税人申报数据与第三方信息比对分析

又称外部信息比对分析法，是将纳税人申报数据与纳税人生产经营密切相关的互联网及第三方信息进行比对，分析识别纳税人申报数据是否真实的方法。常用的比对分析有：

（1）土流网查询国有土地基本信息、国有土地使用权出让、转让的土地交易信息，比对涉地税收，建立从土地招拍挂到交易全过程的涉税风险分析识别，包括土地使用权转让契税、增值税及城建教育附加税、土地增值税、产权转移合同印花税。

（2）房地产企业申报的房屋开发项目销售收入与房产管理部门的该项目房屋销售网签合同备案的收入比对，房地产企业申报的房屋开发项目计税销售收入通常应该大于该项目房屋销售网签合同备案的收入，即比率应该大于 1。

（3）有关媒体公告的拍卖土地、房屋等不动产信息，比对该土地、房屋的增值税、城市维护建设税及附加税、土地增值税、产权转移合同印花税、土地使用权转让契税等。

（4）用电力部门的用电量、水力部门的用水量、燃气部门的用气量等要素类信息，按照相关行业风险评估模型测算当期合理的产量、产值、销售收入，与申报的计税收入比对，分析识别企业增值税、企业所得税的税收遵从风险。

（二）税种指标数据关联配比分析识别

是指计税依据相同的税种之间、主体税种与附加税之间存在一定的数据逻辑上的关联关系，通过计税依据之间、主体税种与附加税之间的数据关联的逻辑关系的综合比对分析，发现识别不符合数据逻辑关系的税收遵从风险点。主要有以下几个方面：

（1）个人所得税工资薪金所得与企业所得税工资薪金支出、社会保险费缴费基数、年金缴费基数逻辑上应该一致，偏差越大税收遵从风险越高。

（2）核定征收企业所得税与购销合同印花税计税依据是否一致，偏差越大税收遵从风险越高。

（3）增值税申报收入与企业所得税申报收入不一定完全一致，可能存在一定差异，但若偏差过大，则存在少申报增值税或企业所得税的风险点；如果增值税申报的销售收入超过所得税申报的主营业务收入的幅度比较大，则存在增值税发票虚开的风险点。

（4）房地产企业开发项目增值税与土地增值税计税收入应一致，偏差越大税收遵从风险越高。

（5）资源开采企业的增值税计税依据与税资源税计税依据应一致，偏差越大税收遵从风险越高。

（6）若有增值税免抵退说信息的纳税人没有城市维护建设税、教育费附加入库信息，则说明存在少缴纳城市维护建设税、教育费附加的税收遵从风险点。

（7）若城市维护建设税计税依据大于教育费附加计税依据，则存在少申报城市维护建设税或教育费附加的税收遵从风险点。

（8）房屋租赁业增值税计税依据与房产税计税依据应一致，偏差越大税收遵从风险越高。

（9）增值税发票数据与增值税申报数据、所得税申报数据及出口退税数据关联对比分析，识别发现少计计税收入、虚抵进项税额、虚列成本费用及骗取出口退税的风险。

（三）流程风险画像分析识别法

（1）含义。流程风险画像分析识别法是将纳税人的涉税生产经营过程及其内在的逻辑关系绘成流程图，针对流程中的涉税关键环节和涉税薄弱环节进行税收遵从风险分析识别的过程和方法。这种方法适合对生产经营复杂、规模较大的集团企业进行内部税收遵从风险管理。

（2）流程分类。第一，按照流程路线的复杂程度，可以将流程图分为简单流程图和复杂流程图。简单流程图是将纳税人的纳税过程按大致流程进行分析，在进行风险识别的时候，用连线将主要涉税生产经营流程的内在联系勾画描摹出来。复杂流程图是将纳税人的纳税过程详细地进行分析，在进行风险画像识别时，用连线对生产经营过程中的每一程序及各个环节均进行详细的勾画描摹分析。第二，按照流程的内容划分，可以分为内部流程图和外部流程图。内部流程图是以纳税人的涉税生产经营、会计核算、计税依据、应纳税额计算到申报的纳税活动过程为流程路径绘制的流程图。外部流程图是以纳税人外部的纳税活动如办理税务登记、发票开具缴销、纳税申报、税款缴纳、纳税风险评估、税务稽查为主要流程路径绘制的流程图。第三，按照流程图的表现形式划分，可以分为实物形态流程图和价值形态流程图。实物形态流程图是按照实物产品在生产过程中运行的路径而绘制的流程图，如按照原材料采购、产品生产、包装库存、销售合同、物流等流程路径绘制的流程图。价值形态流程图是用标有价值货币金额的流程路径来反映生产经营过程中内在联系的流程图，如按照银行贷款、购进原材料成本、制造费用、库存产成品、销售收入、销售费用、运输费用等流程路径绘制的流程图。

（3）流程风险画像分析识别方法，通常分为静态分析和动态分析两种。

① 静态分析就是对流程图中每一个环节逐一进行调查分析，结合税收政策，找出潜在的税收遵从风险环节和风险点，并分析估算风险可能造成的税收流失损失后果。

② 动态分析则着眼于流程图各个环节之间关联变动的关系，找出税收遵从风险的关键环节，揭示其具体风险点。例如，某服装公司的主料和辅料在加工清洁后都要汇集到半成品库，然后开始缝制，那么半成品库就是整个生产流程中一个非常关键的环节，半成品库如发生重大事故，公司将面临不能按合同如期交货的产品责任风险，进而产生纳税风险。假如公司产品的 85%外销美国，那么影响美国拒绝或减少购买中国成衣的因素，就是该纳税人中断经营和销售的风险隐患，也是税收遵从风险的来源和关键风险点，应重点关注、识别和深入分析。

（四）典型案例分析识别法

典型案例分析识别法具有较强的实用性和可操作性。是通过选择具有典型意义的税收遵从风险应对案例，如典型的纳税评估或税务稽查案例进行深入剖析，分析案例中所反映的税收遵从风险特征规律以及风险易发的涉税业务环节，对涉税经营性质、经营方式、交易对象、核算方式、财务数据等全方位的税收遵从风险特征规律进行归纳提炼，对指标数据进行测算整理，运用数理统计学等方法进行分析、验证和推断，进而形成某行业或某类企业的税收遵从风险画像的分析识别方法。

例如，某税务部门在对当地某著名大型零售商场进行税务稽查时发现以下问题：第一，其增值税专用发票的开具比例过高，且交易对象很多是外地企业，进一步对该零售企业经营的商品和购买对象进行经验分析，发现不可能有开具如此高比例专用发票的商品交易，也不可能有如此多的外地企业到该商场购买大宗商品并开具专用发票；第二，检查处理的结果显示，该商场利用其销售额与需要开具专用发票交易的销售额的差额大肆虚开增值税发票，其风险程度相当高；第三，针对该案例反映的税收遵从风险特征，进一步深入推算该零售商场开具专用发票的正常比率，对外地交易对象的销售量比率及销售额比率等有关风险指标的特征值进行归纳、提炼、总结后推广应用，进一步规范行业风险画像分析识别的相关指标数据参数标准和分析方法。

三、税收遵从风险画像在风险分析中的应用案例

某信息技术股份有限公司税收遵从风险画像分析应用案例

（一）公司基本情况

某信息技术股份有限公司（以下简称"公司"），成立于 2010 年 8 月 30 日，是国

内领先的流程工业领域自动化技术产品和解决方案的提供商,主要从事冶金、化工、电力等流程工业领域自动化电子设备和应用软件的开发、生产、销售及技术服务。主营业务为销售自主研发、生产的集散控制系统,该系统是流程工业自动化控制领域的关键控制设备。商品出库后需要在用户项目建设现场安装、调试和检验,安装和调试工作的技术含量较高。该公司为增值税一般纳税人,增值税、企业所得税均为查账征收。该公司销售自行开发的软件产品,其增值税实际税收负担率超3%的部分即征即退。

(二)公司涉税大数据获取

1. 公司"一户式"涉税数据获取。基层税源管理部门接到该公司的风险应对任务后,首先对上级风控部门推送的该公司增值税税收遵从风险点进行了梳理,在此基础上查询、抽取该公司"一户式"2019年和2020年的纳税申报、增值税发票、相关财务报表数据,经初步加工处理,计算相关税收遵从风险指标数据,如表5-6、5-7、5-8所示。

表5-6 公司2019—2020年度增值税纳税申报情况分析

应税项目	2019年		2020年		变动率(%)	
	一般项目	即征即退项目	一般项目	即征即退项目	一般项目	即征即退项目
应税货物销售额(元)	237 560 640	157 470 441	255 248 261	154 241 079.5	7.45	-2.05
销项税额(元)	40 371 897.5	26 769 975	43 252 487	26 220 983.5	7.14	-2.05
进项税额(元)	40 936 896	240 550.5	43 419 680.5	165 975.29	6.06	-31.00
应纳税额合计(元)	249 462	26 529 424	449 117	26 055 008	79.93	-1.79
增值税税收负担率(%)	0.10	16.80	0.17	16.89	70	0.54

表5-7 公司2019—2020年度利润表分析

项 目	2019年(元)	2020年(元)	变动率(%)
主营业务收入	453 860 083	429 023 339	-5.47
主营业务成本	222 440 218	242 120 317.	8.85
主营业务利润	227 766 138	182 308 042	-19.96
销售费用	64 628 824	65 224 332	0.92
管理费用	87 458 155	1 117 858 722	27.82
财务费用	-1 005 881	-2 861 104	184.44
营业外收入	35 048 126	32 047 310.5	-8.56
营业外支出	6 068 170	842 138	38.78

表5-8 公司2019—2020年度资产负债表分析

项 目	2019年(元)	2020年(元)	变动率(%)
应收票据	16 227 873	19 259 889.5	18.68

续表

项　目	2019 年（元）	2020 年（元）	变动率（%）
应收账款	25 871 474	135 672 491	424.41
其它应收款	20 863 036	17 777 338	-14.79
存货	183 546 525	84 623 892.5	-53.90
固定资产原价	33 529 110.5	81 941 202.5	144.39
应付账款	51 497 914	88 050 987.5	70.98
预收账款	10 462 578.5	52 841 732.5	405.05
资本公积	56 269 927	60 995 961	8.40
实收资本	105 545 000	187 250 000	77.41

公司涉税大数据查询。通过金税系统及互联网查询获知，该行业应收账款平均周转天数约为 45 天，存货平均周转天数约为 38.5 天。

（三）"一户式"税收遵从风险分析识别

依据上述该公司"一户式"税收遵从风险指标数据，综合运用多维风险画像分析方法，对该公司开展案头"一户式"税收遵从风险分析识别。

1. 将增值税税收负担率、增值税弹性系数等指标关联比对分析，识别该公司增值税可能存在的风险点

（1）增值税税收负担率、增值税弹性系数变动异常

2020 年该公司申报增值税总计税收入为 409 489 340.5 元，2019 年为 395 031 081 元，2020 年较 2019 年增长了 3.66%，而增值税应纳税额却下降了 1.026%。增值税弹性系数为-0.28，低于 0.8 的幅度很大，反映该公司增值税应纳税额变动明显低于增值税计税收入变动，变动的逻辑关系明显不配比。指向该公司可能存在多抵或虚抵进项税额，少缴增值税及附加税费的风险。

一般项目收入占总收入的比重由 2019 年的 60.13%上升为 2020 年的 62.3%，增值税税收负担率上升了 70%；而即征即退货物及劳务收入占总收入的比重由 2019 年的 39.87%下降为 2020 年的 37.7%，税收负担率却上升了 0.054%。反映该公司一般项目和即征即退项目的税收负担率变化与其销售额占比的变化不匹配，数据逻辑关系混乱，显示异常。

（2）增值税税收负担率偏低，应纳税额结构异常

2019 年该公司一般项目销售额高达 2.38 亿元，实际应纳税额却只有 24.94 万，增值税税收负担率为 0.1%；2020 年该公司一般项目销售额增至 2.55 亿元，实际应纳税额略有上涨，为 44.91 万，增值税税收负担率为 0.17%。显示该公司的增值税税收负担率极度偏低。指向该公司可能存在多抵或虚抵进项税额，少缴增值税及附加税费的风险。

2019 年该公司即征即退货物及劳务收入为 1.57 亿元，应纳税额为 2652.94 万元，占当年应纳税额的比重为 99.0%；2020 年即征即退货物及劳务收入为 1.54 亿元，应纳税额 2605.5 万元，占全年应纳税额的比重为 98.3%。显示即征即退项目应纳税额占全年应纳税额的比重过高。进一步指向该公司可能存在一般项目与即征即退项目核算不准确，进项税额未能准确分项目归集，多抵或虚抵一般项目的进项税额，少缴增值税及附加税费的风险。

2. 进项税额结构分析，识别该公司增值税可能存在的风险点

依据表 5-6 进项税额相关数据，计算 2019 年和 2020 年该公司进项税额的比重，分析进项税额结构，如表 5-9 所示。

表 5-9　公司 2019—2020 年度进项税额结构分析　　　　　　　　单位：%

年　度	一般项目进项税额占比	即征即退项目进项税额占比	一般项目销售额占比	即征即退项目销售额占比
2020	99.62	0.38	62.33	37.67
2019	99.42	0.58	60.14	39.86

表 5-9 的数据显示，2020 年该公司一般项目进项税额占全部进项税额比重为 99.6%，2019 年为 99.42%，明显高于即征即退项目的 62.33%和 60.14%，与各自的销售额占比也明显不匹配。指向该公司可能存在人为将进项税额进行划分，违规增加一般项目抵扣的进项税额，从而少缴增值税及附加税费的风险。

3. 收入、成本纵向动态比较分析，识别公司增值税可能存在的风险点

表 5-7 相关财务指标动态比较数据显示，该公司 2020 年营业成本增长率为 8.85%，而主营业务收入却下降了 5.47%，造成公司利润呈现负增长，下降了 19.96%。

结合表 5-6 相关数据，进一步深入分析识别，该公司一般项目收入增长 7.45%，即征即退项目收入下降了 2.05%。

营业成本增长率 8.85%，大于一般项目收入增长率 7.45%，两者的变动不配比。指向该公司可能存在人为调整账目，压低一般项目收入、增加软件产品的收入，进而违规多获得增值税退税款的风险。

4. 应收账款与存货周转等财务指标涉税风险分析，识别公司增值税可能存在的风险点

（1）应收账款涉税风险分析

表 5-8 相关数据显示，2020 年公司应收账款为 135 672 491 元，2019 年为 25 871 474 元，增长率为 424.41%，增长变动幅度异常偏高，显示异常。计算相关财务指标如下：

应收账款平均余额=(13 567 2491+2 587 1474)÷2=80 771 982.25（元）

应收账款周转率=销售收入÷应收账款平均余额=429 023 339÷80 771 982.25=5.31

应收账款周转天数=365÷应收账款周转率=365÷5.31=68.74（天）

风险分析识别，该公司的应收账款周转天数为 68.74 天，远超过同行业应收账款

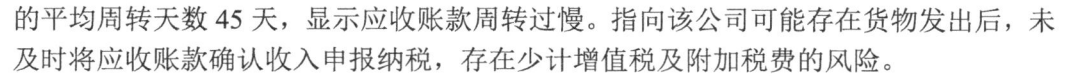

的平均周转天数 45 天，显示应收账款周转过慢。指向该公司可能存在货物发出后，未及时将应收账款确认收入申报纳税，存在少计增值税及附加税费的风险。

（2）存货周转涉税风险分析

表 5-8 相关数据显示，该公司 2019 年存货余额为 183 546 525 元，2020 年存货余额为 84 623 892.5 元。已知该公司 2020 年平均存货余额为 134 085 208.75 元，销售成本为 242 120 317.7 元。计算相关财务指标如下：

存货周转率=销售成本÷平均存货余额=242 120 317.7÷134 085 208.75=1.81（次）

存货周转天数=365÷存货周转次数=365÷1.81=201.66（天）

该公司的存货周转天数为 201.66 天，远远超过同行业存货平均周转天数 38.5 天，显示存货周转过慢。进一步指向该公司可能存在虚增存货，货物已经发出，未及时将应收账款确认收入申报纳税，存在少计增值税及附加税费的风险。

（四）税收遵从风险应对

根据上述对该公司开展的税收遵从风险画像分析，初步判定该公司存在少计收入、未及时确认收入、人为调整收入，人为将进项税额进行划分，违规增加一般项目抵扣的进项税额，从而少缴增值税及附加税费的风险。同时存在人为调整账目，压低一般项目收入、增加软件产品的收入，进而违规多获得增值税退税款的风险。据此，提出税收遵从风险应对的策略、核查路径。

（1）少计增值税应税收入。重点审核关注该公司的产品销售合同、存货出入库明细、运输发票或发运单、产品性质、应收账款等相关信息数据，进而核实产品收入的时间及金额、存货是否已发出、与存货有关的所有权是否发生转移、是否需要安装调试等关键业务环节，辅导提醒该公司及时开展风险自查。

（2）多计即征即退收入。通过审核产品销售合同、软件产品证书、软硬件收入分配方法、增值税进项税专用发票、软件产品即征即退增值税申请资料等，确认该公司软件产品的性质，软硬件分配是否符合相关政策规定，是否存在人为调整账目、违规增加一般项目抵扣的进项税额，多计即征即退收入的风险，辅导提醒该公司及时开展风险自查。

第六章

人工神经网络模型在税收风险预警评估中的应用

中共中央办公厅、国务院办公厅印发的《意见》提出:"到 2023 年基本建成"无风险不打扰、有违法要追究、全过程强智控"的税务执法新体系,实现从经验式执法向科学精确执法转变。

税收风险管理理论认为,不是所有的风险都需要进行应对处置。有些风险是可以规避和防范的,把风险扼杀在萌芽状态;有些风险可以适度容忍,并通过有效的税务提醒、纳税辅导服务促进纳税人自我遵从;而有些风险是可以通过柔性管理的方式使其转移和消除;而对于实现组织目标产生较为严重负面影响的税收风险,则须采取有效的监管措施实施应对控制。因此,应加强税收风险预警评估,探索人工神经网络模型及智能化技术在税收风险预警评估中的应用,进而分级分类采取有针对性的风险应对控制策略,有效规避防范税收风险,提高征管质效。

第一节 人工神经网络模型及应用

一、人工神经网络模型

数字经济时代,人工智能、深度学习等技术已经广泛应用到我们社会经济生活的方方面面,小到社区内的车牌自动识别系统,大到火星探测车的设计制造,都离不开对人工智能、深度学习等技术的应用。人工神经网络(Artificial Neural Networks,ANNs)是基于人工智能机器学习的一种模型,它发展至今已有 50 多年的历史了。现代的计算机信息技术有很强的数据计算和数据处理能力,但是对于模式的分析识别、感知判断以及在复杂环境中对问题做出决策的能力却远不如人的大脑,它只能按照人们事先设计好的程序机械地运行,缺乏向环境学习、适应环境的能力。

经过分析研究,人们发现,人脑的工作方式与计算机不同,人脑是由数量巨大的基本神经单元(简称神经元)组成,这些神经元经过复杂的互相连接形成的一种高度复杂的、非线性的、并行处理的信息分析判断处理系统。由于人脑的神经元数量极其庞大，每个神经元又与其他数以千计的神经元节点互相连接，因此，人脑对于形象思维和灵感思维相关问题的处理速度比计算机快得多。于是，人们就从仿生学的原理出发，借助生物学和心理学在人脑神经元的组织结构和运行机制方面的研究成果，以数学、数理统计学、物理学以及计算机信息技术处理的方式对人脑神经网络进行抽象模仿，并建立相应的算法模型，开发一种接近人脑神经智能的计算机信息智能化处理系统。

人工神经网络模型是一种基于仿生学原理，模仿人脑神经网络结构及功能特征，通过建立算法模型调整内部大量节点之间相互连接的关系并进行分布式处理的计算机信息智能化处理系统，其发展与神经科学、数理统计学、认知科学、计算机科学、人工智能、信息科学、控制论、机器人学、微电子学、心理学、光计算技术、分子生物学等学科有关，已经逐渐发展形成了一个新兴的、多学科交叉的科学技术领域。

二、人工神经网络模型的优点

作为一种先进的人工智能技术，人工神经网络模型为传统的数据挖掘工具无法解决的问题提供了新的解决方案和思路，依靠系统的复杂程度，能够做到大规模并行、分布式并行信息处理，通过设计算法模型调整内部大量节点之间相互连接的关系，从而达到分析处理信息数据，支持决策的目的，具有较强的环境自组织、自学习和自适应的能力。此外，人工神经网络模型在数据挖掘应用的过程中，对噪声数据具有较强的抗干扰能力，对未经训练的数据具有较强的分类能力，其本身所具有的性能及其在数据挖掘中的优点进一步推动了人工神经网络模型在数据挖掘中的广泛应用。人工神经网络模型的优点，主要表现在四个方面：

第一，具有分布式联想存储功能和容错性。一条信息不是存储在一个地方，而是按内容分布在整个网络上，这种分布式存储算法是将存储区与运算区合为一体的。在人工神经网络模型中要采用"联想"的办法获得存储的知识，即当在一个神经网络输入一个激励时，它要在已存的知识中寻找与该输入匹配度最高的存储知识为其解。当然，在信息输出时还要经过一定的处理。这种存储方式的优点在于，即使部分信息不完整或丢失、损坏，甚至有错误的信息，它仍能恢复出原来正确的、完整的信息系统并继续运行，这就是人工神经网络模型具有分布式联想存储功能和容错性的体现。

第二，大规模并行处理。人工神经网络模型在结构上是并行的，而且各个单元可以同时进行类似的信息处理。因此人工神经网络模型中的信息处理是在大量单元中平行而又有层次地进行的，运算速度大大超过传统的序列式运算的数字机。

第三，具有自学习功能。人工神经网络模型中的神经元之间的连接多种多样，各神经元之间的连接强度具有一定的可塑性，这样人工神经网络模型的自学习行为可以通过学习和训练进行自组织、自学习，以适应不同信息处理的要求。人工神经网络模型的自学习行为是大量神经元的集体行为，并不是各单元行为的简单相加，表现出复杂的非线性动态系统的特性。正是由于人工神经网络模型具有这些特点，所以它可以处理一些环境信息十分复杂、知识背景不清楚和推理规则不明确的问题。例如，语音识别和图像识别都具有复杂的、非线性的、不确定性的对象的控制。只要先把许多不同的图像样板和对应的应识别的结果输入人工神经网络模型，模型就会通过自学习功能，慢慢学会识别类似的图像。机器的自学习功能对于预测、预警分析具有特别重要的意义。

第四，具有高速寻找优化解的能力。寻找一个复杂问题的优化解，往往需要很大的计算量，利用一个针对某问题而设计的反馈型人工神经网络模型，发挥计算机的高速运算能力，可以很快找到优化解，为管理决策提供支持。

三、主要的人工神经网络模型类型

人工神经网络是由大量的神经元按照大规模并行的方式通过一定的拓扑结构连接而成的网络。神经元只是单个的处理单元，并不能实现复杂的功能，只有大量神经元组成庞大的神经网络，才能实现对复杂信息的存储与处理，并表现出各种优越的特性。因此必须按一定学习规则将神经元连接成神经网络，并使网络中各神经元的连接权按一定规则变化，这样一来也就产生了各种各样的人工神经网络模型。人工神经网络模型的分类依据主要有网络连接的拓扑结构、神经元的特征、机器学习规则等。目前，已有近40种人工神经网络模型，其中有反传网络、感知器、自组织映射、Hopfield网络、波耳兹曼机、适应谐振理论等。根据连接的拓扑结构，人工神经网络模型可以分为以下两种。

（一）前向人工神经网络模型

人工神经网络模型中各个神经元接受前一级的输入，并输出到下一级，若神经元没有反馈，可以用一个有向无环路图表示。这种人工神经网络模型能够实现信号从输入空间到输出空间的变换，它的信息处理能力来自简单非线性函数的多次复合，网络结构简单，易于实现。反传网络就是一种典型的前向人工神经网络模型。

（二）反馈人工神经网络模型

人工神经网络模型内神经元间有反馈，可以用一个无向的完备图表示。这种人工神经网络模型的信息处理是状态的变换，可以用动力学系统理论处理。系统的稳定性与联想记忆功能有密切关系。Hopfield网络、波耳兹曼机均属于这种类型。

四、人工神经网络模型的应用领域

随着人工神经网络技术的不断成熟和发展，人工神经网络模型的智能化特征与能力使其应用范围日益广泛,许多用传统信息处理方式无法解决的问题在采用人工神经网络模型后取得了突破性进展,目前主要应用领域有以下几个。

(一) 信息技术领域

作为一种新型智能信息处理系统,人工神经网络模型应用于信号处理、模式识别、数据压缩等方面。应用人工神经网络模型的智能信息系统有智能仪器系统、自动跟踪监测仪器系统、自动控制制导系统、自动故障诊断系统和报警系统等。模式识别的应用主要涉及文字识别、语音识别、指纹识别、遥感图像识别、人脸识别、工业故障检测、精确制导等方面。

(二) 自动化监督控制领域

人工神经网络控制理论与控制技术相结合,发展为自动控制领域的一个前沿学科——神经网络控制。在系统辨识、神经控制器、智能检测等方面取得了长足发展。人工神经网络模型由于其独特的模型结构和固有的非线性模拟功能,以及高度的自学习、自适应和容错特性等突出特征,被广泛应用于监督控制、模型参考控制、预测控制、最优决策控制等控制系统中。

(三) 工程技术领域

人工神经网络模型在工程技术领域的应用主要体现在汽车工程、军事工程、化学工程、水利工程等领域。例如,受到人们普遍关注的汽车行业自动驾驶技术的应用,汽车市场上首先会推行智能化的辅助驾驶技术,高端产品会专注于普及高级辅助驾驶技术,中低端产品会普及辅助驾驶技术。自动驾驶的未来发展必然建立在辅助驾驶技术被广泛推广使用的基础上,而且政府也需要用一定时间来完成道路交通管理的人工智能化改造。

(四) 医学研究领域

在医学研究领域,人工神经网络模型可用于检测数据分析、生物活性研究、搭建医学专家系统等方面。

(五) 经济税收领域

由于人工神经网络模型具有优化计算、聚类、预测、风险预警评估等功能,在经济和税收领域得到广泛的应用,采用人工神经网络技术可以建立经济预测模型、税收遵从风险预警评估模型等。应用人工神经网络技术构建适合实际经济税收情况的风险评估模型的结构和算法,可以得到风险评价系数,进行风险预测、预警与评价。

第二节 人工神经网络模型在税收遵从风险预警评估中的应用

一、课题的提出与可行性分析

（一）税收遵从风险预警评估概述

全面推进税收遵从风险管理是推进税收现代化的重要途径。税收遵从风险管理是以纳税人对税法不遵从带来的损失（包括纳税人利益损失和国家税收流失损失）的不确定性或可能性为管理对象的管理过程和管理方法，包括科学实施风险管理目标规划、风险分析识别、风险程度评价与等级排序、风险应对处理、过程控制及绩效评价，力求最高效率地运用有限的征管资源，防范和控制税收遵从风险，不断提高税收遵从度和纳税满意度。根据 ISO 31000 风险管理标准，结合我国税收征管改革的实际状况，因地制宜，科学地设计适合我国税收实践的税收遵从风险管理流程，其核心部分是税收遵从风险评估，建立税收遵从风险的评价预警机制，指导开展风险信息预警提示和风险应对任务管理，并对较高风险和高风险纳税人实施重点风险预警提示、关注与应对，及时有效地应对、控制、排查税收遵从风险。主要内容包括两个方面：税收遵从风险分析识别与税收遵从风险预警评估。

1. 税收遵从风险分析识别

基于税收遵从风险管理战略规划，通过运用涉税信息数据开发税收遵从风险特征库技术，构建税收遵从风险指标体系，并运用量化管理技术和数据模型等技术手段，分析识别税收遵从风险，寻找和发现税收遵从风险可能发生的区域、行业、纳税人及具体的发生环节，为税务部门实施风险应对、控制、排查提供明确的风险指向目标。税收遵从风险分析识别的基础是掌握涉税生产经营活动、税收遵从风险特征、税收遵从风险事故等方面的信息数据资源。运用相关数理统计知识和技术方法、大数据分析技术方法等分析识别税收遵从风险源，进而发现导致潜在税收流失的各种风险因素、风险表现、风险区域和具体的风险点，并给出较为明确的风险指向目标。

2. 税收遵从风险预警评估

税收遵从风险预警评估主要是指当税收遵从风险发生时，采用一系列科学方法对存在潜在税收流失风险的区域、行业及纳税人进行分类分析、预测和测算，对风险发生的可能性和风险损失程度进行分析、判断和评定估价，确定税收遵从风险等级，进行税收遵从风险等级的高低组合排序，实施预警信息发布及风险应对任务推送等。

（二）人工神经网络模型应用于税收遵从风险预警评估的可行性分析

随着互联网计算机信息技术在税收领域的运用，金税系统工程积极尝试将计量经济方法、数理统计方法和智能化大数据信息技术应用于税收遵从风险预警评估领域，取得了可喜的创新成果，为税收现代化建设发挥了积极的推进作用。例如，将 Logit 回归分析方法引入纳税风险评估、基于 C4.5 挖掘算法对行业理论税负进行测算、利用遗传算法优化 BP 神经网络的方法对纳税人是否诚信进行判断、利用聚类分析方法找出纳税申报异常的企业等。

由于税收遵从风险评估工作的系统性和复杂性，如何更加有效地开展税收遵从风险管理，更加科学精准地评价税收遵从风险等级，有效筛查税收遵从风险点进行预警推送，实施有针对性的差别化税收遵从风险应对，对低风险实施风险提醒，对较高风险开展进一步的纳税评估，对高风险实施税务稽查，为税收遵从风险应对提供有针对性的、指向性明确的税收遵从风险疑点，对于金税系统工程来说仍然是很大的挑战，目前仍处于积极探索阶段。

本书提出将基于深度学习的人工神经网络模型应用于税收遵从风险预警评估，建立税收遵从风险预警评估模型技术及应用方案。通过深度学习，人工神经网络模型不仅可以科学精准地开展税收遵从风险分析识别与税收遵从风险等级排序，筛选出较高风险对象实施预警，还可以根据税收遵从风险特征指标，利用统计分析技术对选取的较高风险对象的风险点进一步识别、分类、分析、排序，科学精准地指明关键的税收遵从风险点，弥补人工神经网络模型输出的不可解释性、预警评估模型无风险指向的缺陷，进一步精准锁定税收遵从风险应对目标。通过不断优化完善模型，指导开展有针对性的风险应对工作，有效控制、排查税收遵从风险，提升税收遵从风险管理的质效。

税收遵从风险成因多、关系复杂，利用传统方法建立的纳税预警评估模型更多的是通过企业的涉税财务指标进行预警评估，难以处理多维度、高度非线性的复杂涉税风险信息，缺少自适应、自学习能力。人工神经网络模型利用样本集进行机器学习训练，模型设计的维度更立体，更能全面反映税收遵从风险，不仅基于纳税人的涉税财务指标，同时包括税收经济指标、发票比对风险指标、与第三方比对风险指标。通过多层级、多维度，分布式并行的网络设计、计算，能够解决复杂的税收遵从风险分析识别、预警评估问题，具有自学习、自适应能力，适合处理高度非线性的复杂税收遵从风险分析识别、预警评估等问题，因此，利用人工神经网络模型进行税收遵从风险预警评估比传统的纳税预警评估具有更大的优势，更加科学、系统、全面，更加有效、精准。

二、人工神经网络模型在税收遵从风险预警评估中的应用方案设计

人工神经网络模型应用于互联网背景下的税收遵从风险预警评估领域，有较高的

预测精度和较强的实用性。通过样本数据的训练,能够不断修正网络权值和阈值,使误差函数沿负梯度方向下降,逼近期望的输出。这是一种较为广泛的人工神经网络模型应用方案,多用于函数逼近、模型识别分类、数据压缩和时间序列预测等。

(一)人工神经网络模型的基本原理

人工神经网络模型就是模拟人脑思维的一种方式,是对事物通过某种算法或函数的拟合与逼近,或者说是对事物逻辑规律的策略表达。其基本原理是,神经元的工作原理和电脑工程师所说的逻辑门一样,一个 CPU 就是一个逻辑门的集合体,在此基础上可以得到神经元的计算模型,它由大量的神经元相互连接构成,每个节点代表一种特定的输出函数,是一个多层节点并行的、非线性的、分布处理的模型,其特色在于信息数据的分布式存储和并行分布式协同处理。人工神经网络模型的处理单元具有局部内存,并具备可以完成局部操作的自适应系统。

BP(Back Propagation)人工神经网络模型是目前应用最广泛的人工神经网络模型,于 1986 年由以鲁梅尔哈特和麦克利兰为首的科学家小组提出,是一种运算模型,是按误差反向传播算法训练的多层前馈网络模型,基本上是由输入层、隐藏层和输出层三层组成,各层由若干个神经元节点构成,每个节点代表一种特定的输出函数,称为激励函数(activation function)。每两个节点间的连接都代表一个通过该连接信号的加权值,称之为权重,这相当于人工神经网络模型的记忆。人工神经网络模型的输出则因网络的连接方式、权重值和激励函数的不同而不同。

BP 人工神经网络模型由正向传播和误差反向传播两个过程组成,在正向传播过程中,输入层各神经元负责接收来自外界的输入信息,并传递给隐藏层各神经元;隐藏层又称中间层,是内部信息的处理层,负责信息变换,根据信息变化能力的需求,隐藏层可以设计为单隐藏层或者多隐藏层结构,其中隐藏层的层数根据需要而定;最后是输出层,由一个隐藏层传递到输出层各神经元的信息,经进一步处理,完成一次机器学习的正向传播过程,如果与期望值一致,则学习算法结束,由输出层向外界输出信息处理结果。当实际输出信息与期望值不符时,进入误差反向传播阶段。误差通过输出层,按误差梯度下降的方式修正各层权值,向隐藏层、输入层逐层反传。周而复始的信息正向传播和误差反向传播过程,是各层权值参数不断调整和优化的过程,也是人工神经网络模型学习训练的过程,此过程一直进行到网络输出的误差缩小到可以接受的程度。基于深度学习的人工神经网络模型可以具有更多的神经元、更复杂的连接层的方式、大量参数和多层数的神经网络,是非常强大的机器学习系统。

(二)基于样本学习训练的人工神经网络模型

基于样本学习的人工神经网络模型的学习训练过程如下:

(1)确定观测样本。根据 n 个独立同分布的观测样本 $(x1, y1), (x2, y2), \cdots, (xn, yn)$,在一组函数 $[f(x,w)]$ 中求最优的函数 $f(x,w_0)$,使得分析预测期望误差最小,最优函数 $f(x,w_0)$

即当式中{$L[y, f(x,w)]$}为给定输入值 x 时，目标值 y 与网络输出值 $f(x,w)$ 之间的差异。

$$R(w) = \int L[y, f(x,w)] \mathrm{d}p(x, y) \tag{1}$$

（2）定义经验风险。用已知的训练样本定义经验风险，计算公式为：

$$R_{\text{emp}} = \frac{1}{N} \sum_{i=1}^{N} L(y_i, f(x_i, w)) \tag{2}$$

用对参数 w 求经验风险 $R_{\text{emp}}(\alpha)$ 的最小值代替求期望风险 $R(\alpha)$ 的最小值，即为经验风险最小化（Empirical Risk Minimization，ERM）原则。

（3）期望风险最小化的模型训练效果。当样本数量趋近于无穷大时，经验风险 $R_{\text{emp}}(\alpha)$ 最优值能够收敛到真实风险的最优值，一致收敛于真实风险 $R(\alpha)$。但实际训练样本的数量往往是有限的，由此导致经验风险与期望风险的不一致。尽管基于样本学习训练的人工神经网络模型具有最小的经验风险值，但实际推广能力并不好。只有满足学习过程的一致性条件，才能保证在学习样本数量无穷大时，经验风险最小化原则下得到最优的机器学习性能，也就是说，趋近于期望经验风险最小化的最优结果，才能说明学习训练方法是有效的。

（4）在样本数量有限的情况下，需要合理设置人工神经网络模型的层级及节点结构，以求达到学习精度和推广性的兼顾，因此，应适度控制输入神经元的维数和隐藏层数，降低模型的复杂度。有关研究表明，一个两层的人工神经网络模型只要在其隐藏层有足够多的神经元，便可以逼近任何实际的函数。

（5）统计分析方法。模型中的统计分析方法是预测、预警领域的经典数理方法。描述性统计通过考察某个神经元统计指标的频数、集中趋势、离散程度等属性来发现样本中存在的异常状况及程度。相关回归分析方法是使用输入数据对目标函数进行拟合，揭示因变量与自变量之间的相关回归关系。通过已知的样本数据信息得到样本回归函数，进而估计出总体回归函数，对存在差异的异常值进行风险预警。

第三节　基于BP人工神经网络模型建立税收遵从风险预警评估的模型

建立基于 BP 人工神经网络模型的税收遵从风险预警评估模型，主要分为以下四个关键步骤，每个步骤还要细分具体环节，其基本框架如图 6-1 所示。

一、确定税收遵从风险预警评估的目标行业及样本

（一）确定税收遵从风险预警评估的目标行业

不同行业的生产经营特征、税收政策和税收遵从风险差异性很大，有效的税收遵

从风险预警评估模型应该分行业构建。通常情况下，首先要选定行业规模较大、税收遵从风险较高的重点行业构建税收遵从风险预警评估模型。

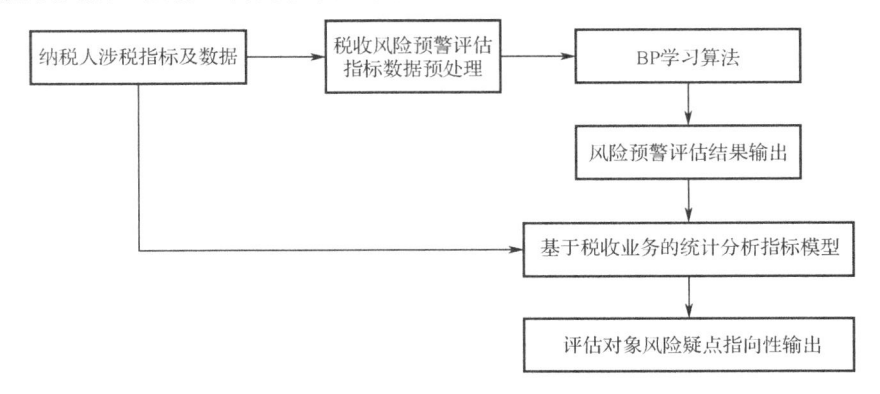

图 6-1　基于 BP 人工神经网络模型建立的税收遵从风险预警评估模型基本框架

（二）选取样本，确定样本数量

在目标行业中尽可能地采用大量样本进行学习训练，也可以按照随机抽样与分类抽样相结合的原则选取样本，使样本指标具有一定代表性和有效性。根据地区或行业纳税人规模数量及分布状况确定样本数量，即地区或行业纳税人数量多，抽取的样本单位数量应该多一些；税收遵从风险大的地区和行业抽样的次数应该多一些。

（三）对样本数据质量进行审核

采取申报表主表、附表审核，不同税种申报表交叉审核，申报数据与发票数据交叉审核，第三方信息比对验证审核，指标间逻辑关系审核等方法，对样本数据的真实性、合理性进行审核校验，保证样本数据具有较高的可靠性和真实性。

（四）对样本数据进行观察和适度修匀

对样本数据按照一定的顺序进行排序，适当剔除极端值的影响，即剔除样本总体数据的最大值和最小值，保证样本数据具有一定的代表性，剔除极端值的户数应占样本总户数的 20% 左右。

二、构建税收遵从风险预警评估指标模型并进行预处理

基于 BP 人工神经网络模型构建有一个隐藏层的 BP 人工神经网络税收遵从风险预警评估指标模型，建立预测函数 $y=f(x)$，其中，$x=(x_1,x_2,\cdots,x_n)$ 是模型的输入，即对纳税人风险预警指标值处理后的数据；y 是模型的输出，即对纳税人税收遵从风险程度评估后进行风险等级排序，实施风险预警评估的判定。可将基层税源管理部门风险应对的数据作为训练和测试样本，考虑到实际结果与模型输出可能存在一定的偏差，对样本

进行主动选取,通过对模型的修正优化、学习训练,建立基于 BP 人工神经网络模型的税收遵从风险预警评估指标模型。

税收遵从风险预警评估指标的选取应以比率类的指标为主。当获得的训练样本数量较多时,可以构建较为系统全面的税收遵从风险预警评估指标体系,选取设置的指标个数较多;当获取的训练样本数量较少时,可以先构建税标体系中的关键指标,选取设置指标的个数不宜过多,并且应包含尽可能多的有效关键信息数据。例如,对制造业应尽量获得企业实际耗电量的有效数据用于建模。

(一)构建税收遵从风险预警评估指标体系

税收遵从风险预警评估指标体系,简称税收遵从风险指标体系。结合第三章所述的税收分析指标体系构建方法,综合采取仿生构建、分层级构建、评价方向构建、利用发票信息构建、利用第三方信息构建的方法,构建税收遵从风险指标体系。以主体税种增值税、所得税为例,说明分层级税收遵从风险指标体系的构建方法,按此方法构建的增值税、所得税分层级税收遵从风险指标体系如表 6-1 所示。

表 6-1 增值税、所得税分层级税收遵从风险指标体系(不完全列举)

指标层级	指标名称
一级	增值税税负率
	增值税弹性系数
	增值税变动率
	所得税贡献率或所得税税负率
	所得税弹性系数
	所得税变动率
	增值税税负变动率
	增值税与计税收入同步增长系数
二级	毛利率
	毛利率变动率
	总资产收益率
	销售利润率
	进项税负率
	进销项税额变动弹性系数
	进项结构比率
	销售额变动率
	增值税收入与所得税计税收入的差值
	成本费用率
	利润总额变动率
	期间费用率

续表

指标层级	指标名称
三级	销售费用率
	管理费用率
	财务费用率
	流动资产周转率
	存货周转率
	存货变动率
	资金周转率
	（期末）预收账款比率
	（期末）应收账款比率
	流动比率
	资产负债率

（二）税收遵从风险预警评估指标数据预处理

税收遵从风险预警评估指标数据预处理是对构建的税收遵从风险指标体系输入的相应数据进行汇总并计算平均值，为后续的指标阈值模型构建预先进行相应的数据处理计算。平均值的计算可以采取算术平均数法、中位数法、几何平均数法。对于静态指标数据的平均值采用算术平均数法，对于动态指标数据的平均值采用几何平均数法。

以关键风险指标税收负担率为例，计算平均税收负担率可以采用以下三种方法：

（1）行业总体平均税收负担率计算方法。行业总体平均税收负担率是所有税种的税收总额除以相应的计税收入得出的比率，所以，行业总体平均税收负担率的计算公式如下：

$$TB_{ij} = \frac{TAX_{ij}}{CR_{ij}} \times 100\%$$

式中，TB_{ij} 为行业总体平均税收负担率，TAX_{ij} 为税收总额，CR_{ij} 为计税收入，i 为地区，j 为行业，注意这里的 TAX 可以根据需要替换成相应税种的税收，而 CR 可以替换成相应税种的计税收入，用来计算某税种的平均税收负担率。

（2）行业税种平均税收负担率计算方法。以增值税为例，增值税税收负担率是当期应纳增值税额除以当期按适用税率征税货物和劳务的销售额得出的比率，所以，行业增值税平均税收负担率的计算公式如下：

$$行业增值税平均税收负担率 = \frac{\sum 当期应纳增值税额}{\sum 当期按适用税率征税货物和劳务的销售额} \times 100\%$$

（3）样本行业平均税收负担率的计算公式如下：

$$\bar{X} = \sum \frac{X_i}{n} \times 100\%$$

式中，$\bar{X}$ 为样本行业的平均税收负担率；X_i 为测定行业税负率时选定各样本的实际税收负担率；n 为测定行业税负率时选定的样本纳税人个数。

（三）设置税收遵从风险预警评估指标的阈值及预警参数

1. 设置税收遵从风险预警评估指标预警参数的原则

（1）行业设置原则。按区域范围的规模和行业对纳税人进行分类，结合现行税收法律、政策及行业的生产经营特点对行业进一步进行细分，按行业细分的纳税人类型进行预警参数的测算和设置。

（2）数据代表性原则。参与测算预警参数的样本纳税人是正常纳税的，样本数据应较为均衡，要适度剔除极端值的影响，使样本数据离散度较低且具有一定的代表性。

（3）定性分析与定量分析相结合的原则。在样本数据测算的基础上，要根据行业经营特点、税收遵从风险特征及征管质量的要求综合调整预警参数，使其具有较强的科学性、客观性和可靠性。

（4）动态管理原则。预警参数的设置不是一劳永逸的管理事项，要通过标杆纳税人和风险应对的数据对预警参数进行验证，同时要结合宏观经济的发展、行业景气周期变化、季节、进出口等影响因素以及征管质量的要求对预警参数不断修正、优化和调整，使其不断趋近于客观标准而具有较强的科学性、公正性和权威性。

2. 预警参数设置的步骤和方法

（1）计算离散指标。在税收遵从风险分析识别中，主要的离散指标有标准差和标准差系数。一个行业关键指标的标准差和离散系数越大，说明这个行业的税收征管情况越复杂，相应的税收遵从风险也越高。行业税收负担率离散指标的计算公式如下：

$$S = \sqrt{\frac{\sum_{i=1}^{n}(X_i - \bar{X})^2}{(n-1)}}$$

式中，S 为行业税收负担率离散指标，反映行业税收负担率的离散程度。但在实际应用中，由于样本个体指标的差异较大，会造成标准差的测算值远大于实际税收负担率而失去意义，为此，根据实际情况修正成为经验标准差计算公式：

$$s = \sqrt{\frac{\sum_{i=1}^{n}(X_i - \bar{X})^2}{n}}$$

式中，s 为经过修正调整后的行业税收负担率离散指标，与客观的行业税收负担率存在一定的偏离。但在测定行业平均税收负担率和预警参数时，如果数值分布变异较大，则说明行业的税收遵从风险相对较高，管理质量较低。所以要根据实际情况适度调整离散程度，计算修正经验标准差，进而调整阈值区间，保证税收遵从风险分析识别的有效性。

（2）测算和设置预警参数。这里用经验标准差参与运算，计算得出的离散系数称为经验离散系数，将两者综合应用确定预警参数，更适用于目前我国税收遵从风险分析识别的实际情况。

第一，计算经验离散系数。经验离散系数是用经验标准差除以平均值得出的，计算公式如下：

$$\delta = \frac{s}{\overline{X}}$$

第二，当 $\delta \leq 0.6$ 时，预警参数的合理阈值取值范围为 $\overline{X} \pm s$。相应的（$\overline{X} + s$）临界值称作预警上限，超出预警上限的样本个体实际上可能税收负担过重，也可能超前征收了"过头税"。当然也存在个别需要退税的纳税人通过高税收负担率多获取不合理退税的风险。（$\overline{X} - s$）临界值称作预警下限，低于预警下限的样本个体实际上可能存在税收负担率过低的风险，会被网络模型系统筛查输出，预警推送，作为风险应对重点关注排查。

第三，当 $\delta > 0.6$ 时，预警参数的合理阈值取值范围为 $\overline{X} \pm 0.6s$。

其中 0.6 是经验修正系数，离散系数超过 0.6，表明样本指标数据离散程度较大，纳税人的涉税风险较为复杂或税收遵从风险较高。通过经验修正系数对标准差进行调整修正，可以确保合理的预警阈值区间、预警参数及筛查输出的风险目标数量，进而提高税收遵从风险管理质效。随着后期税收遵从度和风险管理质效的逐步提高，当离散系数低于 0.6 时，即可采用 $\overline{X} \pm s$ 确定较为合理的预警阈值区间。

在上述公式中代入相应的税种税收收入和计税收入指标数据，即可计算相应税种税收负担率的预警参数范围及预警值。

（3）当期变动率预警参数的算法。在很多情况下需要对行业不同纳税人的变动率测算预警参数，如利润率、成本费用率、流动比率等。通常是将个体纳税人的变动率与行业纳税人平均变动率进行比较，步骤如下：

第一，计算变动率的加权平均值，计算公式如下：

$$\overline{x} = \frac{\sum \left(\frac{x' - x}{x} \right) f}{\sum f}$$

式中 $\left(\frac{x' - x}{x} \right)$ 表示上一年度同行业个体纳税人变动率，f 表示各样本个体的权数。$\sum f$ 表示样本总数。

第二，计算变动率的标准差，计算公式如下：

$$\sigma = \sqrt{\frac{\sum (X - \overline{X})^2 f}{\sum f}}$$

第三，设置预警参数的合理阈值取值范围：$\overline{X} \pm \sigma$。

同样，如果测算的标准差过大，需要计算经验修正标准差。用修正标准差除以变动率的平均值计算经验标准差系数，将计算结果与 0.6 对比，对经验标准差进行调整设置，以确保合理的预警阈值区间、预警参数及筛查输出的风险目标数量，进而提高行业的税收遵从风险管理质效。

（4）根据时间序列测算变动率趋势预警参数的算法。变动率趋势预警参数是根据时间序列进行测算的，即将个体变动率与行业 3 年以上的历史变动率计算变动率的平均值，进行动态趋势的比较分析。按纳税人时间序列变动率计算平均速度，需要使用几何平均数法。

第一，计算几何平均数法及时间序列变动率的平均值，计算公式如下：

$$\bar{X} = \sqrt[n]{X_n / X_1}$$

第二，计算标准差：$\sigma = \sqrt{\dfrac{\sum (X - \bar{X})^2 f}{\sum f}}$

第三，预警参数的合理阈值取值范围：$\bar{X} \pm \sigma$

式中 $X_1, X_2, \cdots, X_n$ 表示分年度的某一被评估对象分析指标的数值，$f_1, f_2, \cdots, f_n$ 表示分年度某一被评估对象的销售额。

同样，如果测算的标准差数值过大，需要计算经验修正标准差。用修正标准差除以变动率的平均值计算经验标准差系数，将计算结果与 0.6 对比，对经验标准差进行调整设置，以确保合理的预警阈值区间、预警参数及筛查输出的风险目标数目，进而提高行业的税收遵从风险管理质效。

（5）税收弹性系数预警参数的算法。税收弹性系数又称为税收关联指标变动的配比系数，反映具有内在逻辑关联的两个指标变动的协调适应关系。税收弹性系数的预警参数反映同行业纳税人在一定时期内税收关联指标变动的正常幅度区间，按同一行业管理期个体关联指标的弹性系数计算。具体步骤和公式如下：

第一，计算税收弹性系数的平均值，用 Z 表示，计算公式如下：

$$Z = \dfrac{\sum \left(\left| \dfrac{(x'-x)/x}{(y'-y)/y} \right| \right) f}{\sum f}$$

第二，计算标准差，计算公式为 $\sigma = \sqrt{\dfrac{\sum (Z - \bar{Z})^2 f}{\sum f}}$

第三，预警参数的合理阈值取值范围：预警值 = $\bar{Z} \pm \sigma$

税收弹性系数的预警参数设置也可以按照国际惯例，即税收弹性系数的标准值是 1。例如，增值税的变动率与计征增值税的销售额的变动率应该是大体同方向、同幅度的，对比系数 1 是最标准合理的，所以税收弹性系数是 1 的正负 20% 为合理的预警参数阈值区间，预警参数为 0.8～1.2，预警上限值为 1.2，预警下限值为 0.8，个体纳税人税收弹性系数如果大于 1.2 或小于 0.8 则被视为异常。

（四）税收遵从风险分析识别方法

（1）正指标的税收遵从风险分析识别方法。在通常情况下，正指标数值越高，税收遵从度越高，而实际纳税申报数据往往偏低，所以不能低于预警下限，税收遵从风险预警参数值是下限值。当输入的正指标数据低于预警下限时则显示异常，存在税收遵从风险的可能性较大。如计税收入和收益类指标、毛利率指标、税收收入增长率指标等。

（2）逆指标的税收遵从风险分析识别方法。在通常情况下，逆指标数值越低，税收遵从度越高，而实际纳税申报数据往往偏高，所以不能高于预警上限，税收遵从风险预警参数值是上限值。当输入的逆指标数据高于预警上限时则显示异常，存在税收遵从风险的可能性较大。如投入类指标、成本费用率指标、单位产品能耗指标等。

（3）适度指标的税收遵从风险分析识别方法。在通常情况下，适度指标的数值适中合理为好，过高或过低都会显示异常。例如，税收弹性系数指标数值接近于 1 是合理的，阈值区间为 0.8～1.2 是相对正常合理的，过高或过低都会显示异常，存在税收遵从风险的可能性较大。

纳税人实际税收负担率、税收弹性系数等指标数据在税收实践中，往往也是偏低的，所以在税收遵从风险分析识别时，通常也把一部分适度指标视为正指标处理。即用纳税人的指标数据与预警下限进行比对计算偏差，若低于预警下限，则显示异常，存在税收遵从风险的可能性较大。

三、税收遵从风险评估与等级排序模型

税收遵从风险评估与等级排序模型，是指在税收遵从风险分析识别的基础上，运用科学的方法对税收遵从风险发生的可能性及税收流失的损失程度进行测算评估，并对税收遵从风险程度做出综合评价的相关数理统计算法和函数模型。税收遵从风险评价对风险应对的决策管理具有重要的影响。

在系统掌握一定的高质量涉税信息数据的基础上，利用概率论和数理统计学方法及信息技术手段，对税收遵从风险进行量化、测度，来评价税收遵从风险程度，这种方法是税收遵从风险评价的基本方法。具体过程是通过确定各税收遵从风险指标对纳税人总体税收遵从风险程度的影响，进而测度纳税人总体税收遵从风险的分值，根据分值的高低确定纳税人的税收遵从风险程度，划分税收遵从风险等级，并进行税收遵从风险的等级排序，发布预警信息。

利用该方法得出的评价结果比较科学、精确、有效，但对涉税信息数据的系统性和准确性要求比较高。如果能够有效利用互联网信息技术手段进行数据分值测算，其科学性和有效性要优于其他方法。其基本流程和具体步骤如下：

第一，根据概率论、数理统计学方法，估计税收遵从风险指标在一定时间内发生的概率及税收流失风险的损失程度。

第二，根据所估计的税收遵从风险指标的风险概率及风险影响程度综合估计和评价总体的税收流失风险的损失程度及损失后果，赋予税收遵从风险分值。

第三，根据某单项税收遵从风险指标的概率及其对总体税收遵从风险的影响程度设定风险权重，明确某单项税收遵从风险特征指标在风险综合评价体系中的风险权重系数，确定权重系数体系。

第四，对税收遵从风险指标分析识别后的实际偏差状况采取打分评价的方法，根据综合风险分值的高低确定风险程度，结合各种管理资源的实际配置状况，确定税收遵从风险等级并进行排序，发布预警信息，提出税收遵从风险应对的建议和方案，为税收遵从风险的应对控制提供科学的依据。

（一）数理统计学方法测算与评价风险程度的基本原理

（1）影响风险程度的两个因素。一般来讲，税收遵从风险程度与税收遵从风险事件发生的概率（可能性）和税收遵从风险事件发生造成税收流失的严重性这两个因素有关。也就是说，系统税收遵从风险程度的高低取决于两个方面：一是税收遵从风险事件发生的概率，二是税收遵从风险事件发生造成税收流失后果的严重程度。

（2）税收遵从风险程度测算方法。税收遵从风险程度是通过税收遵从风险分值来反映的，它综合了两个方面的因素，是税收遵从风险事件的概率与税收流失后果严重程度的乘积。其计算公式如下：

$$R = S \times P$$

式中，R 表示风险程度，由风险事件损失除以单位时间得出；S 代表严重程度，由风险事件损失除以事件次数得出；P 表示风险发生的概率，由风险事件次数除以单位时间得出。

此方法是先求出税收遵从风险项目系统中各风险指标所代表的税收遵从风险事件发生的概率及损失程度的风险分值，评价税收遵从风险发生的可能性及风险事件发生所产生的税收流失后果的严重性，在此基础上，综合测算和确定总体税收遵从风险分值，以风险分值的多少确定税收遵从风险程度的高低，进而评价税收遵从风险等级。

（二）数理统计学方法测算与评价法的应用

1. 税收遵从风险指标赋值

按照定性、定量分析的方法估计、测算各税收遵从风险指标在一定时间内发生的概率及税收流失后果的严重程度，综合估计和评价总体税收遵从风险的程度及税收流失后果，赋予某税收遵从风险管理项目各单项指标的风险分值和总的税收遵从风险分值。

（1）确定税收遵从风险发生的概率。税收遵从风险发生概率反映的是单位时间内税收遵从风险发生的可能性，即税收遵从风险发生的次数和频率。其计算公式为：

$$P(税收遵从风险发生概率) = \frac{风险发生次数}{单位时间}$$

当税收流失后果不可预测时，会出现风险发生的不确定性。概率可分为客观概率和主观概率两种。客观概率是根据历史时期风险发生概率的有关信息和统计数据，来推断未来发生税收遵从风险的概率。主观概率是根据税务管理人员及有关专家的主观经验、知识积累等估计判断税收遵从风险发生的可能性。现实中通常将可能出现的税收遵从风险客观概率视为税收遵从风险发生的可能性。

运用数理统计学方法确定客观概率，可以选用的方法包括二项分布、泊松分布等。应注意的是，各种方法都会受到一定的条件的制约，其结果也会有所不同，因此，在选用时应结合具体情况。

在对税收遵从风险概率进行确定时，由于不同地区、不同时段所发生的税收遵从风险的概率不同，确定概率的管理操作层面与税收遵从风险实际可能发生的层面不一致，因此，在实际的管理中有必要建立统一的分析评价机制，综合考虑时段、地区等因素，通过大量调查分析部分地区税务部门试点的情况，推断地区总体实际应用的情况。因此，在确定税收遵从风险概率的时候，通常要把主观概率和客观概率有机地结合起来，同时引入时间系数，调整并修正税收遵从风险的概率测算结果，使其更加客观全面地反映税收遵从风险发生的可能性。

时间系数是指时间因素对税收遵从风险发生可能性的影响，时间因素可分为纳税人的经营存续时间和实地核查间隔时间两种。一般情况下，纳税人经营存续时间越短，税收遵从风险越高；实地核查间隔的时间越长，税收遵从风险越高。

（2）确定税收遵从风险损失的严重程度。税收遵从风险损失的严重程度又称税收遵从风险强度，即税收流失后果的程度，是税收遵从风险发生一次的税收流失额。其计算方法为：

$$S(税收遵从风险强度) = \frac{总税收流失额}{风险事件次数}$$

在确定税收遵从风险强度时，应该综合考虑风险强度与风险概率之间的关系、纳税人规模等因素的影响。风险概率与风险强度在某些情况下呈负相关的关系，风险概率高，风险强度并不大；风险概率低，风险强度却很大。

税收遵从风险强度与纳税人规模的大小成正相关关系，规模越大，相应的税收遵从风险强度越大。因此，有必要利用规模系数来修正税收遵从风险强度。

（3）基于以上风险概率与风险强度的确定方法，同时分别引入不同的修正系数，尽可能地使风险评价赋分符合客观实际情况。确定某税收遵从风险管理项目总的税收遵从风险分值的计算公式为：

税收遵从风险程度（R）=税收遵从风险发生概率（P）×存续时间系数（T_1）×实地核查间隔时间系数（T_2）×税收遵从风险强度（S）×规模系数（M）。

（4）确定各因子风险指标在总税收遵从风险评价指标体系中的权重。根据各因子风险指标的概率、强度对总体税收遵从风险的影响确定各单项指标在税收遵从风险评价指标体系中的权重及系数体系。这里介绍两种方法：专家经验评判法和主成分分析法。

专家经验评判法是税收遵从风险管理实践中应用较为广泛的一种评价方法。它是在定量和定性分析的基础上，通过分析各单项指标的重要程度，衡量和评价税收遵从风险评价指标体系中单项指标所反映的税收遵从风险特征、税收遵从风险事件发生的可能性及税收流失后果等因素来确定风险指标权重及系数体系。这里的专家是指专家团队，利用专家团队的集体智慧综合评价、确定税收遵从风险的权重。专家确定权重的科学性和准确程度，主要取决于专家的税收遵从风险管理和税收征管工作的实践经验，以及相关知识的广度和深度。总的来说，专家经验评判法具有使用简单、直观性强的特点，但其科学性和系统性尚存在欠缺，有时难以保证评价结果的客观性和准确性。

如前所述，在现有的税收遵从风险评价指标体系中，各单项指标的重要性及其对税收遵从风险的影响程度是有所不同的。根据笔者的研究和经验，通常一级指标权重最高，占50%左右；二级指标权重占30%左右；三级指标权重占20%左右。所以，在进行税收遵从风险分析识别的时候，重点对一级、二级指标进行综合分析评价。当然，还应该结合不同地区、不同行业的税收遵从风险特点来进行适度调整。

主成分分析法是以税收统计数据为基础的，通过筛选、简化指标体系，来确定各单项指标重要性及权重的典型方法。通过数学变换，把给定的一组相关变量 X_1、X_2、X_3、$\cdots$、X_p，通过线性变换转换成另一组不相关的变量 Y_1、Y_2、Y_3、$\cdots$、Y_p，这些新的变量按照方差依次递减的顺序进行排列。在数学变换中保持变量的总方差不变，使第一变量 Y_1 具有最大的方差，称为第一主成分，第二变量 Y_2 的方差次大，并且和第一变量不相关，称为第二主成分。以此类推，1个变量就有1个主成分，p 个变量就有 p 个主成分。但在实际应用的过程中，为了简化问题，通常不是找出 p 个主成分，而是通过转化后找出 q（$q<p$）个主成分，q 个主成分能反映原来 p 个变量的绝大部分方差，新的一组变量代替原有的变量，新变量是原变量的高度综合和最佳简化，这已成为构造系统评价指数和系统数据评价排序的重要方法。在进行税收遵从风险评价时，采用主成分分析法减少税收遵从风险指标的维数，并保留原来输入的税收遵从风险指标信息，在不损失原始指标主要信息的前提下，经过矩阵变换、降低维数提取税收遵从风险指标信息的主要特征，达到确定税收遵从风险指标权重、简化分析工作、抓住关键指标和税收遵从风险问题实质的目的。

运用主成分分析法的优点主要体现在以下两个方面：一是权重确定的客观性，可以避免在税收遵从风险评价中权重确定的主观性和随意性，使评价结果符合客观实际情况；二是评价结果真实可靠，因为主成分指标分量表现为原指标变量的线性组合，包含和保留原变量提供的变异信息，即使舍弃若干指标分量，也可以保证85%以上的变异信息体现在综合评价和评分中，使评价结果真实可靠。由于第一主成分指标在所有的主成分中包含的信息量最大，很多学者在综合研究、评价问题的过程中通常对第一主成分赋予较高的权重，在有些情况下甚至可以直接通过第一主成分指标进行不同总体之间的差异比较和评价。这也是我国税收遵从风险分析实践中通常用税收负担率进行分析和评价的原因。

主成分分析法的手工计算量很大，计算过程比较复杂。实践中通常是通过计算机运用 SPSS 统计分析软件进行操作，SPSS 软件的 FACTOR 模块提供了主成分分析的功能，在 SPSS 软件的数据窗口依次输入原指标信息数据，依次单击 "Analyse→Data Reduction→Factor" 按钮，即可完成主成分分析的过程。

（5）税收遵从风险分值确定的步骤。确定税收遵从风险分值包括两个递进的层次：

一是确定各单项税收遵从风险指标的风险分值。某风险指标的风险概率和风险强度两者的乘积即为该风险指标的风险分值，适当考虑修正因素的影响。计算公式如下：

某风险指标的风险值=该指标发生风险的概率×该指标风险发生的强度

二是确定项目总体税收遵从风险的分值。其确定方法是，对具有一定相关度的税收遵从风险指标体系，将其各单项税收遵从风险指标的风险分值与确定的相应风险权重进行综合，计算公式如下：

$$项目总体税收遵从风险分值 = \sum \begin{pmatrix} 单项税收遵从风险指标的风险分值 \times \\ 对应风险权重 \end{pmatrix}$$

2. 税收遵从风险指标评分

承接税收遵从风险分析识别后测算得到的税收遵从风险指标的安全基准值、预警参数或税收能力的估算值，用各单项指标的实际值与预警值或估算值比对，测算偏离率，经打分、积分后，确定总的税收遵从风险指标评分，根据实际评分的高低进行风险程度评价，并进行风险等级排序。

（1）对税收遵从风险分析识别后的指标数值的实际偏差状况采取打分评价的方式，税收遵从风险指标数值偏离预警值或估算值的幅度越大，该单项指标得出的风险评分越高。

$$单项税收遵从风险指标的评分 = 单项指标分值 \times 偏离率$$

式中，风险指标偏离率的计算公式为：

① 关键风险指标法：

$$风险指标偏离率 = \frac{风险指标实际值 - 指标预警值}{指标预警值} \times 100\%$$

说明：计算风险指标偏离率时，指标的预警值区分为不同情况。一是在正指标情况下，正指标数值越高，税收遵从度越高，而实际纳税申报数据往往偏低，所以不能低于预警下限，税收遵从风险预警参数值是下限值。输入的正指标数值低于预警下限显示异常，存在税收遵从风险的可能性较大。如计税收入和收益类指标、毛利率指标、税收收入增长率指标等。二是在逆指标情况下，逆指标数值越低，税收遵从度越高，而实际纳税申报数据往往偏高，所以不能高于预警上限，税收遵从风险预警参数值是上限值。输入的逆指标数值高于预警上限显示异常，存在税收遵从风险的可能性较大。如投入类指标、成本费用率指标、单位产品能耗指标等。三是在适度指标情况下，适度指标的数值适中合理为好，过高或过低都会显示异常。如税收弹性系数指标数值接近于 1 是合理的，阈值区间为 0.8～1.2 相对正常合理，过高或过低都会显示异常，要视指标的具体情况确定。如税收负担率和税收弹性指标原理上是适度指标，但在税收实践中，往往也表现出偏低的风险特征，所以计算偏离率时视同正指标处理，即关注纳税户实际指标数值与预警下限的偏离，低于预警下限，显示异常，存在税收遵从风险的可能性较大。

② 收入能力估算法：

$$风险指标偏离率 = \frac{实际申报的计税收入 - 估算的计税收入}{估算的计税收入} \times 100\%$$

根据测算的风险指标偏离率，确定单项税收遵从风险指标的风险评价得分。偏离率越大，反映指标的实际值与预警值偏离幅度越大，异常的风险程度越高，税收遵从风险评分越高，税收遵从风险等级越高。

例如，单项指标根据权重的不同可采用 5 分制、10 分制、20 分制，税收遵从风险可描述为"无风险""低风险""中等或一般风险""较高风险""高风险"。如果单项指标赋分是 5 分，评判得分为 1 分，2 分，3 分，4 分，5 分。于是得到判别得分向量 $C=[1, 2, 3, 4, 5]T$，若 $0<C\leq1$，则该指标税收遵从风险处于低风险区 1；若 $1<C\leq2$，则处于较低风险区 2；若 $2<C\leq3$，则处于中等风险区 3，需要加以关注；若 $3<C\leq4$，则处于较高风险区 4，需要重点监控；若 $4<C\leq5$，则处于高风险区 5，考虑采取相关严厉措施。若某单项指标的赋分是 20 分，分为以下情况：偏离率为 20% 左右时，得 4 分左右；偏离率为 40% 左右时，得 8 分左右；偏离率为 60% 左右时，得 12 分左右；偏离率为 80% 左右时，得 16 分左右；偏离率在 80% 以上时，通常得满分 20 分。

（2）所有单项指标税收遵从风险分值总评分。即各单项指标的税收遵从风险分值实际得分汇总计算得到所有税收遵从风险指标的风险评价总分值。税收遵从风险分值总评分越高，说明税收遵从风险的程度、风险等级越高；反之，税收遵从风险分值总评分越低，说明税收遵从风险的程度、风险等级越低。

计算公式为：

$$单项指标税收遵从风险分值总评分 = \sum（各单项指标赋分值 \times 偏离率）$$

（三）税收遵从风险程度评估应用实例

例 1：税收遵从风险度评价表，使用定性语言将税收遵从风险的发生概率及税收流失后果描述为极高、高、中、低、极低 5 级，如表 6-2 所示。

表 6-2 税收遵从风险度评价表

税收遵从风险评估指标	极低 0.05	低 0.1	中 0.2	高 0.4	极高 0.8
经营费用	不明显的费用增加	费用增加小于 5%	费用增加 5%～10%	费用增加 10%～20%	费用增加大于 20%

续表

税收遵从风险评估指标	极低 0.05	低 0.1	中 0.2	高 0.4	极高 0.8
申报时间	不明显的申报拖延	申报拖延小于5%	申报拖延 5%~10%	申报拖延 10%~20%	申报拖延大于20%
计税范围	范围减少几乎察觉不到	范围次要部分受到影响	范围主要部分受到影响	范围减少不被接受	范围减少大于20%
纳税信用质量	信用等级降低不易察觉	信用等级降低一级	信用等级降低幅度明显	信用等级降低幅度不被接受	信用等级降为C级

概率-严重程度矩阵税收遵从风险评价表，如表6-3所示。概率与严重程度的估计值之间的简单乘积是将这两个维度结合起来的一种普遍方法，可用以确定税收遵从风险等级是极低、低，还是中等、高、极高。

表 6-3 概率-损失后果矩阵税收遵从风险评价表

风险程度（R）=风险发生概率（P）×严重程度（S）					
风险发生概率（P）	严重程度（S）				
	极低 0.05	低 0.1	中 0.2	高 0.4	极高 0.8
0.9	0.05	0.09	0.18	0.36	0.72
0.7	0.04	0.07	0.14	0.28	0.56
0.5	0.03	0.05	0.10	0.20	0.40
0.3	0.02	0.03	0.06	0.12	0.24
0.1	0.01	0.01	0.02	0.04	0.08
1	0.05	0.10	0.20	0.40	0.80

例 2：英国税务与海关总署增值税退税中的风险评估。英国增值税制度允许在独立的纳税申报中，对购买的进项税额超过销项税额的差额部分予以退税，从而引发不足额缴纳税款的潜在风险。增值税退税中的风险评估依赖于"退税前可信性程序"的分析评估，可信性降低，税收遵从风险加大，其任务是在退税前从众多退税申报中筛选出存在最高风险的申报表，核实是否应予以退税。

"可信性程序"的分析评估步骤分为：

第一，风险因素的识别阶段。风险因素也称为风险指标变量，包括交易分类、应纳税流转额的规模、应付税款净额、提交申报的平均延迟天数、申报表的类型（正常、是否漏报或正在接受评估），以及债务历史等。这些风险变量一般不被加权，因为在申报表中，有些变量的信息可能缺失，所以各变量的权重没有区别。但从税收遵从风险的角度考虑，一些变量的权重应该较大，如是否有漏报的风险情况等。

第二，风险状况的评价阶段。对一个申报纳税人来说，如果一个或几个风险变量发生的频率较高，说明存在税款流失的较高风险，其风险分值就会比较高。通过统计分析可以得到每个纳税人一个或多个风险变量发生频率的命中率、每个纳税人多个风

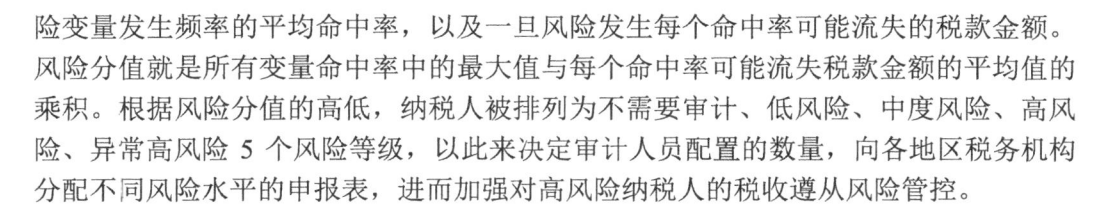

险变量发生频率的平均命中率，以及一旦风险发生每个命中率可能流失的税款金额。风险分值就是所有变量命中率中的最大值与每个命中率可能流失税款金额的平均值的乘积。根据风险分值的高低，纳税人被排列为不需要审计、低风险、中度风险、高风险、异常高风险 5 个风险等级，以此来决定审计人员配置的数量，向各地区税务机构分配不同风险水平的申报表，进而加强对高风险纳税人的税收遵从风险管控。

（四）税收遵从风险等级划分与风险等级排序

1. 税收遵从风险等级划分

一般来说，税收遵从风险可分为 1～5 个等级，级别越高，税收遵从风险程度越高。如果税收遵从风险发生概率可以分为 5 种：不会发生、几乎不会发生、不太可能发生、偶尔发生和经常发生，则对应的税收遵从风险严重程度也可以分为 5 种：无损失、轻微损失、中等损失、重大损失和特大损失。通常税收遵从风险等级对应地划分为 5 个等级。随着税收遵从风险发生概率的加大，税收遵从风险严重程度的提高，税收遵从风险分值随之增加，税收遵从风险等级逐级加大，分别可以表示为：无风险等级 1 级、低风险等级 2 级、中等风险等级 3 级、较高风险等级 4 级、高风险等级 5 级。某公司税收遵从风险等级划分标准和评价分值，如表 6-4 所示。

表 6-4　某公司税收遵从风险等级划分标准和评价分值

风 险 等 级	风险发生的概率	风险评价分值
很高：风险的发生几乎是不可避免的	≥1/2	10 分
	≥1/3	9 分
高：风险发生的可能性与以往经常发生的风险相似	≥1/8	8 分
	≥1/20	7 分
中等：风险的发生与以往发生的风险有关，但只与非主要环节有关	≥1/80	6 分
	≥1/400	5 分
	≥1/2 000	4 分
低：风险发生的可能性较小且与以往偶尔发生的风险有关	≥1/15 000	3 分
很低：风险发生的可能性很小且与过去发生的风险完全相同	≥1/15 000	2 分
无或极低：风险不大可能发生且与过去极少发生的风险完全相同	≥1/150 000	0 分或 1 分

表中的风险等级细分为 6 级，实际上极低和很低可以归并为一级，即确定为 5 个风险等级。随着风险发生概率的提高和风险评价分值的增大，税收遵从风险等级逐级提高。

2. 税收遵从风险等级排序

综合税收遵从风险发生概率与税收流失损失后果两方面，根据税收遵从风险评价分分值的高低评价税收遵从风险程度及相应的风险等级。随着现代信息技术的发展，采用定性与定量相结合的方式，在结合专家经验评判法等人工技术和经验基础上，用定量评价的现代信息技术手段评价税收遵从风险程度，以及做好税收遵从风险等级的排序是未来税收遵从风险管理的发展趋势。具体应用步骤如下：

（1）根据税收遵从总风险评价分值的高低，结合各种因素及管理资源的实际配置状况，确定税收遵从风险等级并进行排序。

（2）按照国际惯例，总风险评价分值通常采用封闭式方法确定，满分为100分，税收遵从风险等级划分为5级，每差值20分划分为一个风险等级。1级总风险分值最低，5级总风险分值最高，税收遵从总风险评价分值越高的纳税人，税收遵从风险等级越高。税收遵从风险分值划分与风险等级排序如表6-5所示。

表6-5 税收遵从风险分值划分与风险等级排序

纳税人总风险评价分值	风险 等 级
81～100 分	5 级
61～80 分	4 级
41～60 分	3 级
21～40 分	2 级
0～20 分	1 级

应用这种方法时，要注意根据总风险评价分值情况确定实际偏离的情况。如果指标变量较多，总风险评价分值满分是 200 分，则要相应调整实际差值得分，将每差值 40 分划分为一个风险等级，则得分区间分别为 0～40 分、41～80 分、81～120 分、121～160 分、161～200 分，对应生成税收遵从风险等级依次为 1 级、2 级、3 级、4 级、5 级。

四、税收遵从风险预警信息发布及模型优化

（一）建立税收遵从风险预警信息发布机制

1. 税收遵从风险预警信息分类

（1）宏观预警信息，如果地区税收负担率、税收弹性系数等指标低于全国、全省指标预警值一定幅度，则显示预警，偏离的幅度越大，预警级别越高，分别以不同颜色的信号进行预警提示和标注。

（2）行业预警信息，如果行业税收负担率、税收弹性系数等指标低于全国同行业指标预警值一定幅度，则显示预警，偏离的幅度越大，预警级别越高，分别以不同颜色的信号进行预警提示和标注。

（3）微观预警信息，主要是对纳税人生产经营涉税专项风险指标进行预警识别，微观预警的级别根据风险指标权重由系统自动测算，即对不同税收遵从风险指标设定不同的风险分值。根据纳税人指标与标准参数偏离的情况，计算税收遵从风险总分值，进而反映纳税人税收遵从风险等级，筛选出税收遵从风险等级较高的纳税人，通过预

警系统发布预警信息，予以重点关注和风险排查。

2. 确定预警级别

预警系统中的预警信息发布通常根据行业或重点事项的税收遵从风险情况实行 5 级或 3 级预警机制。为了更有效地对税收遵从风险较高的行业或事项加强风险控管，应该实行 5 级预警监控机制，而对于税收遵从风险较低的行业，则可以采取 4 级预警监控机制。

3. 预警信息发布

对于税收遵从风险较高的行业或事项实行 5 级预警信息发布机制，预警信息发布根据税收遵从风险等级由低到高分别用 5 种不同颜色的预警信号加以提示。绿色信号提示无风险；蓝色信号提示较低风险预警，通常是 2 级风险；黄色信号提示中度风险预警，通常是 3 级风险；橙色信号提示较高风险预警，通常是 4 级风险；红色信号提示高风险预警，通常是 5 级风险。对于税收遵从风险较低的行业和事项可以实行 4 级预警机制，用绿色、蓝色、黄色和红色信号分别提示无、较低、中度和较高的风险预警级别。

（二）提出税收遵从风险应对策略和建议

按照国际惯例和经验，通常将处在 1 级、2 级税收遵从风险等级的纳税人界定为自愿遵从类型，税收遵从度最高，基本上无税收遵从风险，提出的应对策略为优化纳税服务或辅导式服务；将处在 3 级税收遵从风险等级的纳税人界定为尝试遵从型，税收遵从度一般，存在税收遵从风险，提出的应对策略主要是通过及时提示，提供人性化的教育、案头分析、约谈核实、辅导帮助等管理手段纠正其错误，帮助其遵从；将处在 4 级税收遵从风险等级的纳税人界定为不想遵从型，税收遵从度较低，税收遵从风险较高，提出的应对策略是给予足够的关注，需要加强监控管理，通过约谈、实地调查核实、税务审计、反避税等管理方式促进其遵从；将排在 5 级税收遵从风险等级的纳税人界定为恶意不遵从型，税收遵从度最低，税收遵从风险最高，提出的应对策略是重点关注，充分借助法律的权威严格执法，加大执法管控的力度，从严查处，打击震慑，强制其遵从。由此指导和推动建立差别化、递进式的税收遵从风险分类应对控制管理体系。

（三）建立税收遵从风险应对反馈、考核监督和完善机制

对发布的有关预警信息及建议进行税收遵从风险应对处理后的信息反馈、复核及管理绩效考核监督评价，同时根据反馈和复核的信息对现有风险监控系统的税收遵从风险指标体系进行优化，修正、调整与完善参数及风险指标权重，促进税收遵从风险管理质效进入良性运行的循环系统。

（四）评估结果反馈、优化训练、改进方案，形成闭环系统

1. 对预警参数进行调整和修订

（1）对样本指标和样本指标的预警参数的可靠性进行检验，通过观察分析、专家诊断、典型调查、风险应对的典型案例反馈信息，检验样本指标及预警参数的可靠性和权威性。

（2）根据征管质量要求和行业税收遵从风险程度对预警参数进行调整和修订。

（3）选择税收遵从度较高、财务核算资质较高的标杆型企业的指标数据对有关预警参数进行调整和修订。

（4）参考行业组织、中介机构、企业内控的指标数据、经验值或理论值，国内外先进水平、历史最高水平或预期值等对预警参数进行调整和修正。如参考建筑施工行业协会、建筑工程监理部门的指标数据对建筑业预警参数进行调整和修正。

（5）对预警参数进行可靠性检验、综合调整修正后推广应用，对总体纳税人开展风险分析识别。

2. 对风险指标权重进行调整和优化

（1）将通过风险应对验证，指标数据容易获取和计算，风险分析指向性强、命中率高的风险指标适当调高指标层级，增加风险分值权重。

（2）将通过风险应对验证，指标反映的税收遵从风险较大的风险指标适当调高指标层级，增加风险分值权重。

（3）将通过风险应对验证，风险指标有效性高、纳税人自愿配合查补税款力度大的风险指标适当调高指标层级，增加风险分值权重。

第四节 行业税收遵从风险预警与等级排序模型及其应用案例

本节以餐饮行业税收遵从风险预警与等级排序模型及其应用为例，介绍人工神经网络模型在行业税收遵从风险预警评估中的应用。

一、餐饮行业发展概述

近年来，我国的餐饮行业迅速发展，据有关方面统计，餐饮行业的增长率要比其他行业高出十个百分点以上，可以说我国正迎来一个餐饮行业繁荣发展的新时期，市场潜力巨大，前景非常广阔。但同其他行业相比，在税收管理方面餐饮企业具有现金交易量大、从业人员流动性强等特点，增加了餐饮行业税收管理的难度。自实行有奖定额发票以来，餐饮行业税收虽然有较大幅度增长，但营业收入不实、成本费用混乱

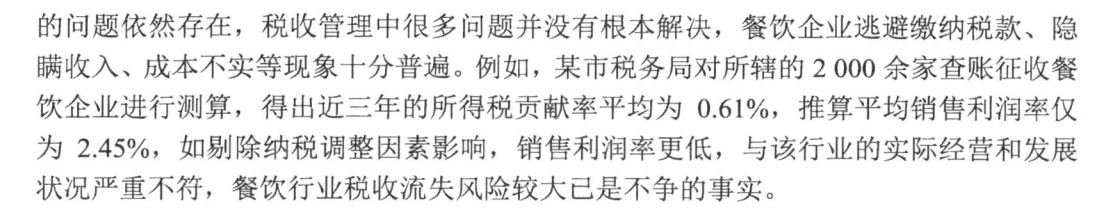

的问题依然存在，税收管理中很多问题并没有根本解决，餐饮企业逃避缴纳税款、隐瞒收入、成本不实等现象十分普遍。例如，某市税务局对所辖的 2 000 余家查账征收餐饮企业进行测算，得出近三年的所得税贡献率平均为 0.61%，推算平均销售利润率仅为 2.45%，如剔除纳税调整因素影响，销售利润率更低，与该行业的实际经营和发展状况严重不符，餐饮行业税收流失风险较大已是不争的事实。

（一）餐饮行业定义与行业细分

1. 餐饮行业定义

餐饮行业是指在一定场所，对食物进行现场烹饪、调制并出售给顾客，主要供现场消费的服务活动。包括正餐服务、快餐服务、热饮及冷饮服务、其他餐饮行业。

2. 餐饮行业细分

（1）正餐服务。正餐服务是指在一定场所内提供以中餐、晚餐为主的各种中西式菜肴，并由服务员送餐上桌的餐饮活动。经营主体包括各种以正餐为主的酒楼、饭店、饭馆、餐厅、酒店、酒店内独立（或相对独立）的酒楼及其他餐饮服务场所；各种以涮、烤为主的餐饮服务场所；车站、机场、码头内设的独立的餐饮服务场所；火车、轮船上独立的餐饮服务场所。

（2）快餐服务。快餐服务是指在一定场所内提供的快捷、便利的就餐服务，包括各种中西式快餐服务。

（3）热饮及冷饮服务。热饮及冷饮服务是指在一定场所内以提供热饮和冷饮为主的服务。经营主体包括以下四类：一是茶馆；二是咖啡馆，不包括以就餐为主的咖啡馆，此类咖啡馆应列入正餐服务经营主体；三是酒吧，不包括演艺吧；四是其他冷热饮服务主体，包括冰激凌店、冷热饮店，不包括可乐、矿泉水等饮料的销售柜台。

（4）其他餐饮行业。其他餐饮行业主要包括三类：一是小吃服务，指提供全天就餐的简单餐饮服务，包括路边小饭馆、农家饭馆、流动餐饮车和单一小吃等餐饮服务，不包括以出售蛋糕、面包为主的甜品店、面包房。二是餐饮配送服务，包括民航、铁路、学校、机构餐饮配送服务和其他餐饮配送服务，不包括为连锁快餐店送货的服务。三是其他未列明餐饮行业，包括餐饮外卖服务、机构餐饮服务（为某一单位提供餐饮服务）、其他未列明餐饮服务，不包括为连锁快餐店送货的服务。

（二）餐饮行业经营与税收管理

餐饮行业受季节、气候、交通、社会文化等条件影响较大，而且生产销售的产品属于即时消费品。其行业主要经营及税收管理特点如下。

1. 经营周期短，原材料采购管理难度较大。餐饮企业生产的产品多属于订单即时消费生产，一道菜品从接受订单，加工原料到产出成品，最后销售给顾客，通常只需要几分钟至几十分钟的时间。为了保证生产的顺利进行，餐饮企业一般保有充足并且新鲜的原材料，因此，餐饮企业往往采取小额频繁采购方式购买原材料。另外，餐饮企业采购原材料的渠道往往并不固定,有些餐饮企业直接从农贸市场采购,这些因素加大了原材料采购及相应票证管理的难度。

2. 收入波动大,现金收入占比高。餐饮企业销售场所一般较为固定,销量和销售收入除了受销售场所的地理位置和空间大小影响,还易受顾客偏好的影响,而顾客偏好又易受就餐时间、季节及气候变化等因素影响,因此,餐饮企业的销量或销售收入往往呈现一定的波动性。在销售收入的构成方面,现金收入往往占较大比重,有些中小餐饮企业甚至主要靠现金结算销售收入。

3. 人力成本高,人员流动性大。餐饮行业属于劳动密集型产业,从购买原材料、接受订单、生产产品、服务上桌,直到服务结束,都是由人力手工操作完成。因此,工资费用是餐饮企业成本费用的重要组成部分。另外,由于餐饮企业准入门槛较低,对服务人员的专业素质要求不高,除个别人员如高级风险应对人员、厨师需要较高的技术和管理水平,对其他服务人员的依赖性不高,因此,人员具有较强的流动性,工资费用监控管理难度较大。

二、餐饮行业税收遵从风险特征

(一)计税收入不真实,少缴增值税、附加税费及企业所得税

从餐饮企业的销售特点看,许多餐饮企业收支靠现金结算,坐支现金不计收入的情况较多,税务部门查实难度较大。目前,餐饮行业经营状况日趋复杂,有些餐饮企业的经营方式向集团化、连锁化发展,有些餐饮企业涉及餐饮管理、外卖、销售烟酒等业务,有些餐饮企业涉及住宿、娱乐等业务,这给某些餐饮企业隐匿收入提供了便利,外卖收入不入账、加盟费不入账或者长期计入往来账等现象比较严重。具体表现如下:

(1) 签单、购卡、预付押金消费不及时确认收入。餐饮企业大多存在签单、购卡、预付押金消费等结算方式。部分餐饮企业对签单消费不按规定进行账务处理,消费时不及时确认收入,实际收到账款时才确认收入;对持卡消费按照顾客先期付费购卡金额开具发票,已开具的发票不计入当期收入,而是以持卡者的实际消费金额计入当期收入;对客人支付的押金在结算后仍挂在往来账户,不按规定进行账务处理。主要表现为本企业法人或高级风险应对人员在本企业请客用餐,不确认收入;当月挂账消费产生的应收账款,未及时确认营业收入;将旅行社等团餐收入长期挂往来账款,未及时确认营业收入。

(2) 收支互抵,少计营业收入。餐饮企业往往采取以餐饮消费抵顶承包费、租赁费、装修款、应付原料款、用餐辅件的购置款、广告款等方式,与应付款单位在结算应付账款时只就抵顶后的差额部分结算入账,少计营业收入。主要表现为部分房屋承租单位将房屋租金支出冲销营业收入;原材料、商品采购成本与营业收入相互冲抵。

(3) 混淆堂食和外卖收入,少缴税款。知名餐饮企业的招牌菜一般会批量塑封生

产并在门店、商场、超市销售或在端午节、中秋节、元宵节等节日期间外卖粽子、月饼、元宵等自制食品。这部分收入按规定应与堂食收入分别核算，按 13%增值税适用税率或征收率缴纳增值税。

（二）发票使用不规范，虚抵增值税进项税额的风险较高

（1）存在接受虚开增值税发票，虚增进项税额少缴增值税的风险。餐饮企业的原材料大部分是农副产品，所以餐饮企业一般企业存在接受虚开原材料采购及其他增值税进项发票，虚增进项税额，少缴增值税的税收遵从风险隐患，造成少缴增值税，同时虚列成本费用少缴企业所得税。

（2）发票使用不规范。餐饮企业，尤其是中小餐饮企业，普遍存在不开发票的情形。有些餐饮企业使用收据代替发票；有些餐饮企业通过打折或送礼品的方式引导顾客不索要发票；有些餐饮企业以各种理由拒绝开具发票；有些餐饮企业甚至低价购买或调剂使用其他单位的发票或假发票。具体表现：一是取得供货方开具的虚假发票，发票开具单位与购票单位不一致。二是取得发票所列货物名称与原材料入库单上的货物名称不一致。三是应取得而未取得发票，以单据或白条代替发票入账。如部分摊销费用未取得合法凭证，房屋承租单位在列支房屋租金支出时未取得合法凭证等。

（三）成本费用核算不明，企业所得税税基受侵蚀

由于餐饮企业原材料多采用小额采购和频繁采购相结合的方法，部分餐饮企业成本核算比较混乱，白条入账、票证不全、收入成本冲抵等现象比较普遍。由于从业人员流动性较大，普通服务员与厨师和高级风险应对人员的工资差别较大，有些餐饮企业工资核算混乱，虚列人员工资导致不能依法扣缴个人所得税。具体表现为如下。

（1）采取倒挤成本法结转成本，成本核算不真实。某些餐饮企业在收到采购发票或凭证时结转成本，而不是按照实际消耗原材料时结转成本。造成实际成本小于账载成本，实际成本小于年度企业所得税申报主营业务成本。

（2）内部员工自用货物核算不真实，虚列当期成本。

（3）餐饮企业列支的主要费用为租金和装修费用，其可能存在摊销金额和年限问题，虚列当期费用，减少应纳税所得额，主要表现为部分餐饮企业对租入固定资产的装修费未按规定在租赁期限或受益期限内平均摊销，而是一次性计入当期的损益；对自有固定资产进行装修，装修费用超过房屋原价值的 50%，使用年限延长 2 年以上的未按规定分期摊销，而是一次性计入当期的损益；对支付的房租未按规定在租赁期限内平均摊销，而是一次性计入当期的损益。

（4）将银行借款转贷其关联企业，发生的利息支出作为企业的生产经营费用扣除。

（5）列支与取得收入无关的租赁费。将营业场所转租关联企业，未收取租金且租赁合同价格明显偏低，营业费用列支的租赁费按全部承租面积计算扣除，未按实际面积扣除。

（6）员工自用房屋部分的房租计入营业费用，未计入福利费。
（7）部分固定资产的折旧年限不合规定。

三、餐饮行业税收遵从风险分析识别与等级排序模型的构建与应用方法

这里以中式正餐为例，主要介绍餐饮行业企业所得税税收遵从风险识别与等级排序模型的构建与应用方法。

（一）构建行业税收遵从风险预警指标体系

税收遵从风险预警指标体系，简称税收遵从风险指标体系。结合第三章所述的税收分析指标体系构建方法，综合采取仿生构建、分层级构建、评价方向构建、与发票信息构建、与第三方信息构建的方法，构建税收遵从风险指标体系。以主体税种增值税、企业所得税为例说明税收遵从风险指标体系的构建方法，如表6-6所示。

表6-6 增值税、企业所得税分层级税收遵从风险指标体系（不完全列举）

指标分层级	指标名称
一级	总体税收负担率
	增值税税收负担率
	增值税弹性系数
	企业所得税贡献率或所得税税收负担率
	增值税税收负担负变动率
二级	毛利率
	销售利润率
	总资产收益率
	进项税税收负担率
	进销项弹性系数
	进项结构比率
	销售额变动率
	增值税收入与企业所得税计税收入的差值
	成本费用率
	主营业务收入成本率
	主营业务收入费用率
三级	销售费用率
	管理费用率
	工资费用率

（二）测算行业税收遵从风险关键指标的预警值

运用数理统计学的基本计算方法，对税收遵从风险的关键指标，如增值税税收负担率、企业所得税贡献率、销售毛利率、主营业务收入费用率等进行预警值设置，通过计算关键指标的平均值、标准差、离散系数测算和确定行业税收遵从风险关键指标的预警值，开展税收遵从风险分析识别。计算步骤如下：

1. 计算平均值

平均值即行业税收遵从风险关键指标的平均水平。以行业增值税平均税收负担率为例，计算公式为：

$$\text{行业增值税平均税收负担率} = \frac{\sum \text{风险期应纳增值税额}}{\sum \text{风险期销售收入}} \times 100\%$$

2. 计算标准差

标准差体现合理的行业税收遵从风险关键指标的最高值与最低值。计算公式为：

$$s = \sqrt{\frac{\sum (x_i - \overline{x})^2}{(n-1)}}$$

3. 计算离散系数

离散系数是标准差与平均值的比值。离散系数较大，说明行业税收遵从风险关键指标变异越大，税收遵从风险程度越高。计算公式为：

$$\text{离散系数} \, \delta = \text{标准差} \div \text{平均税收负担率}$$

4. 计算和确定预警值

（1）当离散系数≤0.6时，预警值下限=平均值−标准差，预警值上限=平均值+标准差。

（2）当离散系数>0.6时，预警值下限=平均值−0.6s，预警值上限=平均值+0.6s。

5. 预警值的设置与优化

（1）通过采集大样本数据测算行业税收遵从风险关键指标的预警值。

（2）预警值的设置。通常情况下，产出类指标，如收益率、毛利率等属于正指标，与税收遵从评价方向相同，指标数值越高，说明企业税收遵从越好，税收遵从风险预警值是下限值，正指标低于预警下限则归于异常，存在税收流失风险较高。而投入类指标，如成本费用率、单位产品能耗等属于反指标，与税收遵从评价方向相反，指标数值越低，说明企业税收遵从越好，税收遵从风险预警值是上限值，反指标高于预警上限则归于异常，存在税收流失风险较高。适度指标的数值适中合理为好，过高或过低都会归于异常。

（3）预警值的优化。通过风险应对的典型案例或纳税信用等级高的标杆企业的指标数据，对预警值的有效性、可靠性进行检验，经检验、修正和优化后，推广应用于对行业所有企业的税收遵从风险分析识别。

（4）标杆企业税收遵从风险关键指标参数运用的思路与方法。为了提高税收遵从风险分析识别的科学性,使风险指向更精准,可分类选取行业同类型的纳税信用状况较好、税收遵从度较高的企业作为标杆企业,建立标杆企业税收遵从风险关键指标的标准参数体系,对行业税收遵从风险关键指标的预警值进行调整优化。

以纳税信用状况较好的某餐饮企业税收遵从风险关键指标参数为例,如表6-7所示。

表6-7 某餐饮企业税收遵从风险关键指标参数

指标名称	指标值	指标含义和计算公式
企业所得税贡献率	3%	每百元主营业务收入缴纳的企业所得税额度 企业所得税贡献率=应纳所得税额÷主营业务收入×100%
毛利率(主营业务利润率)	55%	每百元主营业务收入获取的利润额 毛利率(主营业务利润率)=(主营业务收入-主营业务成本)÷主营业务收入×100%
主营业务收入成本率	28%	每百元主营业务收入支付的成本额 主营业务成本率=主营业务成本÷主营业务收入×100%
主营业务收入费用率	40%	每百元主营业务收入支付的费用额 主营业务费用率=(管理费用+财务费用+销售费用)÷主营业务收入×100%
销售利润率	15%~20%	每百元营业收入获取的利润额 销售利润率=利润总额÷营业收入×100%
存货周转率	5.42	每百元存货的周转次数 存货周转率=主营业务成本÷(期初存货成本+期末存货成本)÷2
用票率	82%	每百元主营业务收入的开具发票额 用票率=发票开具金额÷主营业务收入×100%
经营规模的投入产出比率	13 110	每平方米用餐区面积年主营业务收入 经营面积产出比率(元)=主营业务收入÷用餐区面积(平方米)
经营规模的投入产出比率	2 350	每天每桌的主营业务收入额 日均每桌消费额(元)=主营业务收入÷餐桌(张)÷365(天)
工资费用率	18%~20%	每百元主营业务收入所支付的工资额 耗用工资率=工资总额÷主营业务收入×100%
耗用燃料比率	2%	每百元主营业务收入所耗用的水电费 水电费耗用率=水电费÷主营业务收入×100%
耗用燃料比率	1.9%	每百元主营业务收入所耗用的煤气费 煤气费耗用率=煤气费÷主营业务收入×100%

对预警值进行调整优化:

第一,应选择区域性纳税信用等级高的标杆企业的税收遵从风险关键指标参数对预警值进行综合调整优化，进而设置行业税收遵从风险关键指标预警值；

第二，标杆企业的税收遵从风险关键指标参数不是固定不变的，不同地区、不同阶段标杆企业的税收遵从风险关键指标参数需要进行动态调整维护；

第三，要根据宏观经济形势、地区经济增长趋势及相关市场变化等因素对标杆企业的税收遵从风险关键指标参数定期维护和优化调整。

（三）行业税收遵从风险关键指标分析识别方法

（1）企业总体税收负担率。计算公式如下：

$$企业总体税收负担率 = \frac{报告期企业税费总额}{报告期企业营业收入总额} \times 100\%$$

风险分析识别：企业实际的总体税收负担率指标值低于预警下限值，指向企业可能存在少计收入、虚增进项、虚列成本费用，或者混淆计税依据，将税率高的应税服务申报为税率低的应税服务，少缴相关税费的税收遵从风险。低于预警值的幅度越大，税收遵从风险越高。

（2）增值税税收负担率。计算公式如下：

$$增值税税收负担率 = \frac{报告期企业增值税应纳税额}{报告期企业增值税计税销售额} \times 100\%$$

风险分析识别：增值税税收负担率的预警区间参考值为2.5%~3%，若企业实际的指标值低于预警下限值2.5%，则指向企业可能存在混淆计税依据，高率低报，或者少计收入、虚增进项、少缴增值税及附加税费的税收遵从风险。低于预警值的幅度越大，税收遵从风险越高。

（3）企业所得税贡献率。计算公式如下：

$$企业所得税贡献率 = \frac{报告期企业所得税应纳税额}{报告期企业主营业务收入} \times 100\%$$

风险分析识别：企业所得税贡献率的预警区间参考值为2.3%~3.2%。若企业的实际指标值低于预警下限值2.3%，则指向企业可能存在少计营业收入，虚列成本费用及税前扣除，少缴企业所得税的税收遵从风险。低于预警值的幅度越大，税收遵从风险越高。

（4）增值税弹性系数。计算公式如下：

$$增值税弹性系数 = \frac{增值税应纳税额变动率}{销售收入变动率} \times 100\%$$

风险分析识别：增值税弹性系数的指标值为0.8~1.2是相对合理的，偏离合理区间的幅度越大，税收遵从风险越高。

（5）进项税额与销项税额弹性系数。计算公式如下：

$$进项税额与销项税额弹性系数 = \frac{风险期进项税额变动率}{风险期销项税额变动率} \times 100\%$$

风险分析识别：进项税额与销项税额弹性系数的指标值为 0.8～1.2 是相对合理的，偏离合理区间的幅度越大，税收遵从风险越高。系数大于 1.2，指向企业可能存在虚增进项、少计收入或接受虚开发票，少缴增值税及附加税费的税收遵从风险；系数小于 0.8，指向企业可能存在对外虚开发票的税收遵从风险。

（6）销售毛利率。计算公式如下：

$$销售毛利率 = \frac{风险期主营业务收入 - 风险期主营业务成本}{风险期主营业务收入} \times 100\%$$

风险分析识别：销售毛利率预警参考值为 45%～55%。若企业销售毛利率实际指标值低于 45%，则指向企业可能存在少计营业收入、虚列成本费用支出，少缴企业所得税的税收遵从风险。低于预警值的幅度越大，税收遵从风险越高。

（7）销售利润率。计算公式如下：

$$销售利润率 = \frac{风险期利润总额}{风险期销售收入} \times 100\%$$

风险分析识别：销售利润率预警参考值为 15%～20%。若企业销售利润率实际指标值低于 15%，风险指向企业可能存在少计营业收入、虚列成本费用支出，少缴企业所得税的税收遵从风险。低于预警值的幅度越大，税收遵从风险越高。

（8）销售收入变动率。计算公式如下：

$$销售收入变动率 = \frac{风险期销售收入 - 基期销售收入}{基期销售收入} \times 100\%$$

风险分析识别：销售收入变动率的指标值在 -30%～30% 区间内变动是相对合理的，偏离合理区间的幅度越大，税收遵从风险越高。反映销售收入处于异常波动状态。

（9）增值税计税收入与企业所得税计税收入的差值。计算公式如下：

$$差值 = 增值税计税收入 - 企业所得税计税收入$$

风险分析识别：增值税计税收入与企业所得税计税收入的差值越大，税收遵从风险越高。

（10）主营业务收入成本率。计算公式如下：

$$主营业务收入成本率 = \frac{主营业务成本}{主营业务收入} \times 100\%$$

风险分析识别：主营业务收入成本率预警参考值为 30%。若企业销售成本率的实际指标值高于 30%，则指向企业可能存在少计营业收入、虚列成本，少缴相关税费的税收遵从风险。高于预警值的幅度越大，税收遵从风险越高。

（11）主营业务收入费用率。计算公式如下：

$$主营业务收入费用率 = \frac{管理费用 + 销售费用 + 财务费用}{主营业务收入} \times 100\%$$

风险分析识别：主营业务收入费用率预警参考值为 40%，若企业的销售费用率实际指标值高于 40%，则指向企业可能存在少计营业收入、虚列费用，少缴相关税费的税收遵从风险。高于预警值的幅度越大，税收遵从风险越高。

（12）工资费用率。计算公式如下：

$$工资费用率 = \frac{风险期工资费用}{风险期主营业务收入} \times 100\%$$

风险分析识别：工资费用率预警参考值为 18%~20%。若企业工资费用率实际指标值高于 20%预警值，则指向企业可能存在少计营业收入、虚列工资费用，少缴相关税费的税收遵从风险。高于预警值的幅度越大，税收遵从风险越高。

（四）行业税收遵从风险等级排序模型的构建与应用方法

1. 对极端值的考量和分析

餐饮行业涉税风险较高，对税收遵从风险关键指标数据异常变化的企业可直接判定为高风险等级 5 级。异常极端变化的风险指标主要包括风险期销售收入为零的企业、风险期主营业务收入为零的企业、长亏不倒的企业、企业所得税贡献率为零的企业。

2. 确定税收遵从风险关键指标的风险权重及风险分值

税收遵从风险关键指标风险分值赋分如表 6-8 所示。

表 6-8 税收遵从风险关键指标风险分值赋分

指 标 项 目	风险权重及分值
企业总体税收负担率	20 分
增值税税收负担率	12 分
企业所得税贡献率	12 分
税收弹性系数	10 分
进项税额与销项税额弹性系数	10
销售毛利率或销售利润率	10
增值税计税收入与企业所得税计税收入的差值	8
主营业务收入成本率	7
主营业务收入费用率	7
工资费用率	4
总风险分值	100 分

3. 根据企业税收遵从风险关键指标的实际偏离情况计算得分

计算公式为：

$$税收遵从风险指标分值总得分 = \sum 各风险指标赋值分值 \times 偏离率$$

$$偏离率 = \frac{企业税收遵从风险关键指标实际值 - 指标预警值}{指标预警值} \times 100\%$$

正指标的预警值是预警上限值，如增值税税收负担率、企业所得税贡献率、销售毛利率等,逆指标的预警值是预警下限值,如主营业务收入成本率、主营业务费用率等。

4. 风险等级排序

税收遵从风险关键指标数据异常极端变动的企业,经过个案分析后,确定为高风险等级5级。将行业剩余企业按总税收遵从风险关键指标风险分值由高到低进行排序,差值20分划分为一个风险等级。1级风险等级最低,5级风险等级最高,风险分值越高的企业,风险等级越高。风险等级划分与排序如表6-9所示。

表6-9 风险等级划分与排序

风 险 分 值	风 险 等 级
81~100 分	5 级
61~80 分	4 级
41~60 分	3 级
21~40 分	2 级
0~20 分	1 级

5. 应用方法

以某年某市餐饮行业为例,选取的样本企业为查账征收企业,共计580户。

按收入规模分类。将样本企业按照收入规模分为四类:收入大于1亿元的企业为10户,收入为1000万元~1亿元的企业为120户,收入为500万元~1000万元的企业为230户,收入小于500万元的企业为220户。

(2)风险指标选择。在进行税收遵从风险识别与等级排序时,选取企业所得税贡献率、销售毛利率、主营业务收入费用率三项关键风险指标:

企业所得税贡献率指标评分=该指标风险分值×企业所得税贡献率的偏离率

销售毛利率指标评分=该指标风险分值×销售毛利率的偏离率

主营业务收入费用率指标评分=该指标风险分值×主营业务收入费用率的偏离率

(3)设置风险指标预警值。根据选取的580户样本企业涉税数据,计算风险指标预警值,如表6-10所示。

表6-10 某年某市餐饮行业样本企业税收遵从风险指标预警值

规模类型	户数	企业所得税贡献率		销售毛利率		主营业务收入费用率	
		平均值	预警值	平均值	预警值	平均值	预警值
收入大于1亿元	10	3%	2%	64.32%	53%	48.2%	50%
收入1000万元~1亿元	120	0.9%	0.6%	52.37%	45%	47.74%	55%
收入500万元~1000万元	230	0.3%	0.25%	49.97%	43%	46.4%	53%
收入小于500万元	220	0.25%	0.2%	51%	45%	50.48%	55%

说明:上述预警值是一定地区一定时期的餐饮行业税收遵从风险指标预警值,并

不是固定不变的，需要随着时间、地区以及征管质量要求的变化进行动态调整和优化。

（4）计算总税收遵从风险分值评分。计算公式为：

总税收遵从风险分值评分=企业所得税贡献率指标评分+销售毛利率指标评分+主营业务收入费用率指标评分

（5）风险等级排序结果。以风险指标与行业税收遵从风险指标预警值的差距为主要评定因素，根据各指标风险权重计算企业综合风险分值。根据企业税收综合风险分值的大小，将企业的风险程度划分为 5 个风险等级，级别越高，反映该企业存在的税收遵从风险越大。

收入大于 1 亿元的样本企业风险等级排序结果如表 6-11 所示。

表 6-11　收入大于 1 亿元的样本企业风险等级排序结果

分 值 区 间	风 险 等 级	样本企业户数
81～100	5 级	1
61～80	4 级	1
41～60	3 级	2
21～40	2 级	1
0～20	1 级	3
分值为 0	无风险	2

收入为 1 000 万元～1 亿元的样本企业风险等级排序结果如表 6-12 所示。

表 6-12　收入为 1 000 万元～1 亿元的样本企业风险等级排序结果

分 值 区 间	风 险 等 级	样本企业户数
81～100	5 级	6
61～80	4 级	23
41～60	3 级	29
21～40	2 级	32
0～20	1 级	29
分值为 0	无风险	11

收入为 500 万元～1 000 万元的样本企业风险等级排序结果如表 6-13 所示。

表 6-13　收入为 500 万元～1 000 万元的样本企业风险等级排序结果

分 值 区 间	风 险 等 级	样本企业户数
81～100	5 级	10
61～80	4 级	39
41～60	3 级	43

续表

分 值 区 间	风 险 等 级	样本企业户数
21~40	2级	60
0~20	1级	53
分值为0	无风险	25

收入小于500万元的样本企业风险等级排序结果如表6-14所示。

表6-14 收入小于500万元的样本企业风险等级排序结果

分 值 区 间	风 险 等 级	样本企业户数
81~100	5级	7
61~80	4级	36
41~60	3级	45
21~40	2级	56
0~20	1级	51
0	无风险	25

四、行业税收遵从风险应对控制策略

（一）防范取得虚开增值税发票风险

根据税法规定，企业如果取得虚开的增值税专用发票，即使是善意取得的，进项税金也不能抵扣，已抵扣的要做进项转出，补缴增值税及附加税费。

一是提高风险防范意识，一般企业在购进农副产品等原材料货物时，要从思想上重视增值税专用发票的问题，积极主动地审查发票的真实性，有效防范供货方虚开并接受虚开增值税专用发票。

二是对供货方做必要的市场调研，选择优质的供货方，通过对供货方的经营范围、经营规模、生产能力、企业资质、货物的所有权、信用信息等情况的掌控了解进行供货方风险评价，尽量选取规模大、经营规范、信誉好、经营时间久的供货方进行交易。

三是尽量通过银行账户划拨货物款项，对购进业务进行监督、审查，以降低相应风险。

四是认真核对发票信息，要求开票方提供有关资料，并认真核对物流、资金流、票流相关信息，落实其中内容的一致性和合法性。

五是加强对财务税务人员专业知识的培训，使其系统全面地了解增值税电子发票的相关知识，有效降低取得虚开增值税专用发票的风险。

六是及时通过税务部门电子发票管理系统查证，如果确认企业取得的增值税专用发票存在风险，应当暂缓抵扣有关进项税金。

（二）分层级设置风险分析指标，深入分析识别税收遵从风险点

根据餐饮行业的经营特点，建立以经营收入、经营成本和费用为主的四个层级的风险分析指标。具体包括：

（1）第一层级指标。以税收负担率、销售毛利率、主营业务收入为一级指标，同时结合主营业务成本、管理费用、财务费用、销售费用各自所占比例，对企业的税收遵从情况进行进一步分析识别和描述。

（2）第二层级指标。对主营业务成本、营业费用和管理费用进行分解，具体分析主要项目占主营业务成本、营业费用和管理费用的比例，进一步分析成本费用的具体构成，以及这些指标对一级指标的影响。主要包括原材料成本占主营业务成本的比例，库存商品占主营业务成本的比例，燃料成本占营业费用的比例，低值易耗品占营业费用的比例，物料用品占营业费用的比例，水电耗料及工资占营业费用或管理费用的比例等。

（3）第三层级指标。对原材料和库存商品总额进行分解，详细分析原材料和库存商品的构成，主要包括主料占原材料成本的比例，辅料占原材料成本的比例，库存商品大类占商品总额的比例，分析这些指标对二级指标的影响。

（4）第四层级指标。对主料的构成进行分解，具体分析粮、菜、肉、鲜活食料占主料的比例，以及酒类商品占库存商品大类的比例，分析这些指标对三级指标的影响。

（三）税收遵从风险应对中应注意的问题

1. 税务约谈

约谈的内容不仅要包含案头审核分析的风险点，还应对企业的基本情况、经营模式等方面的信息进行综合采集、分析，特别应了解从顾客到店消费、上菜销单、柜台收银至每日核算销售额的各经营环节的详细过程。在此基础上，结合案头审核分析的风险点，形成约谈提纲，实施有针对性的税务约谈。

2. 实地核查

实地核查是风险应对的重要环节之一。对于约谈工作中不能排查解除的风险点，应深入开展实地核查。实地核查的范围包括企业的财务核算资料，还包括开台率、点菜系统、毛水单、采购合同、菜品价目表、大宗费用合同等，以此进一步佐证企业财务核算的合理性及税务部门对其涉税风险点的分析判断。具体内容如下：

（1）核查开台率：通过实地核查企业早市、午市、晚市的开台率，结合企业当日销售额情况估算本期收入规模，并与风险期申报收入规模进行比对，测算产生的差异，分析具体原因。

（2）核查点菜系统和毛水单：通过调取企业点菜系统一定时期内的日销售额，测算评估期收入规模；通过调取企业近期毛水单，排查是否出现严重断号情况，并根据断号数量测算风险期少计收入的具体数额。

（3）核查当日结账单据：调取每日收银员与会计结账单据，如收银日报表、收入交接凭证等，排查企业"免单收入""挂账收入""旅行社等团餐收入"的行为是否计收入并开具发票。

（4）核查采购合同：调取企业采购合同和一定时期内的购料单据，验证原材料和库存商品的价格水平。

（5）核查菜品价目表：调取企业菜品价目表，了解成品销售价格水平。

（6）核查费用类合同：调取企业房屋租赁、装修改造、社保等大宗费用合同和发票，验证费用确认的准确性。

（7）核查资金往来信息：调取企业所有银行账号及资金往来情况，对照银行余额调节表，追踪已达账项未入账的实际收入情况。

3. 风险应对处理

（1）主营业务收入方面：由于部分企业纳税意识淡泊，加之该行业现金交易量较大等特点，普遍存在现金收入不入账或直接坐支等问题，且此类问题在实际审核工作中难以取证。因此，在风险应对实际工作中宜通过实地核查发现其具体问题，如免单消费、毛水单断号、库存商品直接计费用或冲销往来账款等，辅之实地验证开台率、点菜系统情况，利用调整后的毛利率及标杆企业的参考值推算企业收入规模，并推动和指导企业开展自查。

（2）主营业务成本方面：中式正餐的菜系、菜品、主食名目繁多，餐饮企业在结转主营业务成本的过程中基本上采用期末库存倒挤成本的方法，容易导致结转主营业务成本不真实准确，个别企业出于少计收入或多列成本的目的，人为调节结转收入或成本，造成难以准确查证每一菜品的原材料耗用品种、数量、价格。因此，在对主营业务成本审核的过程中，无法从正面取得突破。但对在餐饮企业毛利率进行分析的过程中，出于企业投资者优先收回投资的考虑，我们可以先行假设企业不存在少计成本问题，并利用以前年度主营业务收入和成本的水平及二者变动率，合理估计风险期较以前年度物价的上涨水平，测算风险期是否存在严重成本虚列问题，并指导企业开展自查。在先行固化成本规模的基础上，利用调整后的毛利率，结合物价指数推算企业主营业务的收入和成本水平。

（3）主营业务费用方面：餐饮企业费用种类较少，大额费用支出取证比较容易，因此可直接使用检查的方法进行验证，确定其真实水平。

五、行业模型应用与风险应对案例分析

2019年5月，该市税务局按照风控部门的任务推送及统一部署安排，对辖区内餐饮行业的企业实施税收遵从风险应对。其中F酒店规模较大，风险等级较高，是重点风险应对对象，该市税务局对其深入开展纳税评估。通过此次风险应对，规范了行业的税收秩序，有效提升了整个行业的税收遵从度和征管质量，为有效开展其他行业的

税收遵从风险管理提供了经验。

F 酒店在该市改革开放浪潮中发展迅速，优质服务，诚信经营，规模和效益不断扩大，其缴纳的税款也呈现出逐年增长态势，纳税信用较好。F 酒店成立于 2008 年 9 月 21 日，注册资本 500 万元，实收资本 500 万元。经营范围包括住宿、洗浴、制售中餐、歌舞、KTV、茶座、香烟（含雪茄烟）零售，建筑材料、化工产品（除化学危险品）、装饰装潢材料销售、橡塑制品与轻质墙体材料的生产和销售，目前仅从事住宿、洗浴、制售中餐、歌舞、KTV、茶座等经营活动，所处地段为市区繁华地段，土地等级为一等，其涉及的地方税种主要是企业所得税，税收征收方式为查账征收。

税收遵从风险应对人员在对 F 酒店实施风险应对的过程中发现，该酒店存在的风险点较多，通过对宏观税收经济指标、微观税收经济指标、财务指标和税收遵从风险指标的综合分析识别，最终使 F 酒店所存在的风险点得以确认和排除，有效防范和规避了征纳税收遵从风险。

（一）税收遵从风险应对过程

1. 税收遵从风险管理

十年来，该市经济和社会事业取得了长足的发展，多项经济指标在全省持续领先，但该市餐饮行业的税收贡献率明显偏低，尤其是该市税务局近期的调查报告揭示，2018 年度全市税务系统查账征收所得税的餐饮企业亏损面高达 36.67%，而且市直相关部门发布的有关宏观税收经济指标信息比对也在一定程度上反映了该市餐饮行业税收征管存在一定的问题。因此，市税务局要求认真有效地开展餐饮行业税收遵从风险管理工作，特别要加强对该行业零税收负担率、负税收负担率和长亏不倒的企业所得税风险管理，确保税收申报准确、及时、足额，降低企业税收遵从风险，提高企业的税收遵从度。

2. 确定重点风险应对对象

2019 年 5 月，该市税务局第三税务分局将风险管理中反映出的风险分值大于 50 的企业确定为重点风险应对对象，其中 F 酒店由于 2018 年度的企业所得税贡献率、总体税收负担率、营业利润率、营业成本率、管理费用率、管理费用变动率等指标与市税务局发布的餐饮行业风险指标预警值相比偏离幅度较大，风险指数较高，最高异常分值高达 165 分，F 酒店主要风险指标数据如表 6-15 所示（标*数据显示预警）。

表 6-15　F 酒店主要风险指标数据

项目	内容		
	2018 年 F 酒店风险指标数值	税收遵从风险指标 预警值	2018 年 同行业平均值
企业所得税贡献率	0	3%	3.36%
总体税收负担率	3.94%	6%	6.62%
营业利润率	−61.79%*	9%	10.30%

续表

项目	内容		
	2018年 F酒店风险指标数值	税收遵从风险指标 预警值	2018年 同行业平均值
营业成本率	47.12%*	40%	39.09%
管理费用率	82.52%*	25%	26.86%
营业费用率	25.52%*	16%	16.12%
管理费用变动率	209.37%*	10%	9.03%
营业费用变动率	187.92%*	8%	7.93%

根据上表可知，F酒店在纳税申报方面的风险点较多，与预警值偏差较大，尤其是管理费用率、营业费用变动率远远高于同行业平均值，偏离预警值幅度很大，显示费用异常高增长，其指标值均超过预警值20倍以上，经复核后，将其作为重点评估对象实施风险应对。

3. 获取税收大数据

（1）内部信息数据采集。一是企业"一户式"涉税信息数据，包括税务登记信息数据、纳税申报与征收信息数据、发票购销信息数据、税费鉴定信息数据等。二是电子申报信息数据，包括申报税费信息数据、财务报表信息数据等。

（2）外部信息数据采集。主要是市税务局发布的行业风控模型的预警值，企业相关涉税信息数据，来自外卖软件、企业门户网站、天眼查等互联网平台的相关信息数据，当地物价、统计等部门发布的相关涉税信息数据。

4. 税收遵从风险分析识别方法

（1）企业涉税信息数据与行业涉税信息数据比较分析

2019年初，市税务局、统计局发布的有关信息显示，2018年某市餐饮行业入库税收同比增长29.5%，2018年全市实现餐饮行业收入额13.09亿元，同比增长22.7%。参照上述相关指标的增长速度，测算出F酒店2018年营业收入和应纳税额与纳税申报数据偏差较大，如表6-16所示。

表6-16 F酒店相关测算与分析数据

相关指标	所属期			2018年申报与测算数 据差异额
	2017年（实际）	2018年（测算）	2018年（申报）	
营业收入（元）	5 990 130.98	7 349 890.71	6 186 789.50	1 163 101.21
应纳税额（元）	471 708.30	610 862.24	339 362.61	271 499.63

（2）企业涉税财务指标纵向动态比较分析

风险应对人员根据指标间的相互关联性，选用了部分指标对该酒店2016—2018年度损益表的涉税财务指标进行了深入的动态比较和分析，发现主要财务指标变动异常，如表6-17所示（标*数据显示预警）。

表6-17 F酒店涉税财务指标动态比较分析

相关指标	所属期			2017年变动率	2018年变动率
	2016年	2017年	2018年		
营业收入（元）	4 792 110.18	5 990 130.98	6 186 789.50	25.00%	3.28%*
营业成本（元）	1 974 349.39	2 539 815.53	2 914 925.26	28.64%	14.77%*
增值税及附加（元）	258 773.95	325 264.11	339 362.61	25.69%	4.33%*
营业利润（元）	345 767.78	372 466.19	−3 821 779.87	30.89%	−218.73%*
管理费用（元）	1 634 093.2	2 036 151.08	5 105 127.47	32.73%	150.72%*
营业费用（元）	576 824.07	713 424.64	1 633 153.01	40.40%	104.37%*
利润总额（元）	348 669.98	372 916.19	−3 823 225.87	6.95%	−1125.22%*
应纳税所得额（元）	397 116.01	443 770.26	−3 820 625.87	11.75%	−960.95%*
缴纳企业所得税（元）	131 048.28	146 444.19	0	11.75%	−100%*
营业成本率	41.20%	42.40%	47.12%	1.20%	4.72%
营业利润率	7.22%	6.22%	−61.77%	−1.00%	−67.99%*
管理费用率	34.10%	33.99%	82.52%	−0.11%	48.52%*
营业费用率	12.04%	11.91%	26.40%	−0.13%	14.49%
企业所得税贡献率	2.73%	2.45%	0	−0.28%	−2.45%*
总体税收负担率	8.66%	8.29%	5.94%	−0.35%	−2.80%*

（3）企业关联财务指标比较分析

针对上述税收遵从风险分析识别所反映的风险点，风险应对人员将F酒店2018年度的成本、管理费用和营业费用作为风险分析的重点深入开展案头审核分析。2018年度F酒店收入、成本、管理费用、营业费用、管理费用率、营业费用率分月统计数据如下，4月、5月、6月、12月费用率指标数据上涨幅度偏高，如表6-18所示（标*数据显示预警）。

表6-18 F酒店关联财务指标比较分析

相关指标	所属期											
	1月	2月	3月	4月	5月	6月	7月	8月	9月	10月	11月	12月
营业收入（万元）	76	28	21	31	50	42	49	56	51	69	67	78
营业成本（万元）	36	12	10	15	24	20	23	26	24	33	32	36
管理费用（万元）	20	11	12	61	57	29	25	30	29	41	39	156

续表

相关指标	所属期											
	1月	2月	3月	4月	5月	6月	7月	8月	9月	10月	11月	12月
营业费用（万元）	8	5	6	39	31	9	9	11	10	11	11	13
营业成本率	47%	43%	48%	48%	48%	48%	47%	46%	47%	48%	48%	46%
管理费用率	26%	39%	57%	197%*	114%*	69%*	51%	54%	57%	59%	58%	200%*
营业费用率	11%	18%	29%	126%*	62%*	21%	18%	20%	20%	16%	16%	17%

风险应对人员在对该酒店 2018 年报表数据进行关联比较分析时，还发现该酒店 2018 年 12 月"固定资产原价"的余额由年初的 6 597 436.48 元增加到 26 664 107.96 元，净增加 20 066 671.48 元，其中，4 月份净增加 5 016 667.87 元、12 月份净增加 15 050 003.61 元，其他月份无增加或减少的情况。

根据会计记账规则，有借必有贷，借贷必相等，该酒店 2018 年 12 月份"固定资产原价"的余额增加必定会导致其他会计项目数额的变化。风险应对人员对会计报表相关的项目余额进行了统计分析，发现该酒店 2018 年度"其他应付款"余额变动极为异常。F 酒店 2018 年度资产负债表的部分项目数据统计，如表 6-19 所示（标*数据显示预警）。

表 6-19　F 酒店 2018 年度资产负债表部分项目数据统计　　　　单位：元

所属期	相关指标		
	固定资产原价	累计折旧	其他应付款
2017 年 12 月	6 597 436.48	2 137 638.54	2 460 761.35
1 月	6 597 436.48	2 191 849.02	3 198 989.76
2 月	6 597 436.48	2 246 059.50	3 678 838.22
3 月	6 597 436.48	2 300 269.98	5 524 970.74
4 月	11 614 104.35*	2 354 480.46	6 600 791.69*
5 月	11 614 104.35*	2 460 947.90	5 544 783.77*
6 月	11 614 104.35*	2 567 415.34	5 488 775.85*
7 月	11 614 104.35*	2 673 882.78	5 376 760.02*
8 月	11 614 104.35*	2 780 350.22	4 620 752.10*
9 月	11 614 104.35*	2 886 817.66	4 158 676.89*
10 月	11 614 104.35*	2 993 285.10	4 574 544.58*
11 月	11 614 104.35*	3 099 752.54	3 940 058.46*
12 月	26 664 107.96*	4 229 984.65*	13 399 053.30*

风险应对人员在对该酒店 2018 年度企业所得税申报表及其附表分析时发现，该酒店年度所计提的折旧均计入"管理费用"项目，全年累计计提折旧 2 092 346.11 元，详

细情况如表 6-20 所示（标*数据显示预警）。

表 6-20　F 酒店 2018 年度计提折旧数据统计　　　　　　单位：元

资产类别	相关项目			
	本期计提折旧摊销的资产平均原值	计入管理费用的折旧额	税前扣除的折旧额	本期纳税调整增加额
房屋建筑物	17 909 746.47	1 286 826.95	1 286 826.95	0
机器设备	6 955 000.00	574 611.83	574 611.83	0
电子设备及运输工具	1 799 361.49	230 907.33	230 907.33	0
合计	26 664 107.96	2 092 346.11*	2 092 346.11	0

风险应对人员又对该酒店 2016—2018 年度有关房产税、城镇土地使用税和印花税的申报缴纳情况进行统计分析，相关数据如表 6-21 所示。

表 6-21　F 酒店 2016—2018 年度有关房产税、城镇土地使用税和印花税的申报缴纳数据　　单位：元

所属期	相关指标		
	房产税	城镇土地使用税	印花税
2016 年	24 021.84	2 573.32	110.50
2017 年	24 021.84	2 573.32	182.10
2018 年	24 021.84	2 573.32	179.10

另外，有财务管理常识和经验的人都知道，一项投资决策的实施必然会有相应的资金筹集活动，F 酒店 2018 年"固定资产原价"项目的余额净增加 20 066 671.48 元，该酒店的注册资本与实收资本，在成立以来并没有发生变化。同时，通过对资产负债表的分析，也未发现该酒店有金融机构借款等融资活动。所以，该酒店存在通过虚增固定资产计提累计折旧的方式虚列管理费用的税收遵从风险。

（4）同类企业横向比较分析

为了使约谈核实工作更为主动和有效，风险应对人员选择同等地段、经营面积和经营项目相近、内部管理较为规范、纳税信誉较好的 B 酒店和 C 酒店作为标杆样本，与 F 酒店相关指标数据进行横向比较分析，结果 F 酒店的相关指标数据显示异常，如表 6-22 所示（标*数据显示预警）。

表 6-22　F 酒店相关指标数据横向比较分析

相关指标	企业名称		
	F 酒店	B 酒店	C 酒店
营业收入（元）	6 186 789.50	9 554 858.3	8 175 902.98
营业成本（元）	2 914 925.26	3 827 676.23	3 372 559.98

续表

相 关 指 标	企业名称		
	F 酒店	B 酒店	C 酒店
增值税及附加（元）	339 362.61	525 516.15	435 285.01
营业利润（元）	−3 821 779.87*	644 632.52	500 010.73
管理费用（元）	5 105 127.47	3 257 251.19	2 855 025.32
营业费用（元）	1 633 153.01	1 253 597.41	982 743.52
财务费用（元）	16 001.02	23 092.4	15 139.21
利润总额（元）	−3 823 225.87*	613 058.82	494 402.67
应纳税所得额（元）	−3 820 625.87*	686 625.87	521 283.2
缴纳企业所得税（元）	0	226 586.54	172 023.46
营业成本率	47.12%	40.06%	41.25%
营业利润率	−61.79%*	6.75%	6.16%
管理费用率	82.52%*	34.09%	34.92%
营业费用率	25.52%*	13.12%	12.02%
企业所得税贡献率	0	2.37%	2.10%
综合税收负担率	5.94%*	9.25%	8.59%

另外，风险应对人员对该酒店 2018 年度发生的与营业收入密不可分的水、电、汽油、燃料等相关费用数据进行了统计，如表 6-23 所示。这些数据指标能较为客观地反映该企业的实际经营状况，同时，也为下一步的实地调查核实提供依据。

表 6-23　F 酒店 2018 年度营业收入相关费用表

相 关 指 标	2018 年度
水费（元）	101 963.78
电费（元）	652 028.80
汽油费（元）	402 740.00
燃料费（元）	385 577.52

风险应对人员依法抽调与 F 酒店位于同等地段，经营面积和经营项目相近的 B、C 两家酒店开展实地调查，了解该市餐饮行业的有关经营情况，主要调查相关费用的支出情况，重点是 2018 年每月发生的水、电、汽油、燃料费用项目，并将 B、C 酒店的统计数据与 F 酒店进行了横向比较分析，F 酒店的水费与收入比率、电费与收入比率、汽油费与收入比率、燃料费与收入比率与同类酒店比明显偏高，如表 6-24 所示（标*数据显示预警）。

表 6-24 F 酒店与 B、C 酒店相关费用横向比较分析

相关指标	企业名称		
	F 酒店	B 酒店	C 酒店
营业收入（元）	6 186 789.50	9 554 858.30	8 175 902.98
其中：洗浴收入（元）	180 964.00	1 224 325.96	981 108.35
水费（元）	101 963.78	125 168.64	105 469.15
电费（元）	652 028.80	815 029.41	680 235.13
汽油费（元）	402 740.00	517 873.32	424 329.36
燃料费（元）	385 577.52	486 342.29	421 876.59
水费与收入比率	1.65%*	1.31%	1.29%
电费与收入比率	10.54%*	8.53%	8.32%
气费与收入比率	6.51%*	5.42%	5.19%
燃料费与收入比率	6.23%*	5.09%	5.16%

5. 风险应对处理

（1）根据上述税收遵从风险的综合分析识别，发现 F 酒店存在税收负担率低、企业所得税贡献率低的税收遵从风险点，具体表现为少计营业收入 100 万元左右；同时存在虚增管理费用和营业费用的税收遵从风险点，虚增管理费用的具体表现为通过虚增固定资产、虚增累计折旧进而虚增管理费用，虚增营业费用的税收遵从风险点需要向 F 酒店进一步核实确认。

（2）通过约谈询问核实，进一步确认了 F 酒店的税收遵从风险点，F 酒店主动提出开展风险自查，补缴相应税款及滞纳金。

（3）根据 F 酒店的实际情况，税务部门责令其在三日内将自查报告上报并补缴相应税款，根据自查补税情况作出风险应对处理决定。

（4）将 F 酒店自查补缴相应税款及滞纳金的处理结果反馈给风控部门核实验证，F 酒店的相关风险指标回归正常合理区间，风险预警解除，税收遵从风险得以有效排查。

第七章

区块链技术在税收治理现代化中的应用

中共中央办公厅、国务院办公厅印发的《意见》提出,"深化税收大数据共享应用,探索区块链技术在社会保险费征收、房地产交易和不动产登记等方面的应用,并持续拓展在促进涉税涉费信息共享等领域的应用"。本章内容积极落实《意见》提出的战略要求,探究区块链技术在税收治理现代化中的场景应用,探索区块链技术、大数据风控模型算法等智能化风险分析在房地产领域的创新应用设想及方案,结合典型案例分析,提升房地产领域大数据税收风险管控能力。

第一节 区块链技术与税收治理现代化

一、区块链技术原理及发展

《中国区块链技术和应用发展白皮书》将区块链理解为基于密码学技术的一种对分布式记账、加密存储、点对点传输、共享共识机制、加密算法等计算机技术的新型应用模式。也将其可以理解为一种可用于不可篡改、可追溯、分布式存储等新型应用模式的数据库技术。

区块链技术的发展大体可以分为三个阶段:区块链 1.0、区块链 2.0 和区块链 3.0。其中,区块链 1.0 是在数字货币方面的应用,在与现金相关的应用程序中部署加密性货币,如货币转账、汇款和数字支付系统。区块链 2.0 是在合约方面的应用,整个经济市场都可以使用区块链技术,其应用范围将从电子货币拓展至金融等其他经济领域及相关产业。区块链 3.0 是在电子货币、金融和经济市场之外的更广泛应用,特别是在政府治理、医疗卫生、科学教育、产权保护、文化艺术和社交等领域。

区块链的本质是去中心化,通过特定的算法记录每一个交易事项数据,交易的每一个后续变化,都在可连接和可追溯的链条下创建另一个数据区块,以块—链结构存储数据,并且在交易的每一个环节都实时复制一定时间内全部的交易数据,使交易数据几乎不可能被伪造、篡改或销毁,具有无与伦比的数据可靠性和安全性。区块链技术作为一种基于密码学技术生成的分布式账簿共享数据库,通过去中心化、集体化的

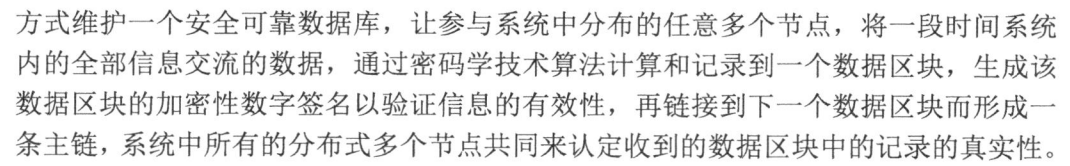

方式维护一个安全可靠数据库,让参与系统中分布的任意多个节点,将一段时间系统内的全部信息交流的数据,通过密码学技术算法计算和记录到一个数据区块,生成该数据区块的加密性数字签名以验证信息的有效性,再链接到下一个数据区块而形成一条主链,系统中所有的分布式多个节点共同来认定收到的数据区块中的记录的真实性。

近年来,区块链技术以惊人的速度不断发展,作为一种颠覆性的大数据技术,有能力重新配置国家治理的分工及运作。2020 年,全球区块链市场规模达 43.1 亿美元。区块链因比特币为人们所广泛熟知,但区块链技术的应用和发展远不止于比特币。在实际应用中,区块链技术通过构建 P2P 组织网络,时间有序、不可篡改的加密性分布式账本以及账本共识机制,实现了在整套网络信息数据系统中的去中心化、共识共信机制。

在国际上,英国政府发行的《分布式账本技术:超越区块链》报告中,明确指出了将区块链技术首先应用于传统的金融行业,并且英国央行已经考虑发行加密数字货币。该报告强调了使用区块链技术的潜在优势——具有重新定义政府与公民之间信息共享、透明度以及信任的作用。美国国土安全部的小企业创新研究计划(SBIR)宣布向盐湖城区块链的创业公司 Evernym 拨款 79.4 万美元,以帮助其创建区块链技术的去中心化密钥管理系统。

在我国,国家主管部门在 2014 年就成立了专门的区块链研究团队。2017 年 1 月召开的基于区块链的数字货币研讨会,指出了发行加密数字货币对于降低传统纸币发行量、杜绝洗钱与逃漏税等违法行为以及提升货币流通控制力的重要意义。

二、区块链技术背景下的税收治理现代化

区块链技术具有独特的分布式数据存储、去中心化共治、高度信任背书带动的数据透明与信任互认等优势,不仅能推动货币数字化的支付与结算方式的革新,对于税收治理现代化的创新发展也提供了全新的机遇。

在税收治理过程中,完全去中心化的概念显然不能适应公共服务和税收治理的需求。自区块链技术列入《国家信息化规划》后,贵州省也发布了《贵阳区块链发展和应用》白皮书,探索主权视角下区块链技术的应用。与非主权区块链的其他应用形式相比,主权区块链在网络中是分散多中心化而不是完全去中心化。主权区块链具有自主、安全、可控的特征,从而更符合税收治理的要求。因此,税务部门作为国家主权区块链下政务链的一个重要组成部分,在税收治理框架中,依托于主权经济体框架进行总价值交互、流通、分享及增值利用,在政府公共部门共同协作的基础上,更注重和包容共识算法及相关的规则体系。在税收大数据方面,更注重基于区块链技术的链上数据与链下数据的融合应用,消除政府、税务部门与纳税人之间的信息孤岛,实现政府、税务部门与纳税人之间的信息对称,提高税收大数据的透明度与互信度,规避传统税收征管环境下税务部门对纳税人信息掌握不充分、不精准,从而导致纳税人逃

税漏税的税收遵从风险。在信用合约方面，主权区块链是在国家法律框架体系下的自动化规则，而不是"代码即法律"的准则。在监管方面，完全去中心化的区块链是无法被监管的，而主权区块链是可以被政府部门监管的。在激励赋能方面，主权区块链更注重社会价值激励与物质财富激励的均衡机制，而不仅仅是物质财富激励。在区块链应用方面，主权区块链注重社会经济、政府治理、税收治理各领域的协同共治，可以融合发展应用，而不仅限于在某一领域或某一行业的应用。

（一）区块链技术在税收治理现代化中应用的特征

近年来，区块链技术高速发展，主要用来获取、存储和计算管理应用数据，是进行数据加工和信息传递的基础。在这个对所有人都公开的分布式账簿系统中，每个节点区块的信息数据都被自动加盖时间戳，任何操作记录都无法篡改或抹杀。区块链凭借其独有的信任建立机制，正在改变诸多行业的运行规则，是未来发展数字经济、数字货币构建新型信任体系不可或缺的大数据技术之一。区块链技术与传统的数据库技术相比具有很多独特的优势，能有效扫除长期以来税收治理过程中征纳税双方因信息不对称所面临的障碍。具体可以概括为以下四大特征。

1. 去中心化与大数据共享理念

去中心化、分布式存储是区块链技术的重要特征，区块链数据库本质上是一种去中心化的分布式账本数据库，这与税收治理中信息共享的理念相契合。在区块链数据库中，每一个节点都能独立地存储完整的数据，各节点之间依靠共识机制保证存储信息的一致性，处在不同地理位置的多个节点共同完成交易数据记录，且互为备份，互为验证，避免单个节点对数据的控制。从而实现了管理层与治理层，纳税人与税务部门之间信息的有效对称。

区块链的去中心化本质上可以说是"多中心化"，各节点都可以看作一个中心，每个节点都有自己的数据库副本，以确保区块链记录数据的真实性。税务部门作为数据的"中心"，掌握纳税人的涉税信息数据，无论因为何种原因出现数据信息的矛盾、讹误，都能及时被税务部门发现，任何违背税收诚信的欺诈舞弊行为都将无处遁形，能有效消除税务部门与纳税人之间的信息不对称，实现税收大数据共享、社会共治的税收治理目标，与政府主权区块链监管的税收治理模式相契合。另外，在区块链系统设计中采用隐私保护增强技术，能够满足保护纳税人隐私的要求，每个操作者都拥有各自的加密代码，每个节点上的数据不可能全部公布在区块链上。税务部门作为数据的"中心"，掌握纳税人的涉税信息数据，可以通过纳税人授权访问这些数据，赋予纳税人更多的自主权。

2. 不可篡改性和信息数据高度可靠性、安全性

一方面，所有被记录在区块链网络的数据将被永久储存。在区块链的基本架构中，最底层的数据层封装了时间戳等加密技术，纳税人上链后的任何涉税信息数据都会带有时间戳被永久储存，且每个区块中都包含上一个区块的加密哈希函数。也就是说，

涉税交易事项的每一个后续变化都在可连接和可追溯的链条下游创建另一个数据区块，并且在交易的每一个环节、每一个节点都实时复制一定时间内全部的交易数据，实现交易数据的不可删除和不可篡改，以此保证涉税信息进入区块链后被永久存储起来。另一方面，区块链的共识机制，在很大程度上确保整个区块链系统中不同节点之间相互信任，数据库中的信息数据的记录需要经过大多数节点的确认后存储，由多方验证并加盖时间戳，任何单一节点提出修改申请，都需经过其他节点的共同确认，这样记录在区块链上的交易信息数据实际上有一种公示效果，这就保证了信息数据记录的准确性、不可篡改性。因此，在较为成熟的区块链系统中，节点数量越多，计算能力越强，信息数据越难以被篡改，以此确保区块链中信息数据的可靠性和安全性。总之，区块链技术应用到税收治理领域，其不可篡改性和共识机制能够保证税收大数据的便捷性、准确性、可靠性和安全性，这与大数据税收治理中保障涉税信息数据真实准确、不可篡改的原则相一致，实际上是契合了社会共治的税收治理理念。

3. 信息数据的可追溯性与税收征管应用

区块链技术中信息数据的可追溯性能使涉税信息数据链条完整，可以对往期信息数据追溯查询，建模，挖掘，分析应用。在区块链系统中，交易产生的所有信息数据都会被完整记录，并能保证准确性和唯一性，这些交易信息数据按照时间顺序永久保存在每一节点，从而实现了涉税信息数据链条的可追溯性和系统性，保证在税收治理中对相关交易链条信息数据的完整追溯查询，从源头上有效追溯虚开发票、逃避税收等税收违法犯罪行为。

4. 智能合约机制与降低征纳成本

从比特币到以太坊币，区块链最大的变化是智能合约机制。比特币系统是专为一种数字货币而设计的，内部的逻辑框架非常简单，只能处理收入与支出等流水式的信息数据，有很大的局限性。而维塔利克[①]创建的以太坊等第二代区块链系统，能够用来解决任何计算性的问题，突破了传统区块链只能进行简单逻辑校验的问题。

税收领域的智能合约机制基于区块链上可靠且不可篡改的真实涉税交易信息数据，基于事先约定的税收业务法律规则，通过算法代码将涉税信息流、资金流、发票流、货物流等整合到一起，以智能合约的方式内置于区块链系统网络中，建立起一系列的税收业务自动判定和执行系统。当区块链中的涉税交易事项满足预定的规则条件时，如发票开具条件、收入确认条件和纳税义务发生的时点、时期等，系统便通过智能合约机制自动完成交易活动的纳税义务，自动开具区块链电子发票，自动生成纳税申报表，税款自动解缴入库等。这样的自动智能合约机制可以有效降低税收征纳成本，提高税收治理效能。

---

① 维塔利克·布特林（俄语：Виталий Дмитриевич Бутерин；1994 年 1 月 31 日—），俄罗斯裔加拿大人，电脑工程师，以太坊共同创办人。

（二）区块链技术背景下的税收治理模式创新

区块链技术在税收治理领域中有着广阔的应用前景，税务部门应积极探索区块链背景下税收治理的创新模式。当然，在探索区块链技术应用的研究过程中，我们面临诸多来自技术、法律等不同层面的问题。首先，区块链技术在税收治理领域的应用仍然处于起步阶段，在技术发展还不成熟、顶层架构还不清晰的情况下，必然会存在诸多风险和挑战。其次，区块链技术涉及互联网、计算机、数据库、密码学，以及大数据、人工智能等前沿技术的深度融合发展应用，对区块链技术在税收治理领域应用的研发成本和技术资金等投入也是一个重要的问题。最后，区块链是一个完全闭环的系统，链上与链外是完全不同的数据空间，现有的区块链还不具备链间数据交互融合技术，使得区块链存在着无法实现链上与链外信息数据交换的致命缺陷。更重要的是，若要区块链技术应用于税收治理领域，我国现有的税收法律制度体系尚需进一步完善并与区块链技术应用于税收治理的模式相匹配。总之，应用区块链技术进一步推进税收治理模式创新，还有待于从技术风险、成本效益、隐私权保护等方面加以深入研究和论证。

1. 区块链技术背景下税收治理的基本框架结构

税收治理的效能主要受税收收入和征纳成本两方面因素的影响。一方面，理论上的税收收入总量由一定时期的税收制度和税源经济状况所决定，而实际征收的税收收入一般会低于理论上的税收总量，这主要归因于税收征管工作的质效较低和纳税不遵从行为。因此，从税收收入的角度讲，提高税收治理的质效就需要尽可能地降低征纳成本，提高纳税人的税收遵从度。另一方面，税收征纳成本主要包括税收征管中的信息数据获取成本、税款缴纳和征收管理成本、税收遵从风险管理成本等，而通过区块链技术尽可能地降低征纳成本，其实也是提高税收治理效能的有效途径之一。

在区块链技术背景下，基于"税源管理—税款征收—税收遵从风险管理"的税收治理逻辑，税务部门构建了流程清晰、管理有序、运行高效的税收治理框架。事前，通过税源管理结合纳税信用和风险管理实现对税收治理的事前管理，通过事前的风险提醒服务、提高纳税人的不遵从成本等方式约束纳税人的税收遵从行为。事中，在税款征收过程中，通过应用区块链技术可以简化征管流程，降低征纳成本。事后，通过税务稽查和纳税评估实施风险应对，对纳税人的税收不遵从行为进行干预、纠正，税收遵从风险得到有效控制和排除，税收治理形成一个良性的闭环系统。

（1）事前的税源管理与税收遵从风险管理。税源管理作为税收征管过程中的重要组成部分，影响着税收征管的质量和效果。随着税收征管改革的不断深入，税源管理工作也得到不断强化。将区块链技术运用到房地产企业的税源管理工作中，一方面，可以与发改委、市场监管部、国土部、住建部、金融部等机构联合，获取房地产相关的立项、审批、征地、开工、预售、交付、不动产交易、资金流向等更广泛的信息，包括纳税人的地理位置、占地面积、权证范围、税额标准等全部税源信息，形成多方联动的立体税收遵从风险防控体系。根据纳税人的经营活动和涉税信息数据，可以建立起自动的税收遵从风险识别和预警机制。另一方面，可以完善税收遵从风险和纳税信用评级制度。通过预先在区块链中设定规则，根据纳税人的税收遵从情况自动计算纳税信用评级和税收遵从风险等级并实施差别化管理，同时可以根据实际情况实时动态管理，保障税收遵从风险和信用信息的准确性和及时性。

（2）事中的税款征收。将区块链技术的智能合约机制运用到房地产企业的税收治理中，可以简化税款征收流程，创新税款征收方式。在具体实施方面，因为企业所有的交易数据和相关信息都真实完整地记录在区块之中，可以设置一系列基于现行税制的征管规则，通过软件技术将一定时期的交易记录进行自动整理分析，自动生成企业的纳税申报表，向纳税人进一步核实确认，在此基础上通过区块链系统进行税款的自动扣缴。而对于增值税等流转税的征管，目前主要采用环环抵扣的方式，将区块链技术应用到电子发票系统中，可以有效保证电子发票的透明度和不可篡改性，并使电子发票中记载的交易信息数据具有可验证性，从而保证整个交易链条数据的完整性和可追溯性。

（3）事后的税务稽查与纳税评估。一方面通过事前和事中的实时管控，在一定程度上可以有效防范纳税不遵从行为，从而减轻纳税评估和税务稽查工作的负担。另一方面，区块链系统中记载纳税人完整的交易链条和相关涉税信息数据，通过数据识别和获取程序，税务部门可以在区块链系统中便捷地获取和掌控纳税人的生产经营情况，确定纳税人在成本列支和收入申报中存在的风险疑点及异常行为，及时开展纳税评估、税务稽查等风险应对活动。通过设定不同的指标体系，可以实现稽查过程中的自动选案；借助区块链系统可溯源、不可篡改的特性，有效保障信息数据透明和不可篡改，进而为税收稽查取证提供信息数据基础，有效解决目前税务稽查中所面临的选案难、取证难等问题。

2. 基于区块链技术的现代税收治理体系框架

主要由三部分组成：

（1）基础性税收征管流程体系，主要包括税务登记、发票管理、纳税申报与税款征收等。税务部门借助区块链透明、可靠、不可篡改的特性，能够最大限度地解决涉税信息数据获取与不对称问题，依托区块链技术为整个基础性税收征管流程提供安全可靠的全自动化解决方案。

（2）能动性税收遵从风险管理体系，主要包括纳税服务、纳税信用管理、税收遵从风险管理、纳税评估、税务稽查等。借助区块链的透明性与实时性完成税收大数据的共享与使用，税务部门通过整合区块链上交易记录的信息数据，加强对特定纳税人的涉税信息数据查询及反馈，着力构建纳税服务、风险管理、税务稽查等全流程的税收遵从风险监控体系，极大地降低征税成本，有效提升税收治理效率。

（3）优化性税收治理体系，主要包括税收争议处理、税收治理体系优化、税制改革完善等。税务部门对区块链衍生出的海量税收大数据进行获取、分析、利用，通过神经网络、机器学习、数据建模等技术手段深度挖掘涉税信息数据的关联性与内在价值，科学、高效地推进优化性税收治理体系的现代化建设。

3. 基于区块链技术的税收治理创新模式

结合我国税收治理现状以及对大数据、区块链、人工智能等技术的深度融合应用优势，税务部门应积极建立以智能合约、税源管理、优化服务为基础，以税收遵从风险管理为导向，以现代互联网、大数据、信息技术为依托，依法征收的数字化税收治理创新模式。

（1）构建新型的数字化税收治理模式。与传统税收征管模式不同，在区块链技术背景下的数字化税收治理模式中，大数据成为整个税收治理模式的核心。以区块链各个节点的涉税信息数据系统作为信息获取的端口，将税收征管中的核心数据进行获取、分析、计算、存储、追溯、应用，这些涉税信息数据将通过整个区块链系统在各个部门、各个节点间流动、交互使用，有效地突破和解决由于征纳信息不对称造成的税务部门税收征管瓶颈，实现税收治理目标。

（2）关注税源节点与税源管理节点。税源管理是对整个税收治理的源头进行的管理，区块链的特性决定了企业、个人等税源将作为区块链系统中的大部分节点，这些节点的可靠性、准确性与稳定性决定了整个系统能否稳健运行。因此，以税源节点管理为基础，规划并落实有针对性的税源管理体系，在税源节点与税源节点之间、税源节点与税源管理节点之间的信息数据流动方面，做好分析、监控、管理，从源头上堵塞税收流失的漏洞，降低税收流失风险。

（3）基于智能合约架构的税收治理逻辑。在区块链技术背景下，涉税信息数据的获取、存储和共享将更加高效便捷，通过合约规则实现税收业务智能化。在区块链系统中接入税收法律政策与规则，所有税收业务都能通过算法模型化，通过智能合约的规范性程序处理，形成科学严密的税收征管逻辑。一方面，纳税人入链后，所有交易都在区块链系统中进行，系统将根据交易产生的涉税信息数据，通过智能合约实现应纳税额的自动计算，减少烦琐的纳税申报工作。另一方面，利用智能合约可以避免税收征管中存在的政策模糊边界或地区差异性，解决税务部门和纳税人之间对税收政策理解不统一、不确定所产生的偏差。同时，税务部门通过区块链系统，可以更好地为纳税人提供网上办税、政策咨询等涉税服务。

（4）构建税收遵从风险管理导向的税收治理框架。税收遵从风险管理在税收征管全过程的方向和目标，是税收治理的核心业务的组成部分。对税收征管全过程中各个参与节点的涉税活动行为的信息数据进行采集、整理与储存，通过指标建模及将算法内置于区块链系统中的方式，对可能产生税收遵从风险的税源节点及具体业务环节开展税收数据挖掘，总结规律，提炼风险特征，增强风险分析的精准性。从个人、企业到行业，从微观到宏观，全面系统地分析识别税收遵从风险发生的区域、行业、企业及个人，并进行风险等级排序确认，实施预警发布，采取不同的风险应对措施，提高风险管理的科学性和有效性。

（5）推进区块链技术融入依法治税全过程。依法治税是税收治理的核心目标，加快税收法治建设也是区块链技术背景下实现税收治理现代化的重要基础。一方面，要进一步加快税收立法工作，完善税收实体法律体系和征管法律法规，做到税收征管有法可依。另一方面，要提高税收法律地位，增强全社会的税收法治观念，做到纳税人依法纳税、税务部门依法治税。在相对完善的税收法制体系下，应用区块链及智能合约技术，可以实现税收法律的量化、代码化，使法律规范下的税收治理体系更加优化。

第二节 区块链技术在税收治理现代化中的场景应用

一、区块链技术为税收信用体系建设提供了全新路径

纳税信用管理是实现税收治理现代化的重要途径之一，区块链技术的应用可以有力推进税收信用体系建设，真正实现"让守信者畅通无阻，让失信者寸步难行"。

纳税人通常以追求自身利益最大化为目标。因此，纳税人选择纳税遵从还是不遵从，主要是依据纳税不遵从的成本与所获取利益之间的比较。纳税不遵从成本包括税收滞纳金、罚款和声誉信用损失。税收滞纳金和罚款使用货币衡量，纳税人很容易将其与应纳税额进行比对，如果税收滞纳金和罚款与纳税人应纳税额相比很小，纳税人就很可能产生纳税不遵从行为。与此同时，声誉信用损失的成本往往无法使用货币衡量，传统的税收征管模式对纳税人造成的声誉信用损失主要是纳税信用信息公示和重大税收违法案件信息公示，但由于信息不对称等原因，交易双方往往无法得知对方的全部纳税信用信息，声誉信用损失的惩戒力度很小。

区块链技术能够搭建一个全方位、数据更为详细的纳税信用信息公示系统。具体而言，区块链网络将给予纳税人唯一的纳税识别号，并加盖时间戳。每一次产生的纳税信用信息和重大税收违法案件信息，都将被实时记录在区块链网络上且不可篡改。该系统具有以下特点：一是可追溯性，区块链网络可以保证每一笔纳税失信记录都可以追溯到唯一纳税人及其关联方，保证了纳税信用信息公示系统的全面性。二是不可篡改性，每一笔失信记录都不可删除和更改，保证了失信记录的完整性与可追溯性。三是信用信息公示的针对性。通过运用公有密钥与私有密钥的合理配置，可以对失信记录进行有效的针对性公示，仅将失信记录查询权限授予失信纳税人的交易相关方，合理保护失信纳税人的隐私和商业机密。同时通过私有密钥，可以保证纳税人信用恢复后，及时在全网屏蔽其失信记录，激励失信纳税人恢复纳税信用，更好地遵守税法。四是自动化与智能化，通过智能合约机制，可以实现失信记录一旦产生，就及时自动记录在区块链网络上，从而防止因时间差导致的信息不对称给交易相关方带来经济损失。

运用区块链技术中的激励机制可以更高效、更优化分配激励措施,更好地实现激励措施的公平性和有效性。在一个理想的主权区块链环境下,A 级信用等级的纳税人其纳税信息数据会被反馈在区块链上,伴随着数据块产生的周期,会产生一定的政府奖励,或者符合纳税人需求的税收优惠等激励措施,即税务部门可根据该纳税人的纳税信息数据,按照不同比率阶段性分配激励计划,这既能提高激励的效率,又能便捷地实现税收信用管理目标,促进纳税遵从度的提高。

二、区块链技术在税收遵从风险管理中的场景应用

税收遵从风险管理是当今国际税收治理中的一个重要的治理手段,尤其在我国经济转型时期,做好税收遵从风险管理尤为突出和重要。区块链技术的核心功能就是去中心化,运用分布式记账功能实现交易的去信任化,这对于税收遵从风险管理具有积极的重要意义。区块链技术在税收遵从风险管理中的应用探索可从纳税遵从因素和纳税遵从成本两方面分析。

(一)区块链技术可以降低纳税遵从成本,提高税收遵从度

纳税遵从成本是指纳税人在遵守税法、履行纳税义务过程中发生的除税款外的其他支出或成本,应用区块链技术可以显著降低纳税遵从成本。

1. 应用区块链技术可以降低纳税遵从货币成本和时间成本

区块链技术的应用可以实现完成交易与纳税之间的无缝衔接,纳税过程本身也会被记录在区块链中。事前,区块链技术的不可篡改性保证了纳税义务发生的条件不会被更改;事中,区块链技术的高度可靠性保证了当纳税义务发生时,申报缴纳会及时进行;事后,去中心化和分布式记账技术保证了纳税信息数据的全网备份可追溯,支持事后税务审计。区块链技术确保了税款缴纳事前、事中、事后的全过程都高度信任化。因此,纳税人不必再向税务顾问支付咨询费用或向税务代理等中介机构支付中介费用,不仅降低了货币成本,同时节约了大量时间成本。

2. 应用区块链技术可以降低纳税遵从非劳务成本

在传统的纳税过程中,纳税人的交易记录和税款申报缴纳是分离的。税务部门仅掌握纳税人的税款申报及纳税信息数据,由于征纳信息不对称,税务部门无法充分信任纳税人提交的申报纳税信息数据。因此,纳税人需要付出大量的计算机、复印机、电话、传真等办公、通信设备的成本以及往返税务部门所花费的交通费用等非劳务成本。区块链技术可以实现交易记录全网备份和实时记录,具有不可篡改性和高度可靠性。因此,交易过程可与纳税过程同时进行,税款的结算、清算效率将大大提高,可大幅度降低纳税遵从的非劳务成本,提高税收遵从度。

（二）区块链技术可以减少纳税不遵从因素，提高税收遵从度

1. 区块链可以大幅度减少税收争议

在税收遵从风险管理实践中，大多数税收争议来自交易记录的不确定性、不对称性。区块链技术的不可篡改性实现了对交易信息数据的准确记录。同时，分布式账本技术允许从多方面获取信息，从而获得更多细节，有更强的可见性，得到更有用的信息和更强的确定性。区块链技术能够通过智能合约机制，使得交易双方直接实现自动配比，并使用分布式记账的信息化技术录入系统，自动实现交易双方的结算、清算。由于录入区块链的数据不可篡改，且在交易的每一个环节都实时复制交易数据，录入到区块链系统中的交易记录实际上产生了公示的效果，因此，区块链技术可以大幅度减少交易记录的不确定性，从而大大减少交易发生和所有权确认等环节产生的税收争议。此外，区块链技术提供了公开透明、可验证的交易记录，使纳税人和税务部门对税收信息数据的真实性具有相同的信任和共识程度，可以大幅度减少税收争议，促进纳税遵从。

2. 区块链技术可以减少自私性纳税不遵从

自私性纳税不遵从，是指纳税人基于自己的私利，为了达到少缴或不缴税款的目的，通过对会计或财务事项的处理逃避纳税义务。区块链技术不同于传统的中心化记账，通过去中心化和分布式账本技术，没有任何一个节点可以单独记录账目，实现了处在不同地理位置的多个节点共同完成涉税交易记录，而且每一个节点都保存有真实、完整的交易记录可追溯。因此，区块链技术规避了单一记账人因被控制或者被贿赂而记假账的可能性，从根本上可以消除自私性纳税不遵从。

3. 区块链技术可以减少无知性或懒惰性纳税不遵从

无知性或懒惰性纳税不遵从，是指纳税人对税法或纳税的核算、申报等程序不甚了解或感到复杂而懒于了解，导致没能及时、足额、准确地缴纳税款，进而产生纳税不遵从行为。通过区块链技术记录的财务数据包含了详细的纳税人交易成本、收入明细、资金往来、资产和负债。主管税务部门可以从中轻松获取完整的涉税财务数据，通过专业的计算机程序计算出应纳税额，并在申报完成后自动从纳税人银行账户扣缴相应税款。因此，未来的纳税申报表将会被区块链中记录的交易数据取代，税款的计算和缴纳过程可以通过专业的税务软件实现，从而可以极大地简化甚至消除纳税人的纳税申报和税款缴纳工作，可以在很大程度上减少甚至消除无知性或懒惰性纳税不遵从。

（三）区块链技术在增值税风险管理中的应用场景

区块链技术与增值税管理系统具有高度的契合性，它通过使用加密技术和由防篡改分布式记账启用的分布式信任系统来记录和验证涉税交易，可以实现对某一商品从生产到流通最终到消费者手中的全程所有涉税交易事项的所有信息的详细记录。该交

易记录数据真实、不可以被篡改,且不可逆。因此,区块链技术会使增值税管理系统更加透明和高效,增值税抵扣链条更加准确和完整,进而降低税收遵从风险,提高税收遵从度。

1. 区块链技术在增值税发票电子化方面的应用

2009年11月我国开始发放电子票据,对比传统的纸质票据,电子化票据改善了政府与企业,金融与税务等方面的诸多不足。区块链电子发票有别于传统电子发票,通过区块链互联互通的技术优势,建立相应的公有链或联盟链,能够极大限度地避免票据的遗失与造假、发票错开与虚开等弊端。

2018年5月,腾讯与深圳市国家税务局联合建立的"智税"创新实验室,利用区块链、大数据、云计算、人工智能、区块链、大数据等技术,逐步推进拓展四部门信息情报交换平台、自然人信息共享智慧平台等区块链技术应用,并整合升级成为深圳市税务局税务链,重点探索利用区块链技术解决发票管理中的"痛点、难点、堵点"。2018年8月正式开始区块链电子发票试点工作,推出了世界上首个将区块链技术应用到发票管理领域的项目——区块链电子发票。目前,深圳市区块链电子发票已覆盖公共交通、政务民生、金融保险、零售餐饮等领域。

区块链电子发票系统实现了从注册、领票、开票到报销的全流程线上化,通过将发票相关信息上链,实现"交易即开票",每一张发票都可查、可验、可信、可追溯,对发票从开具到报销的过程实现全流程管理。纳税人在区块链上实现发票开具和收取,消费者在区块链上开票和报销,税务机关在区块链上开展税收风险管控,有效提升了税收管理服务科学化、精细化、智能化水平,为纳税人提供了便捷、绿色、现代的发票服务,取得良好的社会效益。该系统先后荣获中华人民共和国工业和信息化部2018年可信区块链峰会十大应用案例第一名和中国电子信息博览会(China Electronic Information Expo,CITE)2019年区块链应用创新优秀案例。

区块链电子发票是区块链技术的重要应用领域之一。首先,它的分布式账本技术可以直接实现跨省市、跨纳税人的电子交易信息记录多方共识,非对称加密储存;通过智能合约机制自动判定纳税义务是否发生,进而自动生成增值税电子发票。这种电子发票直接与真实的交易记录挂钩,与发票逻辑吻合,将"资金流,发票流"二流合一,将发票开具与线上支付相结合,打通了发票申领、开票、报销和报税全流程。其次,它可以推进电子发票的普及速度。尤其是在中小规模业务中,交易双方仅需要记录交易数据,就可以自动生成电子发票,极大地方便了纳税人。再次,区块链技术可以整合现有的电子发票信息孤岛。目前,我国的电子发票存储仍散落在几个不同的服务商手中,区块链技术可以将现有几大服务商之间的增值税电子发票数据系统集成,实现所有电子发票数据的透明、防伪、防篡改的分布式加密存储,具有信任度高、准确性高、不可篡改、可验证性强、可追踪性的特点,能够快速查验其来源与真实性。

2. 区块链技术可以防止虚开增值税发票

近几年,一些纳税人受利益的驱使,在不存在真实交易的情况下大额虚开增值税发票，骗取增值税抵扣，进而逃避缴纳税款。区块链技术可以有效防止虚开增值税发票问题。首先，区块链技术的分布式账本技术实现了交易记录的去中心化，即单个主体无法篡改交易记录，保证了交易记录的准确性。其次，区块链技术保证交易的每一个后续变化都在可连接和可追溯的链条下游创建了另一个数据区块，并且在交易的每一个环节都实时复制交易数据，提供了可信任的事后税务审计路径，使税务部门后续监管的成本大大降低。最后，区块链的智能合约机制可以将增值税发票监管规则直接写入区块链数据链条中，实现增值税发票管理的全链条自动覆盖。此外，区块链技术可以实现增值税发票根据交易记录自动开具，与发票逻辑吻合，实现"交易即开票、全信息上链、全流程打通"，有效解决"一票多报""假发票"等问题，降低人为因素导致的增值税发票错开虚开等税收遵从风险。

3. 区块链技术与会计和税务处理要求高度契合，可以减少人为因素对财务数据和税务处理的影响

区块链技术的去中心化特点导致交易记录一旦生成，就不可更改，虽然可以通过反向交易来重新记录它，但是不能更改以往的交易记录。这个特殊的属性在会计、财务和税务管理上具有极其重要的意义，与会计准则的要求和税法规定高度契合。即若发生交易退回，只能再记录一笔反向交易，同时自动生成红字会计分录和红字发票。此外，区块链技术的去中心化和智能合约机制保证了财务会计原始资料的不可篡改，实现了会计信息和财务数据的公开透明、完整准确。因此，区块链技术可以大幅度降低财务风险和税务风险，使人为主观因素对财务数据和税务处理的影响大幅下降，会计计量更为公允，更为精准的财务数据保证了税务处理的准确性，有助于提高税收遵从度和税收征管质效。

4. 区块链技术有助于识别、控制骗取出口退税风险

目前我国存在的纳税人骗取出口退税的风险很高，其主要的方法有：一是非法获取出口单证、代理出口业务；二是非法获取虚开、代开的增值税专用发票；三是串通不法商人与外贸企业非法调汇；四是使用行贿或欺骗手段非法获取盖有海关验讫章的出口货物报关单。这些骗取出口退税的方法，都是通过票证单据与实体货物及实际交易的信息不匹配，即信息不对称实现的。区块链技术可以实现对货物信息从产生到出口全过程的全部详细信息的加密记录存储，查询交易的商业背景、交易双方的真实身份及交易数据，包括交易的每一条货物信息与这笔交易所涉及的资金流信息，纳税人申请出口退税时，系统将自动验证所申请的货物是否存在信息无法匹配的情况，快速识别骗取出口退税风险。随着区块链信息化技术程度的进一步提高，可以联合海关、税务、市场监管、银行等相关管理部门，将出口退税的标准流程规则与计算逻辑通过智能合约的方式写入区块链系统，纳税人在申请出口退税后能够快速计算应退税额，从而有效降低由于信息不对称导致的出口退税骗税风险，同时也可以为纳税人提供便捷、绿色、现代的发票服务。

第三节 区块链技术在房地产领域税收治理中应用的创新方案设计

本节以房地产领域为例,探究区块链技术在税收治理中的应用场景设想及方案设计。

一、区块链技术下房地产领域税收治理框架

(一)在房地产领域税收治理中运用区块链技术的意义

1. 无论是在国际上还是在国内,房地产都是最具活力的行业之一

区块链技术最具挑战性、革命性的应用就是在房地产领域税收治理中的应用。区块链的智能合约技术在房地产领域税收治理中的应用必将彻底革新该领域,降低征纳成本,实现税收治理目标,推动我国房地产行业健康发展,发挥税收治理对国家治理体系和治理能力现代化建设的推动作用。

2. 采取"私有链+联盟链"的模式探索应用,循序渐进地推进

在房地产领域税收治理中运用区块链技术,是基于区块链技术大规模应用的前期探索,应分步探索实施,循序渐进推进。因此,应在国家层面制定的区块链统一标准下,通过建立以税务私有链为相对中心的"私有链+联盟链"的模式探索应用,试点推行。

第一,优先构建和完善基于大数据的税务系统内部私有链,对接房地产领域纳税人、银行、中介机构、社会团体等组织或个人,实现涉税经济活动和行为全流程跟踪、涉税业务大数据获取,高效掌控纳税人真实涉税交易数据,建立税务私有链税收治理系统,包括税收征管系统、风险分析监控系统、税务稽查风险应对系统、决策支持系统和绩效考核评价系统,实现内部的数据共享与税收共治。

第二,逐步探索建立以税务私有链为相对中心的税收共治联盟链,梳理房地产领域相关部门需要共享的涉税数据,建立统一的数据标准和共识机制,在各部门之间建立房地产领域综合治税的联盟链。系统的主体方一般分为市场监管者和市场参与者,市场监管者包括税务部门、市场监管部门、发改委、自然资源部门、住建部门、社保部门、金融部门等;市场参与者主要是企业和个人,企业主要是房地产开发经营企业、建筑企业、建筑材料生产经销企业及其他业务关联企业。当产生涉税业务交易数据时,各部门私有链将房地产交易数据同步到联盟链并发送至联盟内各交易方,完成房地产领域涉税数据的即时共享应用,最终实现规范、信任、合作、共享的税收共治格局。

3. 房地产领域税收治理区块链探索应用成功后纳入更大范围、更大规模的主权区块链系统

通过应用过程中的探索，总结区块链技术应用在税收治理过程中的经验和需要改进的环节，为进一步推进主权区块链在税收治理中广泛应用提供宝贵的经验。

（二）区块链技术下房地产领域税收治理框架与模式创新

房地产领域税收治理中应用区块链技术系统需要具有以下三个特征：一是系统满足去中心化的分布式数据结构；二是系统能够通过密码学技术，保证已有数据无法篡改，可追溯；三是系统能够通过共识算法保证每个分布式节点对新增数据达成共识，保证数据的真实性。

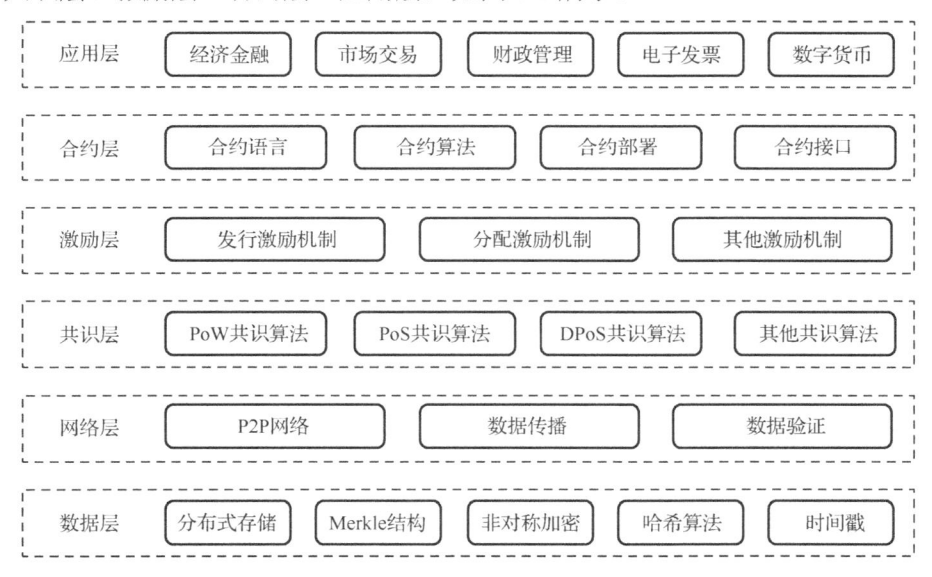

1. 房地产领域税收治理应用区块链技术的基础架构

房地产领域税收治理应用区块链技术的基础架构包括六层，分别为数据层、网络层、共识层、激励层、合约层、应用层，如图 7-1 所示。

应用层	经济金融	市场交易	财政管理	电子发票	数字货币
合约层	合约语言	合约算法	合约部署	合约接口	
激励层	发行激励机制	分配激励机制	其他激励机制		
共识层	PoW共识算法	PoS共识算法	DPoS共识算法	其他共识算法	
网络层	P2P网络	数据传播	数据验证		
数据层	分布式存储	Merkle结构	非对称加密	哈希算法	时间戳

图 7-1　房地产领域税收治理应用区块链技术的基础架构

（1）首层是基础架构的最底层，为数据层，包括数据库的链式结构与数据区块，其中也封装了区块链的数据加密技术，如非对称加密技术、哈希算法、时间戳等，区块链将这些技术进行整合应用，使之成为区块链的基础。税务部门、房地产开发经营企业及关联企业、自然人、发改委、自然资源部门、住建部门、金融部门、市场监管部门及公安部门等政府其他监管部门产生的房地产开发经营企业的基础数据通过加密技术分布式存储在基础"数据层"。

（2）第二层是网络层，为了实现去中心化的分布式记账存储的数据结构，区块链

需要在这一层提供 P2P 网络、数据传播和数据验证等多种互联机制，实现与房地产领域相关联的企业、自然人及相关政府部门之间数据共享、互相验证、互联互通。

（3）第三层是共识层，用于解决房地产领域区块链中所有节点对新增数据的共识问题。这一层封装了节点的多种共识算法，包括数据库写入的主体、写入的方式等，是保证整个区块链系统安全可靠运行的基础。目前主流的共识算法包括工作量证明机制 pow、权益证明机制 pos、委托权益证明 Dpos、验证池共识机制 pool 等。

（4）第四层为激励层，主要是结合税收信用管理，通过财政奖励、财政支持、税收优惠、融资贷款、政府招投标等方面经济激励的发行机制和分配机制，激励参与区块链的房地产开发经营企业及业务关联企业、自然人、相关政府监管部门积极上链，共同维护数据库的节点，对税收信用较好的上链企业和自然人实施正向激励，惩罚违规节点，使整个系统能够稳定安全、高效运行。

（5）第五层为合约层，是为应对较为复杂的房地产涉税业务数据交互需求，结合现行房地产领域的税收法律、制度、政策应用在房地产领域的土地交易、项目开发、不动产交易涉税活动行为的全过程，提供标准化的税收业务智能合约解决方案。

（6）第六层为应用层，主要包括针对房地产开发经营企业全部涉税业务及各种应用场景提供的税收治理解决方案，如区块链电子发票、税款征收、税收信用管理与税收遵从风险管理等体现区块链技术的实际应用。

在区块链的六层基础架构中，数据层、网络层与共识层是区块链必须具备的基本结构，激励层、合约层和应用层则可根据税收治理需求进行选择开发应用。

2. 基于区块链技术的房地产领域税收治理系统基础架构构建

共有 5 层，分别是基础数据层、智能合约层、基础服务层、外部接口层及治理应用层。与通用的区块链系统架构类似，基础数据层与智能合约层为系统提供区块链底层技术，基础服务层与外部接口层提供外部主体的接入服务，治理应用层提供具体的税收治理应用服务。

（1）构建基础数据层。基础数据层具备底层数据的存储、校验与传输能力，该层能够将房地产领域区块链中各个企业、自然人、部门主体在应用端接入的各类区块链应用所产生的数据进行处理，其中包括对数据产生过程中的共识算法的制定，如一般区块链的 PoW，通过链下联盟协议的方式达成共识算法。除了产生数据共识，还提供数据传输中的加密服务，以及数据加密存储服务。整个过程其实就是将数据打包成区块，对区块进行校验并在各节点上达成共识。这一层主要应用了分布式存储、共识机制、哈希算法、非对称加密和数字签名等技术。

（2）构建智能合约层。智能合约机制成为区块链技术应用于房地产领域税收治理的核心能力。该层的主要工作包括合约语言、合约算法、合约部署与合约接口等。

第一，使区块链系统能够处理复杂房地产税收业务场景下的数据需求，包括取得土地、项目开发建设、不动产交易的整个开发经营流程涉及的财产行为税、增值税、企业所得税、个人所得税、土地增值税的税收业务。

第二，基于区块链上可靠且不可篡改的真实涉税交易数据，将事先约定的基于现行房地产领域的税收法律规则，通过算法代码以"智能合约"的方式内置于区块链系统网络中，建立起一系列的税收业务自动判定和执行系统。

第三，通过算法代码将涉税信息流、资金流、发票流、货物流等整合到一起，当区块链中的涉税交易事项满足预定的规则条件时，如发票开具条件、收入确认条件，以及纳税义务发生的时点、时期等规则，系统便通过智能合约机制自动完成交易活动的纳税义务，自动开具区块链电子发票，自动生成纳税申报表，税款自动解缴入库等。

（3）构建基础服务层。基础服务层的主要工作包括账号管理、权限管理、监控报表、证书管理、信用管理、系统日志管理等。

基础服务层为整个系统提供后台管理服务，使系统中的监管机构如税务部门、发改委、自然资源部门、住建部门、金融部门等能够通过基础服务层满足管理调控的需求，同时与所有信息化系统一样，税收治理系统也需要账号管理、权限管理、证书管理等基础性的系统后台管理。另外，在整个税收治理系统中，对数据的统计分析、对企业的税收信用评定和对市场交易行为的实时监控等，都会在这一层中提供和建立。

（4）构建外部接口层。外部接口层为外部应用提供各类接口的调用服务，使得区块链各主体能够通过接口方式将涉税数据同步到区块链系统中。通过封装接口的方式向外部应用提供服务，是目前信息系统常用的方式，能够保证各个主体快速、低成本地接入到税收治理系统中，也保证了系统的安全性。在税收治理系统对接前期，由于系统参与的各个主体在对接前都拥有自己的数据获取、数据存储、数据结构与数据参数等不同标准，为了使系统平稳高效地运营，需要各个主体通过统一的 API 接口与规范的数据格式接入区块链数据，只有这样才能保证各个主体间能够进行数据交换与共享，大大降低各主体间的数据的沟通成本。

（5）构建税收治理应用层。治理应用层是房地产区块链整个系统的税收治理的表现层，为房地产领域的税收征管、税收信用与税收遵从风险管理、纳税评估、税务稽查、税收经济分析等活动提供具体的区块链解决方案。

主要的治理应用包括三个发展方向：一是房地产领域涉税信息透明化，可以消除信息不对称产生的逃避税收、税收政策不匹配、不统一带来的征管成本高等问题，如 B2B、B2C 甚至 C2C 的交易数据与涉税数据的入链管理，可以实现自动计算与核查；二是房地产领域税收征管智能化，如在交易过程中自动生成电子发票、智能匹配税收优惠政策并执行落实，自动完成税款入库、分成、退税等税收征管活动；三是房地产领域涉税数据的分析挖掘，通过一段时间的数据积累后，系统能将海量存储的税收大数据，利用大数据分析方法及数据挖掘技术，通过房地产税收遵从风险指标体系建模等方式分析并识别税收遵从风险点，进行税收遵从风险和税收信用的评定管理，构建房地产领域预警监控和联合激励惩戒的应用场景，协助税收政策改革前期数据调研和预期结果分析，以及政策实施后的效果效应分析评价等。通过以上对各类税收治理场景的应用，将区块链技术融入税收治理体系，逐步实现税收治理的高效化与智能化，实现税收治理的目标。

二、基于区块链技术的房地产领域税收治理的主要模块

(一) 基础数据模块

1. 税收征管系统区块链

区块链的本质是一个数据库管理系统,数据的产生、传输、存储、校验是整个系统运行的基础。因此,税务部门、发改委、自然资源部门、住建部门、金融部门、市场监管部门及公安部门等政府其他监管部门产生的基础数据通过加密技术分布式存储,接入政府公共信息的区块链系统。信息集成且数据无法篡改,税收征管系统作为其子集融入其中。

2. 需要上链的主体及相关涉税信息

房地产领域区块链涉及的业务范围广泛,开发流程复杂,需要上链的节点包括房地产开发经营企业,还包括与其有直接业务关联的建筑施工企业、监理单位、规划设计单位、建筑材料经销企业、金融部门、政府监管部门及房地产交易过程中的自然人等。房地产领域相关部门共享的涉税信息数据包括:

(1) 发改委数据:开发项目批准文号、建设单位、批复项目、投资概算、建设地址、项目备案号等立项批复信息。

(2) 住建局的规划部门数据:开发项目名称、性质、占地面积、建筑面积、容积率、可销售的建筑面积、不可销售的建筑面积、公共配套设施情况等信息。

(3) 自然资源部门数据:土地使用权出让和转让信息,转(出)让方、转(出)让方地址、受让方、受让方地址、土地位置、土地面积、土地用途、土地成交价格、转让金额等。

(4) 住建局的拆迁管理部门数据:《房屋拆迁安置补偿协议》中的补偿形式、补偿金额、支付方式、安置用房面积、安置地点等信息,这些信息是审核拆迁补偿费的依据。

(5) 住建局的规划审批主管部门数据:发放的建筑工程施工许可证书编号、建设单位、建设规模、工程名称、工程地址、工程概算、施工单位、监理单位、合同价格、开工竣工日期等。

(6) 住建局的房屋产权登记主管部门数据:房地产开发经营企业的名称、房产位置、建筑面积、产权证号、发证时间等房产交易信息。预售许可证发放信息,以及涉及的拆迁户数、身份证、面积、补偿款等开发成本信息。

(7) 银行和金融机构数据:企业银行开户及交易信息、房地产开发经营企业收取的个人银行按揭贷款和公积金贷款购房信息、房地产开发经营企业银行资金等信息。

(8) 互联网相关媒体平台:房地产开发经营企业发布的楼市开盘广告、房屋售价

等信息。

（9）建筑工程质量监督部门数据：工程竣工验收备案表中的工程竣工验收时间、竣工验收意见等信息。

（10）工程监理单位数据：采集其在工程监理过程中形成的监理日记、监理月报、监理工作总结等资料，这些资料对审核房地产开发成本的真实性具有重要的参考价值。

（11）审计师（会计师）事务所数据：对预（决）算报告进行审计后出具的审计报告。审计报告是编制决算的依据，对审核预（决）算差异的真实性具有重要的参考价值。

（12）电业局数据：采集小区入住户数、电表安装户数，确定实际开发产品的数量，比对销售收入，加强行业相关税收遵从风险分析监控。

（13）项目物业管理部门数据：通过钥匙簿发放台账获取钥匙发放信息，比对销售收入。

3. 企业、个人入链交易

（1）企业申请入链。基于区块链技术的税收征管系统构建后，政府监管部门将按照各自的审核要求与所需材料，共同制定税收征管系统的准入流程，并形成官方文档公开。参与到区块链税收征管系统中的房地产开发经营企业、房地产业务关联企业及个人需要按照规定准备所需的申报材料，向市场监管部门提交申请。市场监管部门在收到企业的申请后，会对申报材料进行初步审核，通过后向全网广播，系统中各个政府监管部门的私有链节点包括税务部门、自然资源部门、住房城乡建设部门、房屋产权管理部门、金融机构、公安部门、质检部门等，这些部门将对申请材料进行再审核确认，并对房地产企业的申请予以通过，完成共识。

（2）企业获准入链。房地产开发经营企业在申请通过后，会收到市场监管部门等通过税收征管系统向企业发放的证书、身份证明与企业公开资料等信息，并获得进入税收征管区块链系统的权利。企业按照规定将需要提供的交易数据、涉税信息数据等接入税收征管区块链系统中，并对信息数据的真实性负责。

（3）企业上链交易。在信息数据接入区块链系统后，企业通过收到的证书，参与正常的房地产经营活动。在一个税收征管系统中，会出现数量极多的房地产企业、建筑企业、建筑材料经销企业及自然人，这些企业和个人的交易数据、涉税信息数据会实时地接入到区块链系统中，并在一定的时间周期内打包成区块，标记时间戳，加密存储链接到整个区块链条中。以企业P与企业Q的一项交易为例，第一，企业P通过智能合约向企业Q支付一笔货款，支付机构在收到合约后将企业P账户中的对应金额进行确认与冻结，并向企业Q发送确认信息；第二，企业Q收到确认信息后按照合约内容发货，企业P在收到货物后进行确认，支付机构在收到确认信息后将企业P账户中的对应资金转移到企业Q账户中，并向企业Q发送确认信息；第三，企业Q确认收到货款后，整个交易流程结束。税务部门借助企业链上的交易流程，利用区块链技术中的智能合约机制自动计算应纳税额并实现税款自动解缴入库，避免了因税务部门和纳税人之间对税收政策理解不一致而造成的征管秩序混乱，同时也在源头上保证了企业涉税信息数据的真实性和不可篡改性，解决了征纳信息不对称的瓶颈。

（二）税种管理模块

房地产开发经营企业涉及的税种较多，共有12项，分别为增值税、城市维护建设税、教育费附加、土地增值税、企业所得税、个人所得税、房产税、城镇土地使用税、车船使用税、印花税、契税、耕地占用税等。

1. 财产行为税管理模块

财产行为税分为财产税和行为税两类。取得土地使用权涉及的税种主要有契税、耕地占用税、印花税，土地、房屋不动产产权发生转移变动时涉及契税、印花税，房屋所有者涉及房产税，使用国有土地的企业和个人涉及土地使用税。

由税务部门主导，其他相关部门配合审核，包括自然资源部门、住建局下属的房屋产权登记部门配合审核企业和个人财产行为税各项税基指标的核算标准及算法逻辑，将财产行为税的税收法律政策及算法通过智能合约的方式写入到区块链系统中。在财产行为税相关税收政策成功纳入系统后，调取参与到系统中的各个节点企业、个人的交易数据与涉税信息数据，按照事先制定的智能合约计算企业和个人的交易数据，并自动核验生成财产行为税的应纳税额。同时在智能合约系统中设定校验所有税收优惠适用情况的相关条款，判断是否存在满足享受税收优惠的先决条件，并进行相应的扣减补贴等计算，最终计算出企业和个人的财产行为税的应纳税额。

2. 增值税管理模块

（1）虚开增值税发票的解决方案。一是在区块链技术的支持下，房地产企业与其业务相关联的企业和部门之间的交易过程所产生的所有交易数据都将被实时记录，并通过特有的加密技术方式进行存储传输，最后永久存储在区块链系统中。这些数据将依据系统各个节点的所有主体进行备份，即使其中某些服务器受到攻击，也无法篡改其交易记录，系统将通过这些交易记录自动生成区块链电子发票，在企业申请抵扣时自动核验，这不仅可以提高税收征管效率，也极大地降低了虚开虚抵增值税发票的风险。二是后续审核管理方面，所有的房地产领域的交易数据存储时也都会附加时间戳，明确标示交易数据产生的时间，便于相关部门后续审核查验，所有房地产领域相关企业及个人的电子发票均可通过基于区块链技术的增值税管理模块查验。

（2）增值税管理覆盖范围的解决方案。增值税管理模块具有向所有房地产领域企业和个人提供电子发票的功能，尤其是对于财务水平低、收入额低且无法承担较高纳税成本的小微企业来说更有重要意义，他们能够有机会公平地参与到房地产市场交易中，不会因为无法提供增值税发票而影响其业务发展。根据区块链技术原理，税收征管系统可以根据存储在区块中的房地产交易数据，在自然资源部门、住房城乡建设部门、房管等政府各监管部门的协作下，按照当前规定的开票流程与规范化信息，通过智能合约方式存储电子发票的计算逻辑，并对相关企业和个人所有交易数据进行验证、计算，通过后自动生成电子发票。企业和个人只需通过标准的 API 接口，接入到税收征管系统中，同步交易数据与涉税信息数据，即可低成本、高效率地获取相应的区块链电子发票。

3. 企业所得税管理模块

一直以来企业所得税管理存在几个难题：一是由于不同企业的战略目标不同，财务水平不同，使得各企业在计算应纳税所得额时，难以使用统一的标准进行核验；二是对企业而言，不断变化的税收优惠政策，可能导致其不能完全掌握所得税税收优惠政策的使用方法；三是对于税务部门而言，核验只能依据企业递交的相关材料，难以核验材料的完整性、真实性及有效性；四是针对小微企业，目前税务部门采取核定征收办法，即根据小微企业的经营状况对其应纳税所得额进行核定，而没有根据其实际经营所得进行征税。核定征收税款其实并不准确，可变性很强，可能导致企业税负过高或过低等不合理、不公平情况发生，使税收管理无章法可循，难以保证征税标准的统一性和一致性。

针对上述问题，在房地产领域引入区块链技术的企业所得税管理模块中，首先由税务部门主导、房地产领域相关部门配合审核企业所得税各项指标的核算标准及算法逻辑，将所得税政策及算法通过智能合约的方式写入系统中。在政策成功置入区块链系统后，所得税管理模块调取参与到系统中的各个节点企业、个人及相关部门房地产的交易数据与涉税信息数据，按照事先制定的智能合约计算企业交易数据，并自动核验生成企业的应纳税所得额。同时在区块链系统中校验所有的税收优惠适用情况，判断其是否存在满足享受税收优惠的条件，并进行相应的扣减补贴等自动计算，最终计算出企业的应纳税额。如图 7-2 所示。

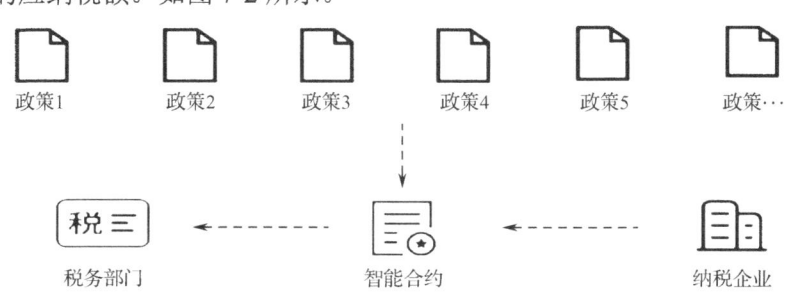

图 7-2　企业所得税智能合约运行机制

区块链技术下的企业所得税管理模块，一方面，能够极大地提高税务部门的核算效率，降低征税成本，将税收优惠政策全面、便捷地落实到每个符合要求的企业，同时又可避免个别企业通过滥用税收优惠逃避缴纳税款，使得税务部门的税收激励机制能够取得预期的政策效果。另一方面，企业所得税管理模块能够使企业从所得税政策条文中解脱出来，并帮助企业提升所得税内控核算管理能力、降低纳税成本，更好地专注于房地产开发经营质量与价值创造。

4. 土地增值税管理模块

土地增值税是指房地产开发经营企业等单位和个人，有偿转让国有土地使用权以及在房屋销售过程中获得的收入，扣除开发成本等支出后的增值部分，要按一定比例向国家缴纳的一种税费。当前中国的土地增值税实行四级超率累进税率，对土地增值率高的多征，对土地增值率低的少征，对土地无增值的不征。例如，增值额大于 20% 未超过 50% 的部分，税率为 30%，增值额超过 200% 的部分，则要按 60% 的税率进行征税。通常情况下房地产项目毛利率只要达到 34.63% 以上，都需缴纳土地增值税。

土地增值税相对较为复杂，需要上链的企业和个人范围广泛，包括房地产开发经营企业及其业务关联企业和个人，涉及的税源节点是转让国有土地使用权、地上建筑物及其附着物并取得收入的单位和个人，同时还包括业务交易关联的建筑项目施工企业、建筑材料经销企业、金融企业等。

在区块链系统中，土地增值税管理模块是将土地增值税的税收法律政策及相应算法通过智能合约的方式纳入区块链系统，由税务部门主导，发改委，自然资源部门，住建局的规划审批、施工审批、工程造价、商品房预销售许可、竣工验收部门，房屋产权登记等其他相关部门配合审核企业和个人转让国有土地使用权、房屋销售及开发成本扣除等相关指标的核算标准及算法逻辑。税务部门调取参与到系统中的各个节点企业、个人的交易数据与涉税信息数据，结合相关政府部门的审核验证，按照事先制定的智能合约计算企业和个人的交易数据，并自动核验生成土地增值税的应纳税额。同时在智能合约系统中设定校验所有的税收优惠适用情况的相关条款，判断是否存在享受土地增值税税收优惠的先决条件，并进行相应的扣减补贴等计算，最终计算出企业和个人的土地增值税应纳税额。

（三）税收治理模块

区块链技术的税收治理系统，底层其实是一个巨量的分布式存储的数据库，存储着海量的涉税交易大数据，这些数据真实有效，无法篡改。同时通过建模利用大数据、云计算技术，对海量的税收大数据进行深度挖掘分析，为房地产领域税收治理决策提供有价值的信息。税收治理模块的管理重点和主要内容有以下三个方面。

1. 通过智能合约形成税收征管流程

由于税收征管各主体的交易数据、审核数据、信用数据等全部被接入到区块链的税收征管系统中，当房地产税收新政发布之后，就可通过智能合约快速形成税收征管流程，新增或者覆盖此前的计算逻辑，实时生效，系统将自动按照新政策形成的计算规则自动执行，对各企业应纳税额进行计算与调整，大大提高了政策执行效率，可以有效消除新政策发布之后企业高管、财务人员、税务部门对政策理解不一致产生的争议。

2. 有效分析评估税收政策的影响效应

一是通过对海量交易数据与涉税信息数据进行分析，对事前制定的税收政策进行效应分析，利用已有数据计算政策影响结果的，评估政策的效应，并对相关数据与阈值进行优化调整，为政策的完善提出优化建议。二是在税收新政发布后，通过监控政策变化对交易数据的影响，分析政策的影响效果，在参数异常时提前进行预警，使政策制定与发布有效可控。三是在政策制定的过程中，可以利用数据建模指导政策制定策略，分析政策在实施过程中的影响因子与效果，并通过历史数据进行预判计算，帮助决策者更有效地制定和完善税收政策。

3. 利用区块链技术实现数据不被篡改，推进我国税收信用和税收遵从风险管理体系建设

企业通过申请进入房地产领域区块链系统后，会为其分配唯一识别的 ID，此后该企业在生产经营活动中产生的所有交易数据与涉税信息，都会在一定时间内打包到区块链系统中，永久加密存储。如果房地产领域的纳税主体在经营活动中出现违约、违规、违法等情况，也同样会被记录到区块链中永久存储，无法篡改或去除。这些影响企业信用的风险信息数据一旦生成就能够被系统中的所有节点查阅，系统将根据企业经营活动的历史交易记录，对其税收信用和税收遵从风险状况进行定期评估，如果税收遵从风险很高、税收信用很低，就会受到相关部门的联合惩戒，影响企业后续拿地、融资、上市、项目开发建设交易等活动；如果税收遵从风险很低，税收信用很高，就会受到各部门及相关企业在政府奖励、拿地、融资、上市、项目开发建设等方面的联合激励，从而推进房地产领域税收治理体系建设。

第四节 区块链与人工智能技术融合发展在房地产领域税收遵从风险管理中的应用

基于区块链技术的房地产领域税收治理体系的建设，是推动税收现代化的重要突破口。若想更有效地提升税收治理的综合效能，更好地发挥区块链技术对房地产领域税收治理的推动作用，就必须将区块链技术与人工智能技术融合起来，建立智能化的房地产税收治理体系，实现税收治理体系和治理能力现代化。

人工智能技术系统是指在涉税信息获取、处理、共享及应用过程中无须税务人员的参与，所有的数据处理都由计算机自动完成，系统通过人工智能自动进行数据录入、对比、审核、分析识别、推送、反馈、报告等，可以极大地提高税收征管效能。

税收遵从风险管理是税收治理的重要核心部分，未来的区块链与人工智能融合发展及其在税收遵从风险管理中的应用，主要体现在三个方面：一是智能化税务审核与税收遵从风险预警监控系统，智能化税务审核应用场景，即将税收业务的合规性审核纳入智能化业务工作流程，通过机器代替原本由人工执行的税务审核任务和工作流程，

构建税收业务智能化审核及税收遵从风险预警监控系统，实现对税收遵从风险预测性分析监控的目标。二是智能化税收信用和税收遵从风险评级系统，动态税收信用和税收遵从风险评级场景应用，通过人工智能技术在纳税人税收遵从风险识别、税收信用评价模型建立等方面实现对纳税人的税收信用评分和税收遵从风险评分评级，科学评价纳税人的税收信用状况及税收遵从风险程度，提供差别化、有针对性的管理和服务。三是智能风险画像系统，主要基于纳税人关系云图描绘场景的应用，即根据增值税发票提供的交易信息、市场监管部门登记提供的注册资本信息、股权变更信息、上市公司资本交易信息等其他涉税信息，为纳税人描绘出反映股权关系、供应链关系、资金流关系的纳税人关系云图，清晰地展示纳税人与其关联方的涉税业务关系，如房地产开发经营企业与建筑项目施工企业与建筑材料供应商之间的业务关联、资金往来、发票开具、货物往来等关系云图，精准分析还原纳税人的风险画像，低风险的通过风险提醒促进纳税人自我遵从税法，高风险的通过纳税评估和税务稽查实施风险排查。本节重点介绍人工智能技术在房地产领域税收遵从风险管理应用的业务需求方案。

一、房地产开发经营企业税收遵从风险特征及风险点

根据对房地产开发经营企业进行税收大数据调查及风险应对的反馈情况，结合纳税风险评估和税务稽查的典型案例分析提炼出房地产开发经营企业全税种的税收遵从风险特征及风险点，具体表现为以下方面，见表7-1。

表7-1 房地产开发经营企业全税种的税收遵从风险特征及风险点

影响税种	税收遵从风险特征及风险点
契税	没有在签订土地权属转移合同的当天申报缴纳契税，取得国有土地使用权未按规定申报缴纳契税
房产税、土地使用税	（1）从取得土地使用权之日起，未按规定申报缴纳土地使用税 （2）未竣工结算出租或自用房屋，未按时结转申报缴纳房产税、土地使用税
印花税	土地招拍挂、建筑安装工程、商品房销售等相关合同未按规定申报缴纳印花税
个人所得税	（1）发放年终奖、过节费、奖金、补贴及支付董事费、发放劳务报酬等未按规定代扣代缴个人所得税 （2）以商品房作为福利等未代扣代缴个人所得税
增值税、企业所得税、土地增值税	预收收入确认方面的税收遵从风险点： （1）房地产企业将预收收入大部分界定为诚意金，未按规定确认、少确认或不确认预收入预缴相应增值税、企业所得税和土地增值税 （2）收取的预售房款，长期滞留在销售部门，未按规定及时入账 （3）将收取的预收款项长期挂往来账，如，"预收账款""应付账款"等会计科目，不确认收入 （4）将售房款收入人为分解为两部分，一部分入账，另一部分开具收款收据计入账外，未按规定及时入账申报预缴相应税款

续表

影响税种	税收遵从风险特征及风险点
增值税、城市维护建设税、教育费附加、企业所得税、土地增值税、契税、印花税	低价少记收入的税收遵从风险点： （1）无正当理由，以明显偏低不合理的低价将商品房销售给本企业的股东、关联企业及个人，未按市场价格合理确认收入，计税价格明显偏低，少申报缴纳相应税款 （2）房地产开发企业和购房者就同一套商品房签订两份以上金额不同的合同，将购房款分解，以价格较低的合同网签申报，一部分入账，另一部分开具收款收据计入账外，计税价格明显偏低，未按商品房实际成交价格申报缴纳增值税、城市维护建设税、教育费附加、企业所得税、土地增值税、契税、印花税等税费，造成少缴税费
增值税、城市维护建设税、教育费附加、企业所得税、土地增值税	延迟确认收入的税收遵从风险点： （1）采取银行按揭贷款方式销售开发产品，在首付款实际收到时，余款部分银行按揭贷款办理转账后，将收到的按揭款计入"短期借款"等往来账科目，不及时入账确认收入，延迟确认收入，延迟申报纳税 （2）采取包销方式，未按包销合约确定的收款时间、金额及时确认收入申报纳税
增值税、城市维护建设税、教育费附加、企业所得税、土地增值税、契税、印花税	视同销售确认收入的税收遵从风险点： （1）开发企业将开发产品转作固定资产或用于捐赠、赞助、职工福利、奖励、对外投资、分配给股东或投资人、换取其他企事业单位和个人的非货币性资产，未按视同销售原则确认收入申报纳税 （2）房地产开发企业为资金周转或弥补资金短缺，以房抵工程款、广告费、银行贷款本息、换取其他单位和个人的非货币性资产，未按纳税义务时间视同销售，将相应收入直接计入"应付账款"等往来科目，抵减应付工程款，挂账不确认收入或不及时确认收入 （3）旧城改造中，房地产企业拆除居民住房后补偿给搬迁户的新房，对偿还面积与拆迁面积相等的部分、超面积部分及差价收入未合并计算收入申报纳税
增值税、城市维护建设税、教育费附加、企业所得税、土地增值税	公共配套设施等处理收入确认的税收遵从风险点： （1）开发的会所等产权转给物业，未按开发产品进行税务处理，或者将不需要办理房产证的停车位、地下室等公共配套设施对外出售后未确认收入申报纳税 （2）私建违建阁楼、车库、仓库，对外销售使用权开具收款收据，隐匿收入不申报纳税
增值税、城市维护建设税、教育费附加、企业所得税、土地增值税	租赁业务收入确认的税收遵从风险点： （1）将未售出的房屋、商铺、车位出租，取得的租金收入未计或少计收入，未申报纳税 （2）售后返租业务，以冲减租金后实际收取的款项作为收入，冲减的租金未确认收入申报纳税
企业所得税、土地增值税	虚列土地成本的税收遵从风险点： 以收购股权方式取得的土地使用权，根据评估增值入账计入土地成本，房地产开发经营企业通过股权收购方式获取土地使用权，应关注收购后土地成本的计量，土地评估增值部分在股权交易过程中属于股权投资，而非土地使用权交易，因此，增值溢价部分不能计入土地成本，企业往往将溢价部分计入土地成本，造成少缴土地增值税和企业所得税

续表

影响税种	税收遵从风险特征及风险点
增值税、企业所得税、土地增值税	接收虚开增值税发票虚抵进项税额、虚列开发成本的税收遵从风险点： （1）接收虚开规划设计费发票，虚抵进项税额，虚增规划设计费用，虚列成本费用，以此逃避缴纳增值税、土地增值税和企业所得税 （2）接收虚开的建安工程主材钢筋、水泥、混凝土、砂石等主材发票，虚构施工合同，虚抵进项税额，加大建安造价成本支出，逃避缴纳增值税、土地增值税和企业所得税 （3）接收虚开的虚增园林绿化增值税发票，虚抵园林绿化进项税额，加大基础设施建设支出成本，逃避缴纳增值税、土地增值税和企业所得税
企业所得税、土地增值税	虚列拆迁成本的税收遵从风险点： 针对大规模的农村土地征用拆迁，主要的手段是利用非拆迁人员的身份证，虚增拆迁户数，列支拆迁补偿费，虚增拆迁安置费，多列拆迁补偿费或虚增补偿金额，逃避缴纳土地增值税和企业所得税
增值税、企业所得税、土地增值税	重复列支开发成本的税收遵从风险点： 甲方供材情况下，在建筑工程费中重复抵扣和列支甲供材的开发成本，逃避缴纳增值税、土地增值税和企业所得税
增值税、企业所得税、土地增值税	多预提成本费用的税收遵从风险点： 多预提建筑安装成本费用，接受虚开建筑材料增值税发票、虚增进项，少缴增值税的风险隐患，同时虚增开发成本或重复结转开发成本、提前列支成本费用支出，少缴增值税、企业所得税、土地增值税
企业所得税	虚列期间费用的税收遵从风险点： （1）将开发期间应该资本化的借款利息费用列入项目的期间费用，多转当期项目的成本费用 （2）向关联企业支付高于银行同期利率的利息费用，或者向关联企业支付借款金额超过其注册资金50%部分的利息费用，未按规定调增应纳税所得额

二、房地产领域税收遵从风险分析监控模型构建方法

（一）税收遵从风险分析指标模型及权重设置方案

房地产领域税收遵从风险分析识别与评价是一个复杂的管理系统，需要多层级协作完成。根据区域房地产税源的实际状况、税收管理等因素，结合企业内部风险控制、以往税收遵从风险评估、税务稽查典型案例及有关税收大数据综合分析评价税收遵从风险特征，运用仿生构建法、决策树法建立风险特征库，构建房地产领域税收遵从风险分析指标模型及风险权重设置模型方案，包括风险指标模型、预警值设置模型、风险权重设置模型，房地产领域土地增值税、增值税、企业所得税综合风险指标及风险权重设置模型具体内容见表7-2。

表 7-2 房地产领域土地增值税、增值税、企业所得税综合风险指标及风险权重设置模型（不完全列举）

指标层级分类	风险指标名称	预警区间参考	风险指标模型公式	风险权重（100分）
一级	单位建筑面积税费	地区不同存在差异，如二线城市单位建筑面积税费为1 000元左右	风险期企业缴纳的税费总额÷总可售建筑面积	一级指标权重25～30%
一级	增值税税负率	2～4%	应纳增值税额÷应税销售收入	一级指标权重25～30%
一级	所得税贡献率	3～5%	每百元主营业务收入缴纳的企业所得税额度 所得税贡献率=应纳所得税额÷主营业务收入×100%	一级指标权重25～30%
一级	单位建筑面积土地增值税税收负担率	地区不同、地段不同存在差异，可结合当地情况测算	土地增值税÷总可售建筑面积	一级指标权重25～30%
二级	单位建筑面积毛利	地区不同、地段不同存在差异，可结合当地情况测算	毛利额÷总可售建筑面积 容积率越大，该指标值越大，与容积率贡献率配比，通过考查单位建筑面积毛利额，分析企业是否存在少计收入、多列成本的风险	二级指标权重20～25%
二级	毛利率（主营业务利润率）	10～30%	每百元主营业务收入获取的利润额 毛利率（主营业务利润率）=（主营业务收入-主营业务成本）÷主营业务收入×100%	二级指标权重20～25%
二级	销售利润率	10～20%	每百元营业收入获取的利润额 销售利润率=利润总额÷营业收入×100%	二级指标权重20～25%
二级	实际预缴数与应预缴数比率	0.8～1.2	实际预缴数÷应预缴数	二级指标权重20～25%
二级	预收账款变动率	>20%	（本期预收账款期末余额-基期预收账款期末余额）÷基期预收账款期末余额	二级指标权重20～25%
二级	其他应付款变动率	>20%	（本期其他应付款期末余额-基期其他应付款期末余额）÷基期其他应付款期末余额	二级指标权重20～25%
二级	申报销售收入与网签收入比率	≤1	销售收入÷第三方信息确认收入	二级指标权重20～25%
二级	单位建筑面积销售收入	≤当地平均交易价格	主营业务收入（销售收入）÷总可售建筑面积	二级指标权重20～25%

续表

指标层级分类	风险指标名称	预警区间参考	风险指标模型公式	风险权重（100分）
二级	单位土地面积收入额	地区不同、地段不同存在差异，可结合当地情况测算	主营业务收入（销售收入）÷土地出（转）让面积	二级指标权重20～25%
	销售收入变动率	<10%	本期销售额÷基期销售额-1	
	增值税预缴申报收入与企业所得税销售未完工产品的收入税收不一致风险	差异越大，少计收入的风险越高	增值税预缴申报收入-企业所得税销售未完工产品的收入税收	
	增值税一般申报收入与所得税申报营业收入不一致风险	差异越大，少计收入的风险越高	增值税一般申报收入-所得税申报营业收入	
	增值税计税收入与土地增值税预缴计税收入不一致风险	差异越大，少计收入的风险越高	增值税计税收入-土地增值税预缴计税收入	
	收入变动率与销售利润变动率差异	>2%	收入变动率-销售利润变动率	
	主营业务收入成本率	60～80%	每百元主营业务收入支付的成本额 主营业务成本率=主营业务成本÷主营业务收入×100%	
	主营业务成本变动率	>10%	（本期主营业务成本-基期主营业务成本）÷基期主营业务成本×100%	
	取票金额与营业成本、销售费用、管理费用、财务费用不一致风险	差额越大，多列成本的风险越高	取票合计数-营业成本-销售费用-管理费用-财务费用	
	单位建筑面积成本费用	地区不同、地段不同存在差异，可结合当地情况测算	开发成本费用总额÷总可售建筑面积	
	收入变动率与成本变动率差异	≤-2%	收入变动率-成本变动率	
	进项税负率	地区不同、地段不同存在差异，可结合当地情况测算	进项税额÷销售收入×100%	
	进销项税弹性系数	0.8～1.2	销项税额变动率/进项税额变动率	
	主营业务收入费用率	地区不同、地段不同存在差异，可结合当地情况测算	每百元主营业务收入支付的费用额 主营业务费用率=（管理费用+财务费用+销售费用）÷主营业务收入×100%	
	期间费用变动率	>10%	（本期期间费用-基期期间费用）÷基期期间费用×100%	

续表

指标层级分类	风险指标名称	预警区间参考	风险指标模型公式	风险权重（100分）
三级	单位建筑面积土地成本（拆迁费）	地区不同、地段不同存在差异，可结合当地情况测算	取得土地价款÷总可售建筑面积	三级指标权重15~25%
	土地成本占开发成本比	>25%	取得土地价款÷开发成本费用总额×100%	
	土地成本与政府土地招拍挂信息、拆迁补偿信息差异	差异越大，风险越高	土地成本-招拍挂土地出让金-契税-耕地占用税	
	单位建筑面积前期工程费用	地区不同、地段不同存在差异，可结合当地情况测算	前期工程费÷总可售建筑面积	
	前期工程费占开发成本比	5~8%（三线以下地区）	前期工程费÷开发成本×100%	
	单位建筑面积建安工程成本	1 200~2 850元（三线以下地区可结合当地工程造价）	建筑安装费÷总可售建筑面积	
	建安成本占开发成本比	40~45%（三线以下地区）	建筑安装工程费÷开发成本×100%	
	单位建筑面积基础设施建设费	250~380（三线以下地区结合当地工程造价）	基础设施费÷总可售建筑面积	
	基础设施费占开发成本比	5~9%	基础设施费÷开发成本×100%	
	单位建筑面积公共配套设施费	240~350（三线以下地区）	公共配套设施费÷总可售建筑面积	
	公共配套设施费占开发成本比	5~10%（三线以下地区）	公共配套设施费÷开发成本×100%	
	单位建筑面积间接费用	地区不同、地段不同存在差异，可结合当地情况测算	间接费用÷建筑面积	
	开发间接费与开发成本比	地区不同、地段不同存在差异，可结合当地情况测算	开发间接费÷开发成本×100%	
四级	财务费用率	结合样本数据测算	财务费用÷主营业务收入	四级指标权重15~20%
	财务费用变动率	>10%	（本期财务费用-基期财务费用）÷基期财务费用×100%	
	管理费用率	结合样本数据测算	管理费用÷主营业务收入	
	管理费用变动率	>5%	（本期管理费用-基期管理费用）÷基期管理费用×100%	
	销售费用率	结合样本数据测算	销售费用÷主营业务收入	
	销售费用变动率	>10%	（本期销售费用-基期销售费用）÷基期销售费用×100%	

续表

指标层级分类	风险指标名称	预警区间参考		风险指标模型公式	风险权重（100分）
四级	营业外支出变动率	>20%		（本期营业外支出-基期营业外支出）÷基期营业外支出×100%	四级指标权重15~20%
	材料消耗占建安成本比	60~65%	包工包料	材料费用÷建筑安装工程成本×100%	
		50~55%	包工半包料		
	单位建筑面积钢筋消耗	32~33kg	7层以下普通住宅（框架）	单位工程实际耗用钢筋数量÷决算建筑面积	
		35~40kg	小高层（框架）		
		50~60kg	12层及以上高层（框架）		
	单位建筑面积商品混凝土	0.26~0.28方	7层以下普通住宅（框架）	单位工程实际耗用商品混凝土数量÷决算建筑面积	
		0.30~0.35方	小高层（框架）		
		0.44~0.48方	12层以上高层（框架）		
	单位建筑面积水泥消耗	55~60kg	7层以下的普通住宅（框架结构、外购混凝土）	单位工程实际耗用水泥数量÷决算建筑面积	
		155~170kg	7层以下的普通住宅（框架结构、现场搅拌混凝土）		
	单位建筑面积水泥消耗	65~70kg	小高层（框架结构、外购混凝土）	单位工程实际耗用水泥数量÷决算建筑面积	
		70~76kg	12层及以上高层（框架结构、外购混凝土）		
	人工费占建安成本比率	15~20%	包工包料	人工费用÷建筑安装工程成本×100%	
		25~30%	包工半包料		
		70~85%	包工不包料		
	机械费、其他直接费占建安成本比率	20~25%	包工包料	（机械费用+其他直接费用+间接费用）÷建筑安装成本比×100%	
		15~20%	包工半包料		
		15~30%	包工不包料		
	辅助案头分析指标：容积率	建设工程规划许可证相关信息		建筑面积÷土地面积	
	辅助实地核查分析指标：钥匙发放率	>1		实发钥匙数÷应发放钥匙数	

因不同地区开发产品售价及土地成本不同,房地产开发经营企业税收遵从风险指标预警参数区间差异较大。表 7-2 中主要风险指标预警参数是利用三线及以下地区的房地产开发经营企业的大数据测算、验证后确定的预警区间,仅供参考。各地区需要根据当地房地产开发经营企业的大数据进一步测算,结合当地住建部门工程造价信息,选择标杆企业指标数据进一步验证、修正。

(二)房地产领域税收遵从风险分析识别方法

在行业税收遵从风险指标体系构建的基础上,运用数理统计分析方法、经验法确定各项税收遵从风险指标的预警参数,可通过关键风险指标分析识别法、财务指标分析识别法进行税收遵从风险的分析识别,找出行业的税收遵从风险点。具体步骤如下。

1. 计算行业税收遵从风险分析关键指标的预警参数

运用统计学的基本计算方法,通过计算行业各税收遵从风险指标的平均值、标准差和离散系数,如税收负担率、毛利率、企业所得税主营业务收入贡献率等指标的平均值、标准差和离散系数,进一步测算和确定行业税收遵从风险指标的预警参数。计算步骤如下:

(1)计算风险指标平均值。平均值即行业风险指标的平均水平,以增值税税收负担率为例,计算公式为:

$$增值税税收负担率 = \frac{风险期应纳税额变动率}{风险期销售额变动率} \times 100\%$$

(2)计算标准差。标准差反映企业风险指标值与行业指标平均值之间的平均偏离幅度。计算公式为:

$$s = \sqrt{\frac{\sum(x_i - \bar{x})^2}{(n-1)}}$$

(3)计算离散系数。离散系数是标准差与平均值的比值。离散系数越大,说明行业税收遵从风险指标离散变异度越大,税收遵从风险越高。计算公式为:

$$离散系数 \delta = \frac{标准差}{平均税负}$$

(4)计算预警参数。

预警参数范围:

一是当离散系数≤0.6 时,预警值下限=平均值−标准差,预警值上限=平均值+标准差。

二是当离散系数>0.6 时,预警值下限=平均值−0.6s,预警值上限=平均值+0.6s。

(5)通过行业标杆企业及风险应对检验预警参数的有效性和准确性,定期动态调整和维护。

2. 企业的实际指标数据与预警参数对比

正指标与预警值下限值比对,偏离幅度越大,税收遵从风险越高;逆指标的实际值与预警值上限值比对,偏离幅度越大,税收遵从风险越高;适度指标与预警值的上限值、下限值都要进行差异比对分析,平均偏离幅度越大,税收遵从风险越高。

(三) 关键税收遵从风险指标分析识别方法

依据房地产领域税收遵从风险指标体系模型,把关键指标分析判别法、税收能力估算法等分析识别方法有机结合起来,开展风险分析识别。现以部分关键指标为例,说明风险分析识别方法,其他指标模型与分析识别方法参照表 7-2。

单位建筑面积税费分析识别方法:

$$单位建筑面积税费 = \frac{风险期企业缴纳的税费总额}{总可售建筑面积}$$

风险分析识别:若实际指标值低于设定的预警下限值,则存在少计收入、虚增进项、虚列成本费用,少缴税费的税收遵从风险。

增值税税收负担率分析识别方法:

$$增值税税收负担率 = \frac{风险期应纳税额变动率}{风险期销售额变动率} \times 100\%$$

风险分析识别:若实际指标值低于设定的预警下限值,则存在少计收入、虚增进项,少缴增值税的税收遵从风险。

企业所得税贡献率分析识别方法:

$$企业所得税贡献率 = \frac{报告期企业缴纳的所得税}{报告期企业的营业收入} \times 100\%$$

风险分析识别:若实际指标值低于预警下限值,则存在少计营业收入,虚列成本费用及税前扣除的税收遵从风险。

进销项弹性系数分析识别方法:

$$进销项弹性系数 = \frac{风险期进项税额变动率}{风险期销项税额变动率}$$

风险分析识别:实际指标值趋近于 1 是合理的,合理区间是 0.8~1.2。若指标值大于 1.2,则存在接受虚开增值税发票、虚增进项、少计收入,少缴增值税的税收遵从风险。大于 1.2 的幅度越大,税收遵从风险越高。

销售利润率分析识别方法:

$$销售利润率 = \frac{风险期利润总额}{风险期销售收入} \times 100\%$$

风险分析识别:若实际指标值低于预警下限值,则存在少计营业收入、虚列成本费用支出,少缴企业所得税的税收遵从风险。

销售收入变动率分析识别方法:

$$销售收入变动率 = \frac{本期销售收入 - 基期销售收入}{基期销售收入} \times 100\%$$

风险分析识别：当实际销售收入变动率小于 10%时，反映销售收入下降幅度超过行业平均幅度，可能存在销售未计收入、少缴增值税、所得税的税收遵从风险，应该结合国家宏观经济调控等因素进行综合分析。

销售成本率分析识别方法：

$$销售成本率 = \frac{风险期销售成本}{风险期销售收入} \times 100\%$$

风险分析识别：若指标值高于预警上限值，则存在少计营业收入、虚列成本，少缴企业所得税的税收遵从风险。

单位建筑面积成本费用分析识别方法：

$$单位建筑面成本费用 = \frac{风险期企业开发成本费用}{总可售建筑面积}$$

风险分析识别：若实际指标值高于设定的预警上限值，则存在虚增进项、虚列成本费用，少缴税费的税收遵从风险。

销售成本变动率分析识别方法：

$$销售成本变动率 = \frac{本期销售成本 - 本期销售成本}{本期销售成本} \times 100\%$$

风险分析识别：计算本期与基期相比销售成本变动率，当变动率增长幅度较大，超过行业平均增长幅度时，则提示有风险，说明企业可能存在本期销售未计收入、虚增进项、多列成本，少缴增值税、所得税的税收遵从风险。

预收账款变动率分析识别方法：

$$预收账款变动率 = \frac{本期期末预收账款 - 上期期末预收账款}{上期期末预收账款} \times 100\%$$

风险分析识别：当实际指标变动率大于 20%时，反映预收账款增长幅度较大，提示有风险，可能存在收入挂账、不及时确认收入的税收遵从风险。增长幅度越大，税收遵从风险越高，应结合申报收入项目进行进一步分析。

其他应付款变动率分析识别方法：

$$其他应付款变动率 = \frac{本期期末其他应付款 - 上期期末其他应付款}{上期期末其他应付款} \times 100\%$$

风险分析识别：当实际指标变动率大于 20%时，反映预收账款增长幅度较大，提示有风险，可能存在运用往来科目隐瞒收入的税收遵从风险。增长幅度越大，税收遵从风险越高，应进一步核实其他应付款的具体项目。

营业外支出变动率分析识别方法：

$$营业外支出变动率 = \frac{本期营业外支出 - 基期营业外支出}{基期营业外支出} \times 100\%$$

风险分析识别：当实际指标变动率大于 20%时，反映营业外支出增长幅度较大，提示有风险，可能存在应纳税调整的营业外支出项目或财产损失税前列支未经报批等少缴企业所得税的税收遵从风险问题。实际指标变动率超过 20%的幅度越大，税收遵从风险越高。

资本公积变动率分析识别方法：

$$资本公积变动率 = \frac{资本公积期末数 - 资本公积期初数}{资本公积期初数} \times 100\%$$

风险分析识别：当变动率大于 0 时，反映资本公积增长，提示有风险，可能存在收到返还税费、接受捐赠、债务重组收益后未确认所得等税收遵从风险问题。

（四）税收遵从风险评级与风险等级排序方法

1. 对极端值的考量和分析

房地产领域涉税风险较高，对税收遵从风险指标数据异常的企业可直接判定为高风险等级 5 级。异常极端变化的风险指标主要包括：一是风险评估期销售收入为零的企业；二是风险评估期主营业务收入为零的企业；三是长亏不倒企业；四是企业所得税贡献率为零的企业。

2. 根据税收遵从风险指标的实际偏离情况计算得分

计算公式为：

$$税收遵从风险指标分值总得分 = \sum 各风险指标赋值分值 \times 偏离率$$

$$偏离率 = \frac{企业风险指标实际值 - 指标预警值}{指标预警值} \times 100\%$$

正指标预警值是预警上限值，如税收负担率、企业所得税贡献率、销售毛利率；逆指标的预警值是预警下限值，如成本费用率等。

3. 确定风险等级并排序

排除风险指标值异常极端变动的企业，经过个案分析后，将其确定为高风险等级 5 级。将行业剩余企业按总税收遵从风险分值由高到低进行排序，风险分值越大，风险等级越高，差值 20 分划分为一个风险等级。1 级风险等级最低，5 级风险等级最高，总风险分值越高的企业，风险等级越高。风险等级划分见表 7-3。

表 7-3 税收遵从风险分值划分与风险等级排序

风 险 分 值	风 险 等 级
81～100 分	5 级
61～80 分	4 级
41～60 分	3 级
21～40 分	2 级
0～20 分	1 级

4. 税收遵从风险应对绩效结果反馈与改进完善

建立对不同税收遵从风险等级的分类应对处理的任务分配管理机制，同时建立对应对处理结果实施反馈、监督、复核、考核的激励机制，包括对行业风险评定模型有关结构要素的调整和完善，如对风险指标预警参数和风险权重的修正、优化、调整，推动行业税收遵从风险管理的质效不断改进和提高。

三、房地产领域税收遵从风险应对与控制方法

（一）房地产领域税收遵从风险应对策略

（1）经税收遵从风险评级，对被列为高风险等级的纳税人，启动税务稽查程序进行应急响应。也可以通过启动纳税评估流程对其进行重点关注，经评估核查后，将达到规定标准的个案移送税务部门进行稽查查处。

（2）经税收遵从风险评级，对被列为中等及较高风险等级的纳税人，启动纳税评估流程应急响应。对重点案头风险点进行分析，对约谈核实环节进行风险的处理和排查，如确有必要进行进一步实地核查的，则继续按流程进行。将达到规定标准的个案移送税务部门进行稽查查处。

（3）经税收遵从风险评级，对被列为一般性或较低风险等级的纳税人，通过风险提示、提醒等方式进行应对处理。按照人力资源的状况，选择部分纳税人进行约谈核实并进行相应处理。

（二）案头风险分析识别应注意的问题

根据房地产行业的特点，细化案头审核分析指标，按照税收遵从风险指标的层级关系，层层分解，逐级深入地分析挖掘税收遵从风险点，确定企业税收遵从的风险指向，提高约谈和实地核查的针对性、有效性。具体包括：

（1）分析一级指标。分析单位建筑面积税费、企业所得税贡献率等一级指标，同时结合房地产开发经营企业的收入、成本、费用等指标，对企业的涉税风险情况进行进一步的分析识别。

（2）分析二级指标。分析影响一级指标的销售利润率、销售收入、主营业务收入、房地产开发经营的成本费用等二级指标，同时结合收入结构、收入变动、主要成本费用项目指标，如土地成本、建筑安装成本占主营业务成本的比例等对二级指标的影响。

（3）分析三级指标。分析影响二级指标的收入结构、土地成本、建筑安装成本、公共配套、园林绿化及期间费用等单项成本费用等三级指标，逐级分析税收遵从风险指向。

四、房地产开发经营企业税收遵从风险应对案例分析

【案例分析一】A 房地产开发有限公司（以下简称 A 企业）风险应对案例

纳税人名称：A 企业

所属期：2016 年 1 月 1 日至 2016 年 12 月 31 日

A 企业于 2017 年 4 月 30 日向某市某区税务局办理完所得税汇算清缴工作申报，该税务局即对企业所申报信息录入完毕，于 2017 年 5 月份通过税收遵从风险预警评估系统启动了对该企业的风险应对工作。

1. 金税系统信息管理平台企业基本情况分析

（1）企业基本情况。A 企业成立于 2003 年，注册资金 1 200 万元，登记注册类型为股份有限公司，主要经营范围是房地产开发及销售、水电安装等。

（2）数据初步审核比对分析。信息管理平台对该企业 2015—2016 年度的主要涉税财务指标和税种指标进行技术和初步分析，有关涉税财务指标及税收数据对比见表 7-4 和表 7-5。

表 7-4 2015—2016 年度 A 企业主要财务指标数据对比表

财务指标	2015	2016	增减变动率（%）
销售收入	67 900.00 元	43 074 559.65 元	63 338.23
销售成本	51 399.94 元	33 812 330.53 元	65 682.82
销售税金	3 734.50 元	2 366 623.94 元	63 271.91
管理费用	1 201 408.11 元	1 431 632.72 元	19.16
利润总额	−743 454.55 元	2 656 363.62 元	—

表 7-5 2015—2016 年度 A 企业入库地方税对比表

税　种	2015	2016	增减变动率（%）
企业所得税	209 317.43 元	958 917.88 元	358.12
个人所得税	1 779.00 元	1 749.90 元	−1.64
城建税	156 584.95 元	910.00 元	−99.42
房产税	6 276.92 元	8 676.82 元	38.23
土地增值税	154 739.20 元	0 元	—
土地使用税	50 650.00 元	59 007.53 元	16.50
教育费附加	67 107.83 元	390.00 元	−99.42
印花税	9 728.82 元	21 319.00 元	119.13

2. 案头风险分析识别

将金税系统信息管理平台中有关 A 企业的各项指标数据导入税收遵从风险评估模型，具体深入分析评估企业的税收遵从风险疑点，有关评估分析步骤如下：

（1）企业的风险指标、涉税财务指标与预警值比对分析如表 7-6 所示。

表 7-6 风险指标、涉税财务指标与预警值对比分析

序号	涉及税种	指标名称	预警值 X	A 企业个案值	风险描述
1	企业所得税	销售成本变动率	>10%	65 682.82%	本期成本大幅度高于基期水平
2	企业所得税	财务费用变动率	>10%	6 046.67%	本期财务费用大幅度高于基期水平
3	企业所得税	管理费用变动率	>5%	19.16%	本期管理费用高于基期水平
4	企业所得税	营业外支出变动率	>20%	6 424.96%	本期营业外支出高于基期水平
5	企业所得税	其他应付款变动率	>20%	65.87%	其他应付款余额增长幅度过大
6	企业所得税	资本公积变动率	>0	16.93%	资本公积余额增长幅度过大
7	企业所得税	收入变动率与销售利润变动率差异	>2%	21 646.84%	收入变动率大于利润变动率
8	企业所得税	收入变动率与成本变动率差异	<-2%	-2 344.59%	收入变动率小于成本变动率
9	土地增值税	计税收入申报差异率	<0	-3 561 830.4	申报应税收入与实际不符
10	土地增值税	其他应付款变动率	>20%	65.87%	其他应付款比基期增幅过大

风险分析识别结果显示，A 企业税收遵从风险点较多，多项指标与预警值偏离幅度较大，税收遵从风险程度较高。

（2）财务指标涉税风险分析识别。

风险点 1：本期成本高于基期水平。系统显示的销售成本（主营业务成本）变动率的个案值为 65 682.82%，远远大于系统设置的预警值 $X>10\%$，风险指向 A 企业可能存在虚增成本或成本结转不真实、少缴企业所得税的风险点。

风险点 2：本期财务费用大幅度高于基期水平。系统显示财务费用变动率个案值为 6 046.67%，远远大于系统设置的预警值 $X>10\%$。根据经验判断，风险指向 A 企业可能存在税前列支资本化利息费用、超金融机构借款利率支付利息列支财务费用等风险点。

风险点 3：本期管理费用高于基期水平。系统显示纳税人本期管理费用变动率个案值为 19.60%，超过了系统设置的预警值 $X>5\%$，风险指向 A 企业可能存在虚列管理费用等风险点。

风险点 4：本期营业外支出高于基期水平。系统显示纳税人本期营业外支出变动率个案值为 6 424.96%，大大超过了系统设置的预警值 $X>20\%$，反映营业外支出增长过快，风险指向 A 企业可能存在应进行纳税调整的营业外支出项目或财产损失税前列支未备案等风险点。

风险点 5：其他应付款余额增长幅度过大。评估系统通过计算显示的其他应付款

变动率个案值为 65.87%，超过了系统设置的预警值 X>20%，风险指向 A 企业可能存在隐匿收入的风险点。

风险点 6：资本公积余额增长幅度过大。系统显示纳税人本期资本公积变动率个案值为 16.93%，超过了系统设置的预警值 X>0，根据管理经验分析判断，风险指向 A 企业可能存在收到返还税费、接受捐赠、债务重组收益未确认所得等风险点。

风险点 7：收入变动率大于利润变动率。系统显示，纳税人本期销售（营业）收入变动率与销售（营业）利润变动率差异的个案值为 21 646.84%，收入上涨幅度大幅度超过利润的上涨幅度，远远大于系统设置的预警值 X>2%，风险指向 A 企业很可能存在不配比多结转成本或销售税金及附加的风险点。

风险点 8：收入变动率小于成本变动率。系统显示纳税人销售（营业）收入变动率与销售（营业）成本变动率差异指标个案值为–2 344.59%，远远低于系统设置的预警值 X<–2%，纳税人本期销售（营业）收入变动率比销售（营业）成本变动率小，收入上涨幅度大幅度低于成本上涨幅度。风险指向 A 企业可能存在少计收入、多转成本等风险点，或者存在建材价格上涨、商品房售价下调等情况。

风险点 9：申报土地增值税应税收入与实际不符。风险评估系统通过计算显示的与个案值的差异值为–3 561 830.40，远远低于系统设置的预警值 X<0，风险指向 A 企业有可能存在少计收入，少预缴土地增值税的不合规行为。

风险点 10：其他应付款比基期增长幅度过大。评估系统通过计算显示其他应付款变动率个案值为 65.87%，超过了系统设置的预警值 X>20%，风险指向 A 企业可能存在收入挂往来账不确认收入，并未按规定的预征率预缴土地增值税的不合规行为。

（3）风险评估结果。

通过税收遵从风险识别评估模型系统的运行和评测，确定 A 企业风险分值达到风险等级 4 级的标准，税收遵从风险程度较高，需要通过约谈核实或实地调查核实等方式进行风险应对。

3. 税收遵从风险应对处理

（1）约谈核实。通过分析 A 企业各项风险指标的偏离情况，对具体的风险点进行深入的案头审核分析，结合 A 企业 2016 年度的申报纳税数据，风险评估人员与 A 企业的财务负责人进行了约谈核实，具体结果如下：

风险点 1、7、8：针对企业销售成本上涨幅度过高，风险指向可能存在多结转开发成本的风险点，A 企业财务负责人解释：2015 年 A 企业开发的楼盘"××星园"项目尚处于施工阶段，2016 年工程竣工。因 2015 年开发项目未完工，报表中列示的成本 51 399.94 元是销售材料成本（其他业务成本），因此 2016 年项目竣工年度销售成本与 2015 年是不可比的。

风险点 2：针对财务费用上涨幅度过高的风险点，A 企业财务负责人解释：2016 年企业兑现了内部职工集资利息，且高于银行同期贷款利率，部分利息在 2016 年度企业所得税申报时已进行了纳税调整，财务负责人同时向税务人员提交了相关的举证材料。

风险点 4：针对营业外支出上涨幅度过高的风险点，A 企业财务负责人解释：他们单位确有一笔 3 900 元的财产损失未在税务部门备案就列支为"营业外支出"，但在 2016 年度企业所得税申报时已进行了纳税调整。税务人员当即查询了征管系统，确认企业申报时已调整，风险点排除。

风险点 5：其他应付款余额增长幅度过大，A 企业财务负责人认为公司其他应付款增幅是在正常范围内，不存在涉税风险问题。

风险点 3、6、10：A 企业财务负责人认为在正常的范围内，但未能给出令人信服的举证和解释。

（2）实地调查核实。与 A 企业财务负责人约谈后，税务人员同意排除风险点 2、4，对该企业在约谈中仍未澄清的风险点进一步进行了实地调查。具体调查情况如下。

调查后排除的风险点：对风险点 6 的调查，资本公积余额增长幅度过大，A 企业对此项业务的账务处理规范，A 企业财务负责人被约谈时的解释属实，风险点可以排除。

调查后确认的风险点：风险点 5、9、10 确实存在涉税问题，一是"其他应付款"账户中记载当年向购房者收取的定金 190 000 元未按规定预缴土地增值税、缴纳流转税及附加；二是通过核对"预收账款""销售收入"等账户，发现企业以现房销售的上海路商业网点房收入 3 561 830.40 元，未按规定预缴土地增值税、缴纳流转税及附加（该地区规定：商品房的土地增值税预征率为 1%，商业网点房的土地增值税预征率为 2%），与 A 企业财务负责人复核后确认上述事实，企业同意积极配合税务部门补报相应税款。

实地调查后尚需进一步核实确认的风险点 1、3、7、8，均涉及成本费用多列支的问题，A 企业财务负责人解释有其合理的方面，但说服力不够，且与预警值偏差的幅度较大，不能将这些风险点排除。

（3）评估处理结果。按规定的预征率预缴土地增值税 73 136.61 元，并按规定缴纳滞纳金。对其他仍未消除的风险疑点，经集体审议后移交稽查局对该公司进一步检查。

（4）税务稽查处。针对主管税务分局风险评估后移交的主要风险点，稽查局组织检查组，对 A 企业 2016 年度的纳税情况进行了全面稽查。经稽查，该企业的企业所得税成本费用扣除方面存在如下问题：一是在"管理费用——其他费用"中列支了无合法有效原始凭证的费用 63 112.56 元；二是多结转开发产品销售成本 300 000 元；三是未按规定计算预计毛利额 28 500 元。根据国税发〔2009〕31 号文件规定，应将前述预收定金 190 000 元，按规定的预计毛利率计算预计毛利额，并作为调增项目计入 2016 年度的应纳税所得额。以上三项合计调增应纳税所得额 391 612.56 元，计算应补缴 2016 年度企业所得税 37 001.34 元，并根据查处应补税的具体数额，实施 50%的税务行政处罚。

【案例分析二】N 房地产开发公司税务稽查风险应对案例

某省某市有关部门在一起经济案件调查过程中，发现了一条企业涉税违法线索：N 房地产开发公司涉嫌以虚列开发成本的方式逃避缴纳税款。于是，将该涉税违法线索传递至税务局稽查部门,请求协助调查。接到涉税违法线索后,某市税务局稽查部门迅速组织人员对该公司立案调查。

检查人员查询金税系统该公司"一户式"相关涉税数据,了解到N房地产开发公司于2013年4月成立,注册资本5 000万元,经济类型为其他有限责任公司。主要从事房地产开发、经营、租赁、物业管理等业务。该公司开发销售的X商住两用房项目,自2015年1月起开工建设,实际可售建筑总面积43.1万多平方米,分三期进行开发建设。截至2019年12月31日,X商住两用房项目一期已售出10.9万多平方米,占当期可售面积93.50%;二期已售11.8万多平方米,占当期可售面积83.88%;三期已售5.9万多平方米,占当期可售面积34.42%。申报信息显示,该项目共取得销售不动产收入15.54亿元。X商住两用房项目一、二期工程已达到土地增值税清算条件,其主管税务部门已通知N房地产开发公司进行清算,该公司在规定时间内进行了土地增值税申报,并未发现明显的税收遵从风险。

检查人员从涉案企业项目决算报告入手,核查建筑主要材料用量、前期施工土方,测算实际工程成本,通过内查、外调获得涉税大数据,最终锁定风险点,不仅挤出了N房地产开发公司项目工程成本中的"水分",同时还发现了该公司涉嫌账内少记销售收入的风险点。

风险应对过程如下:

1. 切入点一:钢筋水泥用量大,是工程质量高还是开发成本"水分"高?

(1)外围涉税大数据调查与风险分析。

大型房地产开发建设项目具有工期长、项目支出繁多、成本构成复杂的特点。该公司是否以虚列开发成本的方式逃避缴纳税款?申报信息中的开发成本是否有"水分"呢?带着疑问,检查人员进行了外围涉税大数据的调查与风险分析。

首先,走访当地住建、房管等部门,了解同类建筑项目在市场上的平均成本和造价数据,并将相关数据与X商住两用房项目决算报告数据进行比对分析,发现其项目决算成本明显高于当地市场平均造价。

随后,在对N房地产开发公司进行账面检查的过程中,检查人员又发现了多处风险疑点:一是账面凭证方面,存在短期内建筑安装工程发票集中大量增加的风险疑点,导致建筑安装成本偏高。说明该公司可能存在突击开具建筑安装工程发票,虚增建筑安装工程成本的风险。二是前期工程费中土地平整费额度较高,说明该公司存在虚增前期工程费的风险。

(2)实地调查核实与风险分析。

针对外围涉税大数据调查发现的情况,检查人员决定从开发项目竣工决算报告入手,对该公司建筑施工的实际成本费用进行核查、比对分析具体步骤如下:

第一,初步分析判断。根据《土地增值税清算管理规程》等有关法规规定,房地产开发企业在工程结算前,须请中介机构出具工程决算报告作为工程结算依据。检查人员分析认为,如果N房地产开发公司最初向中介机构提供的原始资料虚高、存在"水分"的话，那么，即便是较大规模的中介机构出具的决算报告内容也存在失真的可能。

第二，风险分析识别。一是结合前期的风险疑点线索，检查人员对 N 房地产开发公司开发项目竣工决算报告中的数据进行仔细检查和深入分析，将决算报告中项目施工所用的钢筋、水泥、混凝土、砂石等主要材料从总项目中分解出来，分别按各期项目进行归集汇总，制作了 X 商住两用房项目工程钢筋、水泥、混凝土、砂石等主要材料耗用情况汇总分析表，并按项目建筑面积计算出单位建筑面积建筑材料的平均耗用量。二是与住建部门提供的建筑质量要求及工程造价标准比对分析，检查人员发现 X 商住两用房项目钢筋、水泥、混凝土、砂石等主要材料耗用量不符合当地房产企业经营常规，大幅高于当地的行业标准和指导标准（每平方米造价的参考数据为 1 442.17 元，其中，建筑工程：803.59 元；装饰工程：306.62 元；电气工程：238.65 元；管道工程：81.16 元；通风工程：12.15 元）。因此，该公司可能存在超标建设，通过虚开发票，大幅增加建筑安装工程成本，少缴相应税款的风险。

第三，全链条涉税大数据延伸式核查。为了查清 X 商住两用房项目施工者使用主要材料数量和施工成本的真实情况，检查人员决定开展全链条涉税大数据的延伸式核查，对该项目的施工者 M 建筑公司和向其供应建筑主要材料的商家进行链条式调查核实。检查人员兵分两路：一组检查人员对 M 建筑公司进行了突击检查，核查其购进钢筋、水泥、混凝土、砂石等主要材料的资金流、票流和货物流，按具体材料项目进行汇总，制作了 M 建筑公司施工 X 商住两用房项目时钢筋、水泥、混凝土、砂石等主要材料购买使用情况统计表。另一组检查人员迅速对 M 建筑公司的主要材料供应商进行了货流、票流和资金流等方面的涉税数据调查核实，并与 M 建筑公司购进主要材料的数据信息逐一进行比对分析，锁定其实际购进主要材料的数量、金额等涉税数据，防止 M 建筑公司与供货商串通作假。随后，检查组将经过核实的 M 建筑公司施工 X 商住两用房项目时主要材料实际购进数据，与 X 商住两用房项目工程决算报告中汇总的施工结算数据进行比对分析，发现 M 建筑公司实际购进主要材料数据明显小于工程决算报告中的数据。

（3）测算涉嫌虚增建筑安装工程成本数据。

检查人员对 N 房地产开发公司虚报的施工成本进行了测算，制作了 X 商住两用房项目中钢筋、水泥、混凝土、砂石等主要材料的决算报告数据与实际购进数据差额情况统计表。经汇总测算，初步确定 N 房地产开发公司的 X 商住两用房项目在纳税申报时，涉嫌虚增建筑安装工程成本 6 100 万元。

2. 切入点二：顺藤摸瓜走访业主，发现该公司账外有账

（1）阴阳合同肢解，涉嫌少计销售收入。

在调查过程中，检查人员从当地购房业主处得到了一条涉税信息：N 房地产开发公司为了少缴税款和逃避价格监管，在购房业主支付部分购房款后，未开具正式发票。

为了核实情况，检查组顺藤摸瓜，对部分购房业主进行了深入走访调查。经了解，购房业主与开发商签订了两份合同，一份为购房合同，一份为装修合同，装修合同的标

价为 2~20 万元不等。检查组将购房合同、装修合同、建设工程施工合同等多项合同内容比对分析，并到已售商品房现场核查后发现，装修合同所列施工内容与购房合同中所列交房条件大部分为重复内容，甚至有的合同条款根本未履行。调查结果显示，N 房地产开发公司所提供的装修合同中的业务并未真正实施，其在收款后未开具发票，也未在账内确认收入。经过测算，N 房地产开发公司涉嫌账内少记销售收入 3 000 余万元。

（2）虚增土方平整工程，虚列前期工程费。

在 X 商住两用房项目账列的前期工程费中，累计支出场地土方平整工程费用 960 万元，根据施工方结算表显示，该土方平整工程费用每立方米 22 元，总工程量约为 43.6 万立方米。

为了核实 X 商住两用房项目支出的场地土方平整工程费用的真实性，检查人员走访了项目所在地附近的居民，了解到 X 商住两用房项目所在地之前是一片荒地，地势较为平坦。同时，通过查询、调取有关勘察设计部门提供的 X 商住两用房项目前期岩土工程勘察报告数据，发现该项目素填土[①]平均厚度为 2.55 米，实际需要的土方平整工程量约为 27.6 万立方米。综合比对第三方涉税数据后，检查人员认为，该公司可能虚增场地土方平整工程量约 16 万立方米，并测算出该公司涉嫌虚增场地平整工程费用 352 万元左右。

3. 风险应对处理

（1）调查核实工作完成后，检查组约谈了 N 房地产开发公司负责人、财务负责人，并对其进一步开展了税法宣传教育，引导该公司自我遵从税法。检查人员指出，如果通过伪造凭证、取得虚开发票、在账簿上多列支出或少列收入等手段逃避缴纳税款，一经查实，不仅将受到严重的税务行政处罚，情节严重者还将承担刑事责任。

（2）经过检查人员的辅导教育，N 房地产开发公司负责人最终承认了通过虚增成本、少记收入等方式逃避纳税的违法事实，并表示积极配合自查，同时自我举证，提供了账外账。

（3）本案例经过调查核实、集体审议后的应对处理意见如下：

第一，经核实确认，N 房地产开发公司在 X 商住两用房项目的建设和销售过程中，累计虚增建筑安装工程成本 6 500 万元，虚增场地土方平整工程成本 410 万元，少记销售收入 3 250 余万元。并且该公司将虚增成本和少记收入获得的账外收入 9 000 余万元作为红利向股东进行了分配。针对该公司的违法行为，税务部门依法要求 N 房地产开发公司补缴企业所得税 3 170 万元、土地增值税 2 850 万元、个人所得税（股息、利息、红利所得）2 400 万元，共计 8 420 万元，并依法对其加收滞纳金。

[①] 素填土：在土方开挖工程完工以后，随后进行的是基础工程、管沟工程等地下工程，在这些工程完工后，需要将余土回填，恢复原有或设计的地坪标高。将原有的自然土回填，称为"素土回填"，或称"素填土"。

第二，税务部门针对实地调查核实的相关违法违规问题，重点进行了集体审议。最后做出的处理意见是，鉴于 N 房地产开发公司 X 商住两用房项目的涉税问题属于首次违法违规，该公司的相关人员经检查人员教育后，积极配合税务部门开展风险自查，同时自我举证提供了账外账，相应税款和滞纳金在限期内及时入库，该公司同时做了后续的税法遵从保证，决定这次不予税务行政处罚。

参考文献

[1] 李晓曼. 税收遵从风险管理[M]. 北京：电子工业出版社，2016.

[2] 李晓曼. 大数据税收风险管理及应用案例[M]. 北京：金城出版社，2021.

[3] 李晓曼. 营改增后我国公路货运业税收遵从风险识别与控制策略[J]. 税务研究，2015（10）：75-79.

[4] 赵连文. 构建我国税收遵从风险识别方法体系的思考[J]. 税务研究，2012（7）：77-80.

[5] 邵凌云. 纳税评估的国内外比较[J]. 涉外税务：各国税收纵横，2011（2）：58-62.

[6] 蔡昌，赵艳艳，戴梦妤. 基于区块链技术的税收征管创新研究[J]. 财政研究，2019.

[7] 焦瑞进. 税源监控管理及其数据应用分析[M]. 北京：中国税务出版社，2005.

[8] 伍红，朱俊，汪柱旺. 应用区块链技术构建税收共治新格局的思考[J]. 税务研究，2020（9）.

[9] 维克托·迈尔·舍恩伯格. 大数据时代[M]. 杭州：浙江人民出版社，2012.

反侵权盗版声明

电子工业出版社依法对本作品享有专有出版权。任何未经权利人书面许可，复制、销售或通过信息网络传播本作品的行为，歪曲、篡改、剽窃本作品的行为，均违反《中华人民共和国著作权法》，其行为人应承担相应的民事责任和行政责任，构成犯罪的，将被依法追究刑事责任。

为了维护市场秩序，保护权利人的合法权益，我社将依法查处和打击侵权盗版的单位和个人。欢迎社会各界人士积极举报侵权盗版行为，本社将奖励举报有功人员，并保证举报人的信息不被泄露。

举报电话：（010）88254396；（010）88258888
传　　真：（010）88254397
E-mail： dbqq@phei.com.cn
通信地址：北京市海淀区万寿路173信箱
　　　　　电子工业出版社总编办公室
邮　　编：100036